인간보다 더 인간적인 법 이야기

# 약자를 지키는 법

인간보다 더 인간적인 법 이야기

# 약자를 지키는 법

배태준 지음

더좋은책

법은 만인에게 평등할까요?

많은 사람들에게 물어보면 '그렇다'는 대답 못지않게, 어쩌면 더 많이 '아니다'라는 대답이 나올지도 모릅니다. 그 이유는 여러 가지가 있겠지만 경제적 · 사회적으로 우위에 있는 강자는 더 많은 비용으로 대형 로펌에 소속된 유명한 변호사를 사용함으로써 더 많은 증거를 수집하여 분석하고 법리를 구성할 수 있는 역량이 크다는 점도 있습니다.

그러나 제가 느끼기엔 사회적으로 약자의 경우 어떠한 법이 있고 그 법에서는 내 권리를 어떻게 보호하고 있는지, 나는 이러한 법률을 어디에서 어떠한 방법으로 주장할 수 있는지를 잘 모르는 경우가 더 많았습니다. 아무래도 삶에 여유가 많지 않기도 하고, 주변에서 지식과 정보를 접하는 데 한계가 있기 때문이 아닐까 합니다.

이 책은 다양한 가족, 비정규직, 노동자, 소상공인, 중소기업, 그리고 무엇보다 나 자신을 지키기 위한 법 이야기를 다룬 책입니다. 사회에서 상대적으로 법률적인 조언을 얻기 어려운 분들에게 자주 발생할 수 있는 이슈를 몇 가지로 추려서 어떠한 권리를 어떻게 활용할 수 있는지를 다루었습니다. 뿐만 아니라 사안에 따라서는 현행 법률 문언, 해석이나 판례상 권리가 인정되지 않는 분들이 보호받기 위해서 향후 어떠한 입법이나 해석론이 필요할지에 대한 담론도 언급하였습니다.

물론 여기에서 언급하고 있는 것들은 아주 개략적이며 실제로 들어가면 더 복잡하고 깊은 논의들이 있습니다. 그렇지만 법률을 활용하기 어려운 분들 또는 이러한 사회적 약자에 관심이 많은 분들께서 전체적인 흐름을 쉽게 이해하시고 나중에라도 필요한 부분들을 찾아서 적용하실 수 있도록 가급적 사례와 함께 권리 구제 방안까지 담으려고 노력하였습니다.

이 책에서 언급된 법률·판례는 2022년 9월 말 기준으로 1차적으로 정리하였고, 이후 2023년 7월까지 변화가 확정된 내용들을 최대한 업데이트하였습니다. 다만 개정을 계획·추진 중인 것들까지 모두 반영하지는 못하였을 수도 있기에 미리 양해를 구하고자 합니다.

작가로서는 세 번째 책이고, 전문영역인 법률과 관련해서는 첫 번째 책입니다. 원고를 작성하는 과정에서 저 역시 법률가로서 십 수 년 이상 살아왔으면서도 깊게 고민하지 않았거나 부족한 부분이 많다는 생각이 계속 들어서 부끄러워졌습니다. 이 책이 충분히 설명하지 못한 것이나 담지 못한 부분이 있다면 약자의 권리를 구제하기 위해서 불철주야 노력하시는 여러 법률가들과 행동가들의 잘못은 아니며 전적으로 저자인 제 탓일 것입니다.

겸허한 마음으로 이 책을 선보이며, 앞으로 더 좋은 책이 나오기를 기대하겠습니다.

# CONTENTS

1장

# 나를 지키기 위한 법

# 01

# 가정폭력

남들에게는 행복의 울타리,
내게는 감옥

몇 년 전 국내 한 영화제에도 출품되었던 작품 중에 〈비질란테〉라는 영화가 있었습니다. 'Vigilante'라는 단어는 스페인어로 '감시하는' '경계하는'이라는 뜻을 가지고 있으며, 영어권에서는 '자경단'으로 사용되었습니다. 요즘에는 사적으로 법을 집행하거나 제재를 가하는 사람을 통칭하기도 합니다.

이 영화에는 세디라는 주인공이 나옵니다. 세디는 남편으로부터 가정폭력을 당한 여성들에게 의뢰를 받아 문제를 해결해주는 일을 합니다. 그녀는 보험사 직원으로 변장한 후 한 남자의 집을 찾아가서 '집과 자금의 75%를 아내에게 넘기고 집을 떠날 것'을 요구합니다. 남자가 거부하자 남자를 사정없이 폭행한 그녀는 결국 서류에 서명을 받아냅니다. 남자가 떠난 후 그녀는 이 일과 관련된 메모를 회수, 소각한 후 다시 거처를 옮기지요.

그녀가 이렇게 가정폭력 희생자를 돕는 이유는 그녀 역시 가정폭력을 당했기 때문입니다. 그녀는 10년 넘게 남편의 폭력에 시달렸습니다. 심지어 남편은 그녀를 구타하고 어린 아들을 살해한 후 사라졌지요. 전 남편에게 복수하기 위해 그녀는 무술을 연마합니다.

그렇게 외로운 싸움을 이어가던 그녀가 누군가에게 기습을 받고 쓰러집니다. 전 남편이었습니다. 결국 전 남편과 사투를 벌인 끝에 완벽한 복수를 선사합니다. 전 남편이 원인불명의 죽음으로 처리되고 그녀는 그 사망보험금을 수령한 후 어디론가 사라집니다.

● ● ●

제가 팟캐스트를 통해 고민 상담을 하던 시절 많이 받았던 사연이 가정폭력과 관계가 있었고, 가장 많은 것을 느끼게 된 사연 역시 가정폭력을 딛고 일어났던 분이셨습니다. 저와는 비교도 할 수 없을 정도로 어려운 환경에서도 꿋꿋하게 스스로를 사랑하려고 노력하던 분. 영화 〈비질란테〉에서의 세디 역시 수단의 적절성은 차치하더라도 자신을 찾기 위해 몸부림을 치지 않았을까 생각이 드네요. 문득 그때 내담자께서는 잘 지내고 계실지 궁금합니다.

# 때로는 남보다
# 못한 가족

　　　　우리가 태어나면서 제일 먼저 만나고 접하는 것이 가족입니다. 가장 사랑과 지원을 받아야 하는 집단이면서, 한편으로는 엄청난 정신적·육체적인 고통을 줄 수도 있는, 인생에서 바꿀 수 없으면서도 너무나도 중요한 영향을 미치는 집단이기도 하죠.

　그런데 부모님·형제자매·인근 친척들로부터 학대를 당하고 있는 사례들이 생각보다 많았습니다. 폭력의 강도도 너무 심해서 마음이 많아 아팠고 먹먹했던 기억이 납니다. 팟캐스트를 하거나 책을 쓸 때도 혹시 내담자에게 불이익이 가지 않을까 싶어서 내용도 많이 순화하고 인적 정보가 드러나지 않도록 매우 조심히 다루었습니다.

　많은 분들이 잘 모르시지만, 가정폭력을 다루는 법령들이 별도로 있습니다. 우선 가정폭력에 대해 형사처벌하는 근거는 가정폭력범죄의 처벌 등에 관한 특례법입니다. 이 법 제2조 제1호는 부모·배우자·자식·형제자매·친척·사실혼 관계에 있는 사람 등 가족 구성원 관계에서 벌어지는 상해·폭행·유기·학대·아동혹사·체포·감금·협박·명예훼손·주거수색·신체수색·강요·공갈·재물손괴 및 아동구걸 강요 등 신체적·정신적 또는 재산상의 피해를 수반하는 행위를 가정폭력으로 규정합니다.

유의하여 보아야 할 부분은 현재 가족으로 한정하지 않고 전 배우자(및 전 배우자의 가족), 사실혼, 입양(및 입양 후 파양), 배우자의 혼외자 등 그 범위를 확장해두었다는 것입니다. 다양한 가족관계에서 가정폭력이 벌어질 가능성이 낮지 않다는 인식에서 출발하고 있는 것으로 보입니다.

## 가족을 고소할 수 있을까요

많은 사람들이 잘 모르지만 가정폭력에는 직계존속에 대한 고소 금지가 적용되지 않습니다. 형사소송법 제224조는 자기 또는 배우자의 직계존속을 고소할 수 없다고 규정합니다. 이 조항이 시대착오적인 것이냐에 대한 논란은 별론으로 하더라도, 가정폭력특례법에 따라 상당수의 가족 간 폭력이나 학대, 갈취 등은 고소를 할 수 있습니다.

또 가정폭력을 발견한 사회 복지 담당자나 의사 등은 즉시 신고해야 할 의무가 있습니다. 국가에서는 긴급한 가정폭력에 대응하기 위하여 여성긴급전화(국번없이 1366이며 카카오톡이나 문자 등을 통한 상담이나 신고도 가능합니다)를 운영하고 있으며, 이외에도 아동·여성·장애인 경찰지원센터(www.safe182.go.kr)로도 신고할 수 있습니다. 물론 112, 119 등 일반적으로 구조요청을 할 수 있는 번호들을 통해서도 사건을 접수할 수 있습니다.

가정폭력이 인정될 경우 형사처벌될 뿐만 아니라, 피해자와 가해자를 분리하고 피해자를 보호시설이나 의료시설로 옮기는 임시조치를 할 수 있습니다. 또한 가해자에 대하여는 피해자 점유공간에서 퇴거 및 접근금지, 구치소 유치 등 임시조치를 할 수도 있습니다.

그리고 이와 별개로 아동복지법, 아동학대범죄의 처벌 등에 관한 특례법은 보호자를 포함한 성인이 ①아동의 건강 또는 복지를 해치거나 ②정상적 발달을 저해할 수 있는 신체적·정신적·성적 폭력이나 가혹행위를 하는 것과 ③아동의 보호자가 아동을 유기하거나 방임하는 것을 아동학대로 규정하며(아동복지법 제3조 제7호), 보호자가 아동에 대하여 상해·감금 등 학대행위를 하는 것을 가중처벌하고 있습니다(아동학대범죄의 처벌 등에 관한 특례법 제2조 제4호 등).

그렇다면 가정폭력에 대한 이런 제도들은 가정폭력을 막는 데 얼마나 효과가 있을까요. 2022년 여성가족부 가정폭력통계실태조사자료, 2018년 보건복지부 아동종합실태조사 등의 자료에 의하면 지난 1년간(2020년 8월~2021년 7월) 배우자[1]에 의한 4개 유

---

1. 법률상 배우자 및 사실상 동거관계의 파트너를 포함한 수치입니다.

형 폭력(신체적/성적/경제적/정서적 폭력) 피해율은 여성 9.4%, 남성 5.8%였고, 5개 유형 폭력(신체적/성적/경제적/정서적 폭력 및 통제) 피해율은 여성 28.7%, 남성 26.3%로 나타났습니다. 2016년 같은 조사에서 4개 유형 폭력 피해율은 여성이 10.9%, 남성이 6.6%, 5개 유형 폭력 피해율이 여성 28.9%, 남성 26.0%이므로 아직 낮다고 보긴 어렵습니다.

아동학대의 경우 2018년 아동종합실태조사에서 아동들의 응답을 기준으로 할 경우 1년간 부모나 성인 보호자 없이 30분 이상 방치된 경험을 한 경우(방임)가 25%, 신체학대를 당한 경우가 27.7%를, 정서적으로 학대를 당한 경우가 38.6%이었습니다.[2]

## 가정폭력이
## 없어지지 않는 이유

왜 가정폭력이 없어지지 않을까요? 전문가들이 여러 가지를 지적합니다만 가장 큰 이유는 피해자와 가해자의 관계가 단순하지 않기 때문입니다. 가족은 모두에게 가장 일차원적인 사이입니다. 사람은 태어나자마자 맞이하게 되는 가족관계에서 애착, 의존 등 다양한 감정을 형성합니다. 소속감과 유대감을 심어주는 것도 가족입니다.

따라서 가족관계에서 이런 문제가 발생했다는 것만으로도 엄청난 충격과 상실감을 받게 됩니다. 어떠한 이유로든 폭력이 정당화될 수 없음에도 내게도 문제가 있었던 것 아닌가, 거꾸로 상대방의 폭력을 이해하려는 것이죠. 그 과정에서 끊임없이 자책하거나 스스로를 비하하면서 부정적인 감정이 형성되고 자존감이 낮아집니다.

다른 사람들에게 알리게 되었을 때 가족 및 친족 관계 전체에 미치는 파장이 너무 크다는 점도 문제입니다. 자신 때문에 가족 전체가 파탄 날까 봐 겁을 먹은 피해자는 점점 소극적이 됩니다. 가정폭력을 알게 되었을 때 적극적으로 대처하지 않는 가정 구성원들의 태도 역시 사건을 키우는 경향에 일조합니다.

간혹 상담하다 보면 가정폭력 사실을 다른 친족이나 가족에게 이야기했을 때 오히려 피해자를 설득하려는 시도가 있는 경우들을 보게 됩니다. '네가 조금 참아라, 다 너를 아껴서 그런 것이다'라거나 '비록 아주 가끔 폭력적이 되기는 하지만 훨씬 더 많은 시

---

2. 참고로 아동학대에 대한 조사는 보호자 조사와 아동 조사를 별도로 진행하는데 보호자들을 대상으로 한 조사에서는 방임이 22.4%, 신체 학대가 27.1%, 정서적 학대가 41.9%였습니다. 즉, 아동이 방임이나 신체 학대에 대하여는 보호자보다 조금 더 민감한 반면, 정서적인 부분에서는 보호자들이 더 높은 기준을 가지고 있는 것으로 보입니다.
그리고 아동학대나 아동폭력의 경우 2019년 여성가족부 가정폭력통계실태조사자료와 2018년 보건복지부 아동종합실태조사 사이의 통계적 차이가 큽니다. 가정폭력통계실태조사에서는 지난 1년간 양육자에 의한 아동폭력 가해율은 27.6%이며, 폭력 유형별로는 정서적 폭력 24.0%, 신체적 폭력 11.3%, 방임 2.0% 등 훨씬 낮은 수치가 나왔습니다. 이 두 통계의 차이를 깊이 있게 비교하는 문헌을 발견되지는 못하였습니다만, 아동들의 적극적이고 진실한 답변을 끌어내는 조사 기법이 중요할 수도 있겠다는 생각은 들었습니다.

간 동안 너를 사랑해주지 않니'라는 식으로요. 실제 사랑을 하는지 안 하는지는 별개로 하더라도 아끼는지, 사랑하는지 등의 감정은 받는 사람이 판단해야 하는 문제입니다. 당하는 사람의 고통을 정당화할 수 있는 상황은 없습니다.

## 가정의 일은
## 가정에서 끝내라?

가정에 개입하지 않으려는 사회의 암묵적인 합의 역시 초기에 진압할 수 있는 가정폭력 문제를 키우는 데 일조합니다. 공권력이 사적 영역에 섣불리 투입되는 것을 부담스러워 하는 경향이 있다 보니 배우자 폭력의 경우 피해자 중 92.3%가 도움을 청한 적이 전혀 없었고, 3.9%가 가족·친척, 3.3%가 이웃이나 친구 등 지인에게 도움을 청했습니다. 경찰, 1366, 상담소나 보호시설 등 공적 기관에 도움을 청한 비율이 각 0~1% 대에 불과했습니다.[3]

물론 가정폭력이 발생했을 때 외부 도움을 요청하지 않은 이유로 폭력이 심각하지 않다고 생각하거나, 그 순간만 넘기자는 응

---

[3]. 아동폭력에서 도움을 요청하는 비율에 대하여는 명확한 통계는 없으나, 자력이 부족하고 외부와의 연락수단이 적은 아동의 특성상 배우자 폭력에 비하여 외부 도움을 받는 경우가 많지는 않았을 것입니다.

답이 가장 높았습니다. 하지만 신고한다고 나아지지 않을 것이라고 생각하거나 경찰이나 관련기관이 도와줄 수 없다고 생각하는 비율도 대략 20%, 10% 정도를 차지합니다.

또한 같은 통계자료에서 가해자에 대한 법률적 조치가 강화되어야 한다, 가정폭력 발생 가정에 대해 경찰이 지속적으로 관리할 필요가 있다는 의견이 96~97% 정도에 달할 정도로 높다는 점을 고려하면 국가기관의 미개입이 미덕인 시절은 지난 것으로 보입니다.

서두에서 언급한 영화를 보면 아시겠지만 가정폭력은 우리나라만의 문제는 아닙니다. 가정폭력반대전미연합National Coalition Against Domestic Violence에서도 미국 여성의 1/3, 남성의 1/4이 일생동안 가정폭력을 겪는다고 할 정도니까요.

이처럼 가정폭력은 다른 형사법 위반보다 죄의식이나 사회적 인식이 낮습니다. 하지만 가정폭력은 피해자의 육체·정신·경제적인 파탄을 가져올 뿐만 아니라 대물림을 통해 확산될 수 있는 심각한 행위입니다. 따라서 이제는 우리 사회가 보다 경각심을 가지고 대응해야 할 것으로 보입니다. 민법 제915조에서 규정하고 있던 부모의 징계권 조항이 2021년 삭제되었는데, 작은 체벌이 큰 폭력이 될 수 있다는 점에서 유의미한 변화라고 생각됩니다.

# 가정폭력 가해자 상담조건부 기소유예제도

가정폭력과 관련하여 특색 있는 제도가 하나 있습니다. 가정폭력 가해자 상담조건부 기소유예제도입니다. 가벼운 가정폭력의 피의자가 상담을 받을 경우 처벌 대신 기소유예를 하겠다는 것으로 그 취지가 가정에서 실수가 있어도 형벌로 가정을 깨는 것보다 스스로 유지하고 회복할 기회를 주어야 한다는 것으로 이해됩니다. 실제로 신체폭력 피해자의 69.2%가 폭력이 재발하지 않았다고 하는 등 그 효과도 누리고 있는 것으로 보입니다.[4]

이 제도는 단순히 피의자를 봐주기 위해 만들어지진 않은 것으로 보입니다. 피해자 역시 가정폭력에서 벗어나고 싶지만, 가해자와 절연하는 것보다는 가해자가 변화하는 것을 더 원할 수 있을 테니까요. 요건상으로도 가해자와 피해자 중 한 명이라도 원하지 않으면 적용할 수 없습니다. 물론 재범이나 중범죄 등 제도의 취지에 맞지 않는 자에 대하여는 보다 엄격하게 형사처벌을 해야 한다거나, 보복 등을 막기 위한 모니터링이 필요하다. 피해자의

---

4. 2018년 제115차 KWDI 양성평등정책포럼 발제자료 - '가정폭력 가해자 상담조건 기소유예 제도 평가와 향후 과제'

상황에 따라 한계가 있다는 지적도 있습니다만, 이러한 교육이 가정폭력의 재범률을 막고 경각심을 높일 수 있다는 점에서라도 앞으로 더 개선해나가면서 활용할 가치가 있을 것으로 판단됩니다.

02

# 학교폭력

아직도 그 아이가
무섭습니다

**20○○년 ○○지역 집단 괴롭힘 사건**

가해자와 피해자는 같은 중학교에 다니는 학생들입니다. 가해자들은 최초 피해자에게 컴퓨터 게임을 대신 해서 캐릭터를 키워달라고 하였으나 잘못 키웠다는 이유로 욕설을 하고 겁을 주기 시작했습니다. 처음에는 단지 '네가 책임져라' '무조건 해라' 수준의 문자는 '그냥 해라 미친 것이. 살고 싶으면 해라' '넌 내일부터 학교에서 애들이 똥파리라고 놀리게 될 거다' '똥파리만도 못한 년' '넌 뒤졌다' '니 내가 시킨 거 안 하면 내일 찍소리 말고 맞아라' 등으로 점점 과격하고 폭력적으로 변했습니다. 시간을 가리지 않고 피해자의 휴대전화로 쏟

아지는 욕설은 피해자를 정신적으로 피폐하게 만들었습니다. 이후 가해자들은 피해자에게 돈을 갈취하고 폭력을 행사하기 시작했습니다. 게임 아이템 구입비, 컴퓨터 수리비에서 패딩 점퍼 구입비로 빼앗는 돈의 규모도 커졌습니다. 피해자의 교재를 가져가버려서 피해자가 공부를 할 수 없게 만들기도 했습니다.

무엇보다 피해자를 견딜 수 없게 한 것은 점점 강해지는 가혹 행위였습니다. 게임을 열심히 하지 않았다는 이유로 무릎을 꿇고 강제로 벌을 세우고, 라디오 전선줄을 피해자의 목에 감은 후 과자를 방바닥에 던져주면서 주워 먹도록 하였습니다. 세면대에 물을 받은 후 얼굴을 집어넣도록 하기도 했습니다. 단소, 커터 칼, 가스라이터 등을 사용한 폭행 역시 계속되었습니다.

결국 피해자는 가해자들의 집단 괴롭힘을 견디다 못해 아파트 베란다에서 투신자살을 하게 되었습니다. 공개된 유서에는 피해자가 가해자로부터 얼마나 많은 집단 괴롭힘을 당했는지와 함께, 가족들에 대한 사랑과 염려, 그리고 마지막으로 가해자들이 집 비밀번호를 알고 있으니 도어키 번호를 꼭 바꿔야 한다는 내용이 거듭 담겨져 있었습니다.

# 평생 상처로 남는
# 학교폭력

"형. 학교폭력 사건 상담 하나 해줄 수 있어?"

"어. 나야 뭐 사건으로도 많이 해봤고, 고민상담 카페랑 팟캐스트에서도 워낙 학교폭력이 많기는 하니까……."

학교폭력이라는 말을 들을 때마다 아직도 온몸이 움찔합니다. 제가 중·고등학교를 다니던 1990년대에도 학교폭력은 있었으니까요. 어쨌든 우등생 축(?) 안에 있던 저는 상대적으로 괴롭힘을 당할 일이 없는 편이기는 했습니다만, 쉬는 시간에 힘없는 아이를 둘러싸고 물건을 가져가거나 집단으로 괴롭히는 일들을 애써 모른 척하는 것 역시 전혀 유쾌하지 않은 일이었습니다. 사실 이 책에 더 많은 이야기들을 쓸 자신이 없다……가 솔직한 심정이 아닐까 싶습니다. 그때로 다시 돌아가면 내가 더 용기를 낼 수 있을까? 이 질문에 대한 답 또한 자신이 없고요.

제가 학교를 다니던 때도 왕따나 이지메 같은 불편한 표현들이 막 생겨나던 시점이긴 했지만, 최근 들어서 학교폭력이 더 자주 문제가 되고 있습니다. 학교폭력이 더 늘어나서 또는 형태가 악질이어서일 수도 있고, 한 가구당 자녀의 수가 줄어들면서 부모들이 자녀에 대한 학교폭력을 좌시하지 않는 분위기가 강해졌을 수도 있습니다. SNS를 통해서 수면 아래에 있던 학교폭력이 드러난 것일 수도 있지요.

학교폭력은 참으로 달갑지 않으면서도, 자녀를 키우는 부모나 학교에 다니는 학생들 모두를 불안하게 만드는 존재입니다. 저 역시 변호사로 일을 하거나 상담을 하면서 피해자, 가해자, 목격 자 등 여러 부모님과 학생들을 볼 일이 있었습니다. 제 아이를 학 교에 보내면서 조마조마하기도 하고요.

## 학교폭력의 범위는 어디까지일까?

학교폭력 문제가 심각해지면서 학교폭력 예방 및 대책에 관한 법이 제정되었습니다. 먼저 법률상 학교폭력은 학교 내외에서 학생을 대상으로 발생한 상해 · 폭행 · 감금 · 협 박 · 약취 · 유인, 명예훼손 · 모욕, 공갈, 강요 · 강제적인 심부름 및 성폭력, 따돌림, 사이버 따돌림, 정보통신망을 이용한 음란 · 폭력 정보 등에 의하여 신체 · 정신 또는 재산상의 피해를 수반하 는 행위를 말합니다. 통상적인 폭행보다 개념이 넓고 발생할 수 있는 가혹행위를 대부분 포함하는 개념입니다.

사이버 따돌림도 학교폭력에 포함되어 있다는 점도 주목할 만 합니다. 법은 "사이버 따돌림"을 ①인터넷, 휴대전화 등 정보통 신기기를 이용하여 학생들이 특정 학생들을 대상으로 지속적 ·

반복적으로 심리적 공격을 가하거나, ②특정 학생과 관련된 개인정보 또는 허위사실을 유포하여 상대방이 고통을 느끼도록 하는 일체의 행위로 규정합니다.

요즘에는 거의 대부분의 학교폭력에서 SNS 단체방이나 메신저 대화가 문제가 됩니다. 예전에는 말싸움으로 끝났을 만한 일들이 온라인에 계속 남게 되어 학교폭력 이슈로 번지나 싶다가도, 또 한편으로는 어린 나이에 이 일을 당하는 학생들이 얼마나 괴로울지, 그 심정에 공감이 가기도 합니다.

## 실제로 학교폭력이 발생한다면?

학교폭력이 발생한 경우 처리하는 절차는 어떻게 될까요? 경미한 사건이고 당사자들이 동의하는 경우를 제외하면, 원칙적으로는 학교폭력대책심의위원회, 이른바 학폭위에서 조사와 심리를 하여 가해학생에 대한 징계절차를 진행하게 됩니다. 과거에는 각 학교 단위로 학폭위가 있었는데, 조사나 심리가 잘 이루어지지 못한다는 비판이 있어서, 지금은 지방교육청별로 학폭위를 두고 외부 인사 비중도 높였습니다.

양 당사자의 주장과 증거 확인이 끝나면 가해학생에게는 서면 사과, 보복행위 금지, 학교봉사, 사회봉사, 특별교육, 심리치료,

출석정지, 학급교체, 전학, 퇴학 등의 조치를 내릴 수 있습니다 (이른바 1호~10호 조치). 그 외에 피해학생에 대한 보복행위 금지도 부과될 수 있습니다.

그리고 피해학생의 보호 차원에서는 원칙적으로 즉각 가해학생과 피해학생을 분리조치해야 하고, 심리상담·일시보호·치료 및 치료를 위한 요양·학급교체 등 추가적인 조치를 내릴 수 있습니다. 이 과정에서 발생하는 치료비는 가해자의 보호자 또는 학교안전공제회에서 지원받을 수 있으므로 부담을 갖지 않으셔도 됩니다.

## 이렇게 아픈데
## 처벌은 고작?

하지만 학교폭력을 심하게 당한 피해자 입장에서는 '처벌이 너무 가벼운 거 아니냐?'라는 불만이 나올 수도 있습니다. 내 아이는 한창 공부할 나이에 신체적·정신적 상처뿐만 아니라 많은 시간적인 손해를 입었고, 자칫 평생 상처를 안고 살 수도 있는데, 가해자는 고작 전학이나 퇴학이 전부냐라고 생각할 수 있습니다.

물론 학폭위를 통한 징계 외에 가해자에 대한 형사처벌도 가능합니다. 예를 들어 폭력을 행사했다면 폭행이나 상해, 돈이나 금품을 갈취했다면 공갈협박이나 절도·강도, SNS를 이용한 범죄의 경우 명예훼손이나 정보통신망법 위반, 성범죄라면 그 행위에 따라 강제추행이나 강간 등의 죄목이 성립할 수 있습니다. 다만 형사고소의 경우 뒤에서 보시는 바와 같이 촉법소년의 적용을 받는지 살펴보실 필요가 있습니다.

뿐만 아니라 가해행위로 인하여 피해자가 손해를 입었다면 당연히 민사상 손해배상청구도 가능합니다. 청소년인 가해자는 경제적 자력이 없는 경우가 많아서 보통은 가해자의 부모(보호자로서 별도로 민사책임을 부담합니다)를 상대로 합니다.

손해배상의 범위는 사건마다 다른 편인데, 어른들 사이에서 일어난 폭행과 기본적으로 법리는 동일합니다. 우선 신체적으로 피해를 입었으면 치료비나 장애로 인한 노동능력의 상실을 청구하게 되고, 정신적 피해가 있다면 위자료가 발생하겠죠.

다만 우리나라에서는 위자료가 많이 인정되지 않는 경향이 있습니다. 그래서 크게 다친 것이 아니면 몇 백만 원을 넘기는 어렵습니다. 뿐만 아니라 부모가 자력이 없거나 손해배상에 응하지 않을 경우 현실적으로 끝까지 쫓아가서 피해보상을 받기는 쉽지 않다는 한계가 있어서, 잘 활용된다고 보기는 어렵습니다.

학생 때는 보복이 두려워 성인이 된 다음에 신고나 소송을 제기하자고 생각하시는 분들도 없지 않은데, 형사와 마찬가지로 민사적으로도 소멸시효가 완성된다면 권리 행사가 불가능해진다는 점도 유의해야 합니다.

반면 가해자로 지목되었으나 실제 행동에 가담하지 않았거나, 행동에 비하여 과한 처분을 받는 경우도 있습니다. 특히 학교폭력은 일대일보다는 주변 가담자들까지 모두 가해학생으로 조사를 받게 되는데, 자신도 학교폭력의 대상이 될지 모른다는 두려움 때문에 소극적으로 방조만 한 경우, 두 학생 사이를 중재하다가 양쪽으로부터 모두 비난받게 되는 경우도 없지 않습니다.

조치의 수준에 따라 기록항목이나 보존기간이 다르기는 하지만 학생부에 기록[5]되면 향후 입시나 사회생활에 불리하게 될 것을 우려하여 행정심판이나 행정소송을 제기하는 경우가 적지 않습니다.

## SNS를 통해
## 폭로한다면?

물론 이 절차보다는 SNS 폭로를 더 많이 활용하는 경향이 있는 것은 사실입니다. 다만 SNS에 과거 학교폭력 사건을 올렸으나 기억이 잘못되는 등의 이유로 인하여 사실이 아

---

5. 시기별로 기록 및 삭제 요건의 변화가 자주 있는 편이므로 관련 사건이 있는 분들은 가급적 직접 교육청에 연락하여 확인해보시는 것을 권고드립니다.

닐 경우에는 명예훼손으로 역고소를 당할 수 있다는 점도 유의하실 필요가 있습니다.

참고로 한국 법제상으로 사실적시 명예훼손도 처벌 대상은 되나 공공의 이익에 해당하면 처벌을 하지 않는 구조입니다. 그리고 유명인들 입장에서는 '사실'임이 확인되는 것이 더 큰 문제이므로 아직까지는 폭로자들에 대하여 '허위 사실'을 이유로 명예훼손 고소를 하는 경향이 있기는 합니다.

안타깝게도 학교폭력에 대한 대책을 많이 마련해도 해결이 잘 되지 않습니다(피해자들의 망가진 삶은 당연히 가장 큰 피해입니다). 성인이 되어서까지도 신경증·우울증·자존감 하락·조울증 등 정신적 피해를 입는 경우가 상당히 많습니다. 사람에 대한 두려움으로 인해 대인관계가 원만하지 못하고 사회에서 자리를 잡는 데도 곤란을 많이 겪습니다. 간혹 스스로에게 극단적인 행위를 하거나, 제3자에게 가해하는 경우도 있고요.

뿐만 아니라 학교폭력이 학교에서 해결되지 않고 성인이 되고 나서 폭로가 될 경우 주변인 역시 애꿎은 피해자가 되기도 합니다. 최근 연예인, 운동선수 등 유명인들이 과거 학교폭력으로 인해 곤욕을 치르는 경우들이 있습니다. 가해자 자신이 성인이 돼서 책임을 지는 부분이야 어쩔 수 없다지만, 그들과 업무를 하고 있는 소속사·제작자 등 업계 관계자 입장에서는 억울한 일입니다. 본인이 학교폭력을 저질렀다고 자인하지 않는 이상 사전에 알아차리는 것은 불가능하니까요. 학교폭력 논란으로 인한 손해를 해결하기 위해 소속사와 제작사 사이에 장기간 소송을 하는 경우도 발생합니다. 엄밀히 말하면 둘 다 직접 잘못을 한 당사자가 아닌데도 말이지요. 사회적 손실임이 명백합니다.

## 학교폭력을 해결할 방법은?

전문가들이 지적하는 가장 큰 이유는 '닫힌 사회'와 '청소년기'입니다. 학교는 전문성을 가지고 학생들을 건전한 사회인으로 키워내는 책무를 가지고 있습니다. 그래서 교육권과 자율권을 존중하다 보니 일반 사회와 분리됩니다. 아직 자립성과 자존감이 완성되기 전 청소년들은 내부 준거집단으로부터 받는 영향이 훨씬 더 크고, 문제가 생겼을 때 어디에 어떻게 도움을 청해야 하는지 잘 알지 못하기도 하고요.

많은 전문가들이 학교의 폐쇄성을 줄여야 한다고 주장합니다. CCTV 설치, 특수사법경찰관에 준하는 전담 관리 인력의 배치, 외부 상담사의 상시 방문 등이 보다 적극적으로 논의될 필요가 있습니다. 고교학점제가 도입되면 모든 학생들이 하루 종일 같은 교실에서 수업을 듣는 일이 줄어드는데, 이 역시 어떠한 영향을 미칠지 살펴볼 필요가 있습니다.[6]

외부에 신고를 할 수 있는 곳들도 많아지고 있습니다. 국번 없이 117, 휴대전화로 #1388, #0117 문자를 보내시거나, 스마트폰 앱 117CHAT을 설치해서 신고할 수 있습니다. 그 외 청소년 사이버상담센터(www.cyber1388.kr), 안전드림(www.safe182.go.kr), 청소년모바일상담센터 다들어줄개 등도 운영하고 있습니다. 익명이나 제3자 신고도 되니, 지금 어려움을 겪고 계시거나 그런 친구들을 아는 분들께서는 주저하지 마시고 꼭 연락하시기 바랍니다.

다만 궁극적으로는 학교와 학생을 바라보는 관점을 이야기하지 않을 수가 없습니다. 지금의 학교는 입시를 위한 수단이고 학생은 경쟁을 위한 도구입니다. 좋은 대학에 얼마나 많은 학생이 들어갔는지가 명문학교를 판단하는 척도가 됩니다. 사교육 광풍은 여전하고, 유튜브나 인터넷 강의 등 지식을 얻을 수 있는 창구는 매우 넓어졌습니다.

반면, 교사들의 교권과 재량은 크지 않습니다. 인성 교육은커녕 학교 교육조차도 주도적으로 시키기 어려운 구조입니다. 보다 근본적인 문제로 들어가자면 한국 사회의 급성장 후 정체로 인한 일자리 감소 및 출구의 부족이 가져온 과도한 경쟁이기는 합니다만, 이러한 상황에서 학교폭력의 책임을 학교나 교사들의

---

6. 물론 입시제도가 그대로 있는 상황에서 고교학점제는 점수를 잘 받는 수업이나 입시에 필요한 수업으로의 편중, 우열반 심화 등의 문제가 발생할 수 있다고 지적하는 견해도 있습니다. 이 역시 제도의 도입과 진행 상황에 따라 탄력적인 접근이 필요해 보입니다.

탓만으로 돌리기는 쉽지 않습니다. 책임을 부여하기 위해서는 그만큼 권한이 주어질 필요가 있으니까요.

마지막으로 관심을 가져야 하는 부분은, 학교폭력은 관련자가 아니더라도 누구든지 신고를 할 수가 있다는 점입니다. 따라서 학교 폭력 사실을 알게 된 분들께서는 꼭 자신의 자녀가 관련된 것이 아니라고 하더라도 적극적으로 나서주시기를 간곡하게 부탁드리겠습니다.

---

**추가로 한마디**

# 촉법소년 제도를 둘러싼 논란

촉법소년은 법에 저촉되는 행위를 한 청소년을 통칭하는 표현으로 널리 알려져 있으나, 엄밀히 말해 법률적 용어는 아닙니다. 형법 제9조는 형사미성년자라는 표제하에 14세가 되지 아니한 자의 행위는 벌하지 아니한다고 규정하고 있는데, 이를 촉법소년으로 해석합니다. 규정의 취지는 아직 지적·도덕적·성격적으로 미성숙한 청소년에 대하여는 처벌하기보다 한 번 더 스스로 뉘우칠 기회를 주자는 것으로 이해됩니다.

문제는 만 14세가 한국나이로 15~16살, 즉 중학교 2학년 내지 3학년입니다. 잘 모르니 봐줘야 한다고 하기에는 이미 많은 것들을 알고 판단할 수 있는 나이죠. 이 규정은 1953년 9월에 제정된 후부터 약 70년간 그대로 유지되고 있는데, 시대가 변하면서 과연 이 기준이 옳은지에 대한 의문이 생겼습니다.

실제로 최근 한 의원실에서 발표한 자료에 의하면 2016~2020년 5년간 약 4만 건 정도 촉법소년에 의한 범죄가 발생하였습니다. 2016년 6,576건에서 2020년 9,606건으로 전반적으로 증가하는 추세입니다. 절도 · 폭행 · 상해뿐만 아니라 성범죄 · 방화 · 살인 · 강도 같은 중범죄도 수천 건이 넘는다는 결과가 나와 충격을 주었습니다.

촉법소년 제도는 형법의 세 가지 기능인 응보, 교화, 예방 중에 응보를 포기하고 교화, 예방을 하겠다는 것입니다. 하지만 요즘에는 비행청소년 상당수가 인터넷이나 또래 접촉을 통해 촉법소년 조항을 잘 알고 있으며, 조사를 받을 때도 수사기관에 '나 촉법소년이니까 처벌 못하는 것 아니냐. 풀어달라'라고 적극적으로 주장하기도 하는 등 역효과가 상당합니다. 물론 10~14세(초등학교 4학년 정도부터)에 대하여는 전과가 남지 않는 소년법상 보호처분을 내릴 수 있는데, 소년원이나 보호관찰관의 수용범위를 훨씬 넘는 청소년들이 들어오고 있어서 역시 재사회화의 기능을 충분히 다하지 못하고 있습니다.

촉법소년 조항을 개정하자는 의견이 적지 않습니다. 가장 자주 나오는 주장은 단 한 살이라도 낮추자는 것입니다. 고작 1년이라고 생각할 수 있겠지만, 통계적으로는 유의미합니다. 5년간 4만 명의 촉법소년 범죄 중에 약 64% 정도인 2.5만 명이 13세 이상입니다. 모든 범죄에 대해서 낮추기 어렵다면 '일부 강력 범죄'에 대해서라도 형사미성년자 적용 연령을 낮춰야 한다는 주장도 나오고 있습니다. 강력 범죄를 저지를 정도의 소년들까지 사회가 어리다는 이유로 보호를 해주어야 할 필요는 없다는 것이죠.

한국, 중국, 일본 등 동양문화권에 비하여 유럽이나 미국 쪽은 형사미성년자의 연령이 더 낮은 편입니다. 영국 10세, 호주 10세, 캐나다 12세, 프랑스 13세이고, 미국은 아예 없거나 있는 주들도 대체로 7~14세 수준입니다. 어쩌면 유교적이고 수직적인 사회가 '아이'와 '어른'을 더 달리 보기 때문은 아닐까라는 생각도 듭니다.

범죄자라고 해서 반드시 사회에서 퇴출시켜야 한다는 것은 아닙니다. 분명 재사회화의 기회를 주어야 합니다. 그런데 지금 강력 범죄에 대하여 처벌도 못하고, 재사회화도 이루어지지 않는다는 것은 문제가 맞습니다. 인터넷이 발달하면서 어린 나이부터 점점 많은 것을 알게 되고요. 장기적으로는 청소년 범죄를 전담하기 위한 예방이나 상담시설의 확충이 필요합니다만, 이와 별개로 형사미성년자 연령을 낮추는 것 역시 진지하게 고민할 필요가 있지 않을까 싶습니다.

# 03

# 스토킹

더 이상 내게
접근하지 말아요

---

**2022. ○○. ○○. KBS 1 FM 라디오 매거진 위크앤드 – 〈시사포커스〉 중**

진행자 : 먼저, 한 주간 화제가 된 시사 이슈를 집중 조명해보는 〈시사포커스〉 배태준 변호사와 함께합니다. 안녕하세요.

저자 : 안녕하세요. 배태준입니다.

진행자 : 오늘은 신당역에서 발생한 살인사건을 통해 스토킹 범죄와 피해자 보호문제에 대한 이야기 나눠보겠습니다. 있어서는 안 될 끔찍한 사건이 벌어졌어요.

저자 : 2022년 9월 14일 수요일 저녁 9시경 서울 지하철 2호선 신당역 여자 화장실에서 31세 남성 전모씨가 서울교통공

일요일 오전 시사 방송은 보통 목요일에서 금요일 정도부터 주제를 논의합니다. 한 주간 있었던 뉴스들 중에 가장 화제성이 있고 중요한 것을 골라서 대본 작업을 하는 거죠. 이 주에는 여야 국회 할 것 없이 워낙 정치적인 이슈가 많아서 당연히 정치 쪽 방송을 할 것이라고 생각하고 있었습니다. 그런데 논의하는 과정에서 이 말이 나왔습니다. "신당동 역무원 살인 사건 기사 보셨어요?"

살인이 큰일이기는 하지만 일요일 아침 방송 주제로 적절하지 않기도 해서 보통의 사건이면 정치 쪽으로 하자고 할까 싶었습니다. 기사를 열어보았습니다. 스토킹에, 신고한 피해자를 상대로 한 보복 범죄. 우리가 무언가를 바꾸지 못하는 사이에 또 한 명 꽃다운 청춘이 스러졌구나, 마음이 많이 아팠습니다.

단순한 관심이나 호기심을 넘어 상대방에게 고통을 주는 행위인 스토킹은 강력 범죄로 이어지는 경우가 많아서 대응을 잘해야 합니다. 스토킹 문제에 대한 지적이 많은 이유는 스토킹에 대한 법률적 보호나 가해자에 대한 처벌이 제대로 이루어지지 않았기 때문입니다.

우선 근본적인 이유로 스토킹이라는 행위 자체를 처벌하는 법률이 뒤늦게 생겼습니다. 그 전까지 스토킹은 단순히 경범죄처벌법으로 다루고 있었거든요. 위반을 하더라도 상한이 과태료 10만 원이었습니다. 10만 원이라……. 남의 의사를 무시하고 괴롭히는 사람을 막기에는 턱없이 부족한 금액입니다.

이처럼 처벌에 한계가 있다 보니 수사기관도 스토킹 신고가 들어갔을 때 우선적으로 처리해주지 못했다는 비판도 나왔습니다. 한정된 인력과 시간을 가지고 사건에 대응해야 하니까요. 결국 스토킹이 기초가 되어 폭행·협박·명예훼손·주거침입 등 다른 범죄가 발생한 후에나 수사권이 발동되는 안타까운 일이 반복되었지요.

## 드디어 만들어진 스토킹처벌법

이처럼 스토킹 자체뿐만 아니라 스토킹과 결합한 범죄 피해가 많아지다 보니 피해자 보호를 위해 스토킹처벌법이 제정되어 2021년 10월부터 시행되었습니다. 이 법률은 상대방의 의사에 반하여 ①접근·쫓아다니거나 진로를 막는 행위, ②주거·직장·학교 등 일상의 장소 근처에서 기다리거나 지켜보는 행위, ③SNS·전화·문자·팩스·우편을 통한 연락, ④직접 또는 제3자를 통해 원하지 않는 물건을 보내거나 근처에 두는 행위, ⑤주거 근처의 물건을 훼손하는 행위를 통해 불안감이나 공포심을 가져오게 하는 것을 스토킹으로 정의합니다.

통상적으로 생각하는 쫓아오거나, 몰래 지켜보거나, 원하지 않는 연락을 계속하는 것뿐만 아니라 상대방에게 불안감이나 공포감을 가져올 수 있는 선물을 보내는 것 역시 스토킹의 범위에 포함시킨 것이 특징입니다. 법이 제정되기 전 선례들을 보면 피를 흘리는 인형·흉기·무서운 가면·동물의 사체 등 괴기한 물건을 보내거나, 머리카락이나 손톱 등 신체 일부를 보내는 경우도 있다고 하더라고요. 이런 것들은 선물이라고 하기에도 뭐할 뿐만 아니라 피해자에게 고통을 주기 위한 목적이 인정될 가능성이 상당히 높습니다.

SNS 지옥에 빠뜨리는 것은 어떨까요? 원하지 않는 SNS 메시지가 하루에 수백, 수천 건씩 오는 것 역시 폭력이라고 보는 사람들이 많고, 법상으로도 직접 또는 제3자를 통해 물건을 보내거나 근처에 두는 것은 스토킹이라고 보고 있기 때문에 법 위반으로 인정될 가능성이 높습니다. 위의 '원하지 않는 물건'에는 글·

말·소리·영상·화상 모두 포함되니까요.

다만 현행 법률상으로도 근처에 있어야 하므로 멀리서 사진을 찍거나 도청하는 것은 아직 스토킹처벌법으로 처리되지는 않습니다. 도청의 경우 다른 요건들을 만족하면 통신비밀보호법 위반이 될 것이고, 사진 촬영은 초상권 침해에 해당할 수 있습니다. 사진을 제3자에게 배포할 경우에는 초상권 침해에 더하여 명예훼손 가능성이 있고, 사진을 피해자에게 직접 보낸다면 그때부터는 스토킹처벌법이 적용됩니다.

또한 동거인이나 가족이 아닌 제3자에 대한 공격 역시 스토킹처벌법으로 보호받기 어려운 부분이 있습니다. 예를 들어 연예인이 열애설이 난 경우 일부 팬들이 그 열애 상대방을 공격하는 경우가 있는데, 이는 '연예인 본인'에 대한 스토킹은 아닙니다. 물론 그 열애 상대방 자신에 대한 스토킹은 성립하는 것이 아닐까? 하는 의문이 있는데, 이는 법률 시행 이후 적용 범위나 해석에 따라 달라질 것으로 보입니다.

## 스토킹 피해자를
## 보호하기 위해선?

스토킹 행위를 한 사람에 대하여는 형사처벌 조항이 있으나, 더 중요한 것은 피해자와 분리하는 등 피해자 보호

조치입니다. 스토킹처벌법을 제정한 목적 자체가 처벌을 강화할 뿐만 아니라 처벌까지는 시간이 오래 걸리니 일단 피해자 보호를 위한 응급조치를 신속하게 할 수 있도록 하자는 취지이기 때문입니다.

구체적으로 스토킹 범죄 신고를 받은 경찰은 ①현장에 나와서 스토킹행위를 제지하고, 향후 스토킹 행위의 중단 통보 및 스토킹 행위를 지속적 또는 반복적으로 할 경우 처벌 경고를 하고, ②스토킹 행위자와 피해자 등의 분리 및 범죄수사를 하며, ③피해자가 원할 경우 상담이나 보호시설로 인도하며, ④스토킹 행위가 지속적 또는 반복적으로 행하여질 우려가 있고 긴급한 필요가 있는 경우에는 100미터 접근 금지, 연락 금지 등의 조치를 취할 수 있습니다. 다만 ④의 경우에는 법원의 사후 승인이 필요합니다.

뿐만 아니라 강화된 장치가 또 하나 있습니다. 법원은 경찰이나 검찰의 신청이 있을 경우 잠정적으로 접근이나 연락을 금지하는 것뿐만 아니라 최대 1개월간 구치소에 유치할 수 있습니다. 잠정조치를 위반하거나, 지속적·반복적으로 스토킹을 계속할 경우 형사처벌의 대상이 됩니다. 인신을 구속할 수 있는 영장주의가 매우 예외적으로 인정된다는 점을 고려할 때 이는 상당히 강화된 조치라고 볼 수 있습니다.

## 가장 중요한 건
## 피해자를 보호하는 것

　　　　　　그럼에도 불구하고 일각에서는 아직도 피해자 보호가 부족하다는 지적 역시 적지 않습니다. 가장 큰 부분은 신고시점부터 구류의 잠정조치까지 걸리는 시간입니다. 피해자가 수사기관으로부터 계속된 보호를 받을 수 있는 장치가 없기 때문입니다. 법원 업무가 폭증하여 과부하 상태에 걸린 상황에서 잠정조치가 얼마나 신속하게 발부될지에 대하여도 걱정이 있습니다. 실제로 스토킹처벌법 시행 이후에도 신고 이후 잠정조치 전에 보복범죄가 발생하는 안타까운 일들이 벌어지고 있습니다.

　전문가들이 제시하는 방법은 가해자로 신고된 사람에 대한 감시 시스템입니다. 예를 들어 미국은 일부 주에서 스토킹 범죄자에게 전자발찌나 팔찌 부착을 명령할 수 있도록 하고 있습니다. 피해자의 주거나 직장 등에 접근했을 때 바로 알람이 울려서 경찰이 출동할 수 있게 하는 것이죠.

　한국에서는 성범죄 등 중범죄자나 보석 석방자에 대하여 전자발찌를 착용하는 제도를 두고 있는데, 특정 지역에 대한 이동이나 방문을 예방한다는 측면에서는 스토킹에도 충분히 적용해볼 만합니다. 언론 보도에 따르면 수사기관 내부적으로도 스토킹의 수준이나 반복 정도를 관리하는 시스템을 개발하겠다는 이야기가 나오고 있으므로 이 부분도 함께 고민하면 어떨까요.

 수사기관에 신고하고, 잠정조치 등 강한 조치가 취해질 수 있도록 적극적으로 증거를 수집해둘 필요가 있습니다. 피해자 입장에서는 그 증거를 만들고 살펴본다는 것 자체가 고통스러운 일이나, 많은 '반복적 위해 가능성'에 대한 입증이 부족할 경우에는 원하는 수준으로 보호받기가 어려운 것도 사실이기 때문입니다. 주거지 입구에 CCTV 등 영상촬영 장비를 달아두면 가장 좋겠지만, 비용 문제가 있을 경우에는 휴대폰으로 촬영이나 녹음을 해두는 것 역시 중요합니다.

 과거보다는 진일보했지만 그럼에도 지적이 나오고 있는 스토킹처벌법의 구체적인 적용 방향에 대해서는 우리 모두 주목할 필요가 있겠습니다.

---

추가로 한마디

# 법률에 따른 신고와 별개로
# 어떻게 대응을 하면 좋을까?

 스토킹에 대하여 조언이나 자문을 하다 보면 막막할 때가 있습니다. 사후적 처리 방법을 알려드리는 것은 피해자에게 실질적인 도움이 아닐 수 있기 때문이죠. 그러다 보니 일단 이것을 어떻게 대응하면 좋을지에 대한 문의가 많습니다.

여러 전문가들의 의견을 종합해보면 스토킹은 초반부터 단호하고 분명하게 거절해야 합니다. 많은 분들이 두려움, 공포, 미안함 등 다양하면서도 복합적인 감정으로 거절을 잘 하지 못하고 만남이나 연락에 응합니다. 한두 번 받아주면 더 이상 괴롭히지 않겠지라고 생각을 하는 경우도 있습니다.

이게 매우 잘못된 방향이라는 지적이 많습니다. 받아준다는 것에 대한 잘못된 학습효과로 인해서 악화될 가능성이 높습니다. 제가 예로 들고 있는 것이 초등학교 운동회 때 박 터트리기입니다. 잘 열리지 않던 박이 콩주머니를 계속 맞으면서 조금씩 입을 벌리게 되었을 때를 떠올려보시면 이해가 쉽습니다. 박을 터트릴 수 있다는 기대감으로 더 열심히 콩주머니를 주워서 던지게 되지 않을까요? 마찬가지입니다.

보통 스토킹으로 고민을 하는 시점이 되면 대화로 해결하기도 어렵습니다. 막연한 기대감을 가지고 대화하는 분도 계시는데, 그렇더라도 시간을 정해서 해결이 되지 않으면 단호하게 끊어야 합니다. 상대방이 찾아오는 유형이라면 초기부터 혼자 고민하지 말고 주변 도움을 받는 것이 더욱 중요합니다. 정신적 피해를 넘어 구체적인 신체적·물리적 가해를 가할 수도 있는 위험한 상황이니까요. 아직 100% 보호가 안 된다고 하더라도 수사기관에 신고하는 것이 제일 좋고, 아니더라도 가족, 친구, 가해자 쪽 가족에게 적극적으로 알릴 필요가 있습니다.

초반에 '이렇게까지 해야 하나?' '보복당하는 것 아니야?'라는 생각이 들 수 있는데, 이러한 생각이 드는 상황이라면 이미 스토커가 스스로 멈추기는 힘든 수준인 경우가 많습니다. 적극적 해결이 추가 피해를 방지합니다.

물론 스스로에 대한 안전장치도 만들기는 해야 합니다. 잠정조치 등 가해자의 접근금지가 완료되기 전까지는 늦은 시간에 혼자 다니는 것을 피하고, CCTV 등을 설치해서 가해자가 함부로 행동하지 못하도록 두려움을 주는 것도 필요합니다. '피해자인 것도 억울한데 이렇게까지 해야 하나?'라는 생각이 들 수는 있습니다. 저도 매우 안타깝게 생각합니다만, 내 안전을 지키지 못했을 때 가장 큰 피해는 내가 입으니까요.

# ⚖ 04

# 노년부양

늙고 보니 아무도
믿을 수가 없습니다

"〈라디오 매거진 위크앤드〉 애청자입니다. 상담
좀 할 수 있을까요?"

"네. 무슨 일이시죠?"

"내가 얼마 남지 않은 것 같은데, 믿을 수 있는 사람은 이제 다
떠나갔고, 도저히 뭘 어떻게 해야 하는지 알 수가 없어서."

제가 고정적으로 하는 라디오 방송은 일요일 오전이다 보니 주
애청자들 중에는 연세가 있는 분들이 적지 않은 편이었습니다.
전화를 주신 분은 여든이 좀 안 되는 할아버지셨습니다. 한국전
쟁 때 이북에서 피난을 내려와 경기도에 정착한 후 닥치는 대로
이것저것 사업을 하면서 돈과 재산을 조금 모으셨습니다. 가난
을 면하면 행복할 수 있다고 생각했지요. 하지만 돈으로 가정의
평화를 살 수 있는 것은 아니었습니다.

할아버지는 2남 1녀를 두셨습니다. 작은아들은 유학비를, 딸에게는 결혼할 때 두둑한 지참금과 부동산을 주었습니다. 자녀들이 결혼할 때 손주 몫으로도 조금씩 만들어주려고 노력했습니다. 마지막 사업체를 20년 이상 도와온 큰아들에게 물려주면 끝이라고 생각했습니다. 그런데 아내를 몇 년 전 보내고, 가족들끼리 추석을 맞이하는데 잠시 부엌에 들어가 있는 사이였습니다.

'넌 결혼할 때 제일 지원 많이 받았잖아!'

'큰오빠가 사업한다고 가져간 돈 내가 모를 줄 알아?'

'너는 미국에 있으면서 부모님도 전혀 안 모셨으면 빠져. 나중에 재산 받아간다고 하면 가만 안 둘 줄 알아.'

거친 고성이 오갔습니다. 손이 벌벌 떨려서 소리가 잠잠해지고도 한참이 지나서야 부엌 밖으로 나갈 수 있었다는 할아버지.

이후 자녀들이 찾아온다, 모시겠다, 어떤 말을 해도 무섭다고 합니다. 혹시 내 정신이 더 깜빡거리면 나를 강제로 요양원에 보내면 어떻게 하지? 요즘 성년후견 신청하고 재산 빼가는 경우도 많다는데 미리 나눠줘야 하나? 그러면 나를 더 홀대하고 자기들끼리 더 싸우는 것 아닌가? 잠이 오지 않습니다.

● ● ●

이분께서는 결국 한참 상담만 하시고 어떠한 사

건을 맡기시지는 않으셨습니다. 아마도 자신의 이야기를 들어줄 누군가가 필요해서, 그 먼 라디오 주파수를 따라 제게까지 연락을 주신 것이 아닐까 싶었습니다. 변호사로는 소위 공친 날이지만, 말씀을 들으면서 마음이 편하지는 않았습니다. 본인은 정말 열심히 사셨는데 말이죠. 상담 때도 낡은 가방에 헤진 구두, 여기저기 벗겨진 안경테 등 검소함이 느껴지는 분이셨습니다. 자식들의 미래와 더불어 본인의 노년은 누구에게 의지할지, 아무래도 연세가 있다 보니 건강도 좀 걱정이 되시는 분이셨는데, 무사히 잘 해결하셨는지 궁금합니다.

## 아직 경직된
## 한국의 상속법

의료기술이 발달하면서 평균 수명이 늘어나고 있습니다. 인간이 보다 건강하게 오랫동안 삶을 영위할 수 있게 된 것은 큰 축복이지요. 하지만 노후 생활이 점점 길어지면서 이에 대한 대책이 잘 세워지지 않는다면 마냥 행복하지만은 않을 겁니다. 물질적 부양도 문제지만 산업화·핵가족화가 되면서 자녀들과 멀어지고 점점 인간관계가 단절되거나 새롭게 관계 맺기가 여의치 않은 것 역시 문제입니다. 하지만 한국 현행 상속법이 워낙 경직되어 있다 보니 자녀들이 경제적·정신적 부양의 제공을 담보할 수 없다는 지적들이 나오고 있습니다.

우선 현행 상속제도가 어떠한지 법률적으로 간략하게 설명을 드리면요, 민법은 ①직계비속, ②직계존속, ③형제자매, ④4촌 이내의 혈족 순으로 상속 순위를 부여합니다. 배우자는 ①, ②번 순위가 있는 경우 공동 최우선순위자가 되면서 50%를 가산받습니다. 물론 일부 상속권을 박탈당하는 사유들이 있기는 하나 매우 제한적입니다.

또 하나 한국의 특징적인 부분이 유류분제도입니다. 피상속권자가 유언이나 사전 증여 등으로 법정 상속분과 달리 재산을 분할하려고 하더라도, 선순위 상속권자가 법률상 보장된 상속재산의 일부(1순위의 경우 1/2)에 대하여는 청구권을 가지게 됩니다.

이러한 제도가 만들어진 취지는 과거 장자에게만 상속하는 것이 일반화되던 시점에 딸들이나 둘째 이하 아들들이 상속에서 배제되는 것을 막기 위한 것이었습니다. 하지만 요즘에는 장자에게만 상속을 해준다(반대로 장자가 반드시 부모님을 모셔야 한다)는 관습은 거의 사라진 상황입니다.

반면 재산을 형성한 피상속인 당사자의 의사를 반영하지 못한다는 단점이 계속 부각되고 있습니다. 법률상으로 유효한 유언을 하기가 복잡할 뿐만 아니라, 법률적 상속분과 유류분제도가 있는 상황에서 피상속인이 상속인에게 이러한 법정 제도에 반하는 설정을 하기가 감정적으로도 어렵다 보니 유류분제도를 폐지해야 한다는 의견이 계속 올라오고 있습니다.

## 경직된 상속법을
## 보완하기 위한 방법들

이러한 상속 논의는 최근 들어 피상속인의 후생과 권리보호 측면으로 옮겨지게 됩니다. 과거와 달리 피상속인에 대한 부양이나 정서적 봉양을 하는 경우가 매우 줄었음에도, 막상 피상속인이 돌아가셨을 때 상속권만 주장하는 사람들이 늘어나면서, 고령이 되신 분들 역시 자신들을 보호하기 위한 여러 방법들이 고안되고 있는 것이지요.

그중 하나가 유언대용신탁입니다. 자산의 소유권을 은행이나 보험회사 같은 금융회사에 이전하되, 그 사용이나 운용 방법은 신탁자가 전적으로 결정하는 것입니다. 살아 있는 동안은 자신을 수익자로 하여 생활비로 사용하고, 사망 후에는 특정인에게 배분할 수 있습니다. 또한 상속인이 어릴 경우에는 수탁자가 자산을 보관하다가 성인이 되는 등 일정 시점에 이전할 수도 있기 때문에, 상속인들이 효도할 동기를 부여하기 위한 목적뿐만 아니라 상속인이 상속재산을 지킬 수 있는 능력이 갖추어지기 전에 상속을 해야 하는 부득이한 경우에도 유용하게 사용할 수 있습니다.

무엇보다 유언대용신탁이 자리 잡으면서 과연 유류분 제도가 유언대용신탁이 된 자산에도 적용이 될 수 있는가가 논의 대상이 되었습니다. 법원은 유언대용신탁에 따라 재산이 수탁자에게 이전된 경우에는 상속재산에 포함되지 않는다고 판시를 한 적이 있습니다. 즉, 현재로서는 유류분을 가장 효과적으로 회피할 수 있다 보니 앞으로 더 활용이 늘어날 것으로 보입니다.

그 다음은 효도계약입니다. 법률적 표현은 아니나 부모와 자녀가 생활비 · 병원비 제공 · 자산 처분(담보 제공) 제한 등 재산적인 부분이나 동거 · 방문 · 가족여행 등 생활적인 부분에 대한 권리의무를 설정하면서 그 대가로 자산의 소유권을 이전해주는 관계를 통칭합니다. 효도계약이라는 표현이 나오게 된 것은 고령화 · 핵가족화 사회가 되고 부모님들의 여생이 길어지는 반면 자녀들의 부모님들에 대한 돌봄이 당연하지 않게 되면서, 부모님들 입장에서는 자신들의 생전 부양을 챙겨주는 것을 조건으로 자녀들에게 미리 재산을 증여하는 세태가 나오면서입니다.

## 효도하기로
## 계약서를 썼습니다

'효도계약'이란 표현은 곱씹어보면 그 자체로 모순이 있습니다. 효도의 사전적 의미는 부모를 정성껏 섬긴다는 뜻으로 마음이 필요한 일입니다. 반면 계약은 당사자들이 합의로 권리와 의무를 명확하게 정하는 것입니다. 마음으로는 싫어도 계약은 이행할 수 있는 것이지요. 계약 문구 중에 부부간에 싸우지 마라, 성실하게 살아라, 음주나 흡연을 자제해라 같은 자녀가 앞으로 살아가면서 지켰으면 하는 당부의 말씀을 넣는 경우도 있습니다. 법적으로 유효한 조건이라고 보기 어려우나, 조금이라도 자식들이 화목하게 살기를 바라는 부모의 마음을 막을 수는 없을 테니까요.

주목할 만한 것은 최근 대법원 판례인데요, 부모가 자녀에게 주택·토지·주식 등 자산을 증여하면서 "같은 집에서 동거하면서 부모님을 충실히 부양한다. 위반 시 증여 계약을 해제한다"는 효도 각서를 작성한 경우입니다. 이후 자녀가 같은 건물에 층을 나누어 살았으나 식사나 생활은 거의 같이하지 않았고, 부모가 편찮아지시자 요양시설 입원을 권유하게 됩니다. 부모가 법원에 증여를 해제하면서 자산의 반환을 구하자 법원은 이러한 계약은 민법상 부담부증여라고 하면서 '부양 의무'라는 조건이 불성취되었음을 이유로 증여한 자산의 반환 결정을 내렸습니다. 즉, 권리 의무가 집행할 수 있는 수준으로 구체화된다면 그 내심이 효도를 원하는 것이라고 하더라도 민법상 계약으로 보호를 받을 수 있다는 것이지요.

효도계약은 유언대용신탁과는 달리 유류분을 완전히 피해가기는 어려울 것으로 보입니다. 다만 부양을 하지 않은 자녀가 상속 유류분을 주장할 때, 유류분은 증여재산 가액에서 조건 이행 비용(부양 비용)을 차감한 순수한 증여 가액에 대하여 인정될 것이어서, 유류분 행사 범위가 제한될 수는 있습니다.[7]

## 성년후견제도와 임의후견인

마지막으로는 성년후견제도입니다. 재벌가 회장님에 대한 성년후견 심판 신청 보도가 나오면서 성년후견제도가 더 주목을 많이 받게 되었습니다. 원칙적으로 성인이 되면 민법상 권리능력과 행위능력을 갖습니다. 쉽게 말하면 스스로 어떠한 행위의 효력을 이해하고 행위를 할 것을 결정할 수 있다는 뜻입니다. 성년후견제도는 민법 원칙에 대한 예외입니다. 질병·장애·노령 등 사유로 인해 정신적 제약을 가진 사람들도 스스로 주체적으로 한 인격체로서의 삶을 영위해나갈 수 있도록, 가장 믿을 만한 사람을 후견인으로 선임하여 도움을 받도록 하는 것이 성년후견제도입니다.

---

7. 예를 들어 부모님을 부양하는 것을 조건으로 10억 원의 집을 증여받았고, 실제로 부양비용으로 2억 원을 썼다고 한다면, 10억 원이 아니라 8억 원이 순 증여 가액일 것이어서, 그 금액에 대한 유류분을 계산하게 됩니다.

과거 금치산자·한정치산자 제도가 단순히 재산관리 부분에 대하여만 부조를 하였다면, 성년후견은 재산 외에 치료, 요양 등 신상에 관한 분야에도 폭넓은 도움을 줄 수 있도록 하고 있습니다. 무엇보다 '본인의 의사와 잔존능력의 존중'을 기본이념으로 하여 후견 범위를 개별적으로 정할 수 있도록 하고 있습니다. 뿐만 아니라 현재 정신적 제약이 없는 사람이라도 미래를 대비하여 임의후견이라는 제도를 도입한 것 역시 큰 특징이라고 할 수 있고요.

물론 성년후견제도가 상속 분쟁의 도구로 활용된다는 비판 역시 존재합니다. 무엇보다 본인이 원하지도 않음에도 성년후견을 당할 수 있다는 것이지요. 자산이 있는 집안에서 고령의 부모님이 특정 자녀에게만 경영권이나 자산을 주는 경우, 자녀들이 그걸 받아들이지 못하고 성년후견 신청을 하는 경우가 종종 있습니다. 성년후견 결정을 위해서는 의사의 정신감정을 거치고 법정에서 본인 진술을 통해 의사를 확인하기는 합니다만, 이 제도가 꼭 피후견인을 보호하기 위해서 작동하는 것은 아니라는 지적에서 자유롭기는 어렵습니다.

다만 개정된 민법은 피후견인이 먼저 임의후견인을 선임할 수 있는 권한도 부여하였습니다. 본인이 완전히 판단능력을 상실한 다음에 타의로 자신이 원하지 않는 후견인을 선임당하느니 차라리 내가 의사판단이 가능한 시점에 가장 나를 위해서 마지막까지 잘 도와줄 수 있는 사람과 후견계약을 체결하라는 것이죠. 가족이나 이해관계자와의 사이가 복잡해서 이러한 후견제도를 이용하지 않을 경우 자신의 권리를 보호받기 어렵다고 생각하시는 분들께서는 이 제도에 대해서도 충분히 고려해보시면 좋겠습니다.

## 가장 어려운 질문
## – 어느 것이 제일 나아요?

가끔 자신의 상황에는 이들 중 어떠한 것이 가장 적합하냐는 질문을 받습니다. 가족 문제에서 무엇이 더 옳고 그르다를 단정하기란 참 어렵습니다. 하지만 대체적으로 효도계약은 재산보다는 만남·방문·여행 등 정서적 교류가 필요한 분들에게 적합합니다. 성년(임의)후견은 재산 관리나 치료 등 구체적이면서도 특정된 활동에 자산의 사용이나 소비가 필요하고, 나머지 권리는 내가 계속 보유하는 것이 맞겠다는 상황에 좋습니다. 마음에 들지 않는 자녀가 있어서 특정 자녀에게 상속을 몰아주기에는 유언대용신탁이 가장 효과적입니다.

제일 좋은 것은 부모와 자녀·형제자매 사이에 정서적 애착관계가 지속되는 상황임을 모르는 분은 없을 것입니다만, 자녀와의 관계 또는 자녀들 사이에 갈등이 있는 경우, 자녀로부터 버림받으면서 자녀들끼리도 지루한 싸움을 하게 되는 최악의 상황을 막기 위해서 차선책을 선택할 수밖에 없습니다.

사회가 엄청나게 빠른 속도로 변화하면서 부모와 자식·형제 자매들 사이의 관계도 달라지고 있습니다. 한국 사회가 산업화·도시화·핵가족화를 겪고, 가구당 낳는 자녀의 수가 줄어들면서 자녀가 성년이 된 후 뒷바라지까지 부모의 몫인가? 반대로 노년 부모에 대한 부양은 누구의 책임인가?에 대한 갈등일 수도 있습니다.

가족간 문제라 정답은 없습니다만 부모나 자식 어느 쪽이든 가족에는 단순히 '금전'이나 '경제적 이익' 이상의 무언가가 있다는 점을 인지할 필요가 있습니다. 물론 이를 장려할 수 있는 사회 정책적인 지원 역시 고려되어야 할 것입니다.

---

추가로 한마디

## 존엄사와 사전연명의료의향서의 작성

의학의 발달로 인해 급작스럽게 죽음을 맞는 경우는 줄어들었습니다만, 그만큼 존엄한 죽음, 영어로는 웰다잉well-dying에 대한 논의도 많아지고 있습니다. 존엄사 관련 세간의 화제가 되었던 김 할머니 사건 이후 호스피스·완화의료 및 임종 과정에 있는 환자의 연명의료결정에 관한 법률(연명의료결정법)은 회복 가능성이 없이 임종 과정에 있는 환자가 심폐소생술, 혈액 투석, 항암제 투여, 인공호흡기 착용 등 치료 효과 없이 임종 과정의 기간만을 연장하기 위한 의료 중단 여부를 선택할 수 있도록 하고 있습니다. 다만 연명의료를 중단하더라도 통증 완화를 위한 의료 행위나 영양분 공급, 물 공급, 산소의 단순 공급은 중단할 수가 없습니다.

절차적으로는 환자가 사전연명의료의향서나 연명의료계획서를 통해서 연명의료를 원하지 않는다는 의사를 표명해야 하고, 담당의와 해당 분야 전문의 1명이 말기나 임종 과정에 있다는 의학적 진단을 내려야 합니다. 자격은 꼭 병을 앓고 있지 않더라도 법률상 19세 이상이면 누구나 병원, 보건소, 종교단체, 사회단체 등 연명의료등록기관을 방문하여 미리 연명의료에 대한 의향을 작성할 수 있습니다. 물론 작성한 뒤에 내용을 변경하거나 철회하는 것 역시 자유롭습니다.

사전연명의료의향서 작성 제도는 2018년 도입 후 약 100만 명가량이 등록하였을 정도로 정착이 잘 되고 있습니다. 다만 많은 어른들이 노후를 보내시는 요양병원에서는 연명치료 상태를 판단해줄 의사가 부족하다는 점은 보완이 필요합니다. 더 나아가 장기적으로는 임종이 임박한 것은 아니나 뇌사·식물인간·전신마비 등 여생 동안 인간으로서의 행복이나 존엄성을 누리기 힘든 분들이 적극적으로 삶의 마감을 원하는 경우, 이른바 적극적 안락사의 경우 인간이 가지는 자기결정권과 남용 가능성, 가족들의 여러 가지 복합적인 감정, 국민들의 법이나 도덕적 감정 등을 전체적으로 고려하여 어느 선이 가장 합리적일지에 대한 논의가 계속되지 않을까 하는 싶습니다.

## 05

# 장애인

먼저 떠나기도,
먼저 떠나 보내기도 무섭습니다

**사건번호 : ○○지방법원 20○○고합○○○○ 학대치사,**

　　　　　　**장애인복지법 위반**

범죄사실 : 피고인은 ○○보호센터에 근무하는 사회복지사이
고, 피해자는 정상적인 의사소통이 불가능하고 자해 행동으
로 거부 의사를 표현하며 위 센터를 이용하는 1급 자폐성 장
애인이다.

피고인은 20○○. ○. ○. 위 센터에서 피해자에게 동료사회복
지사인 ㅈ○○와 사회복무요원 ㄱ○○의 도움을 받아 피해자
에게 점심식사로 김밥과 떡볶이를 제공하였다.

피해자가 음식 먹기를 거부하고 방 밖으로 나가려고 하자, 피고인은 ㅈㅇㅇ과 함께 피해자를 방으로 데리고 들어와 의자에 앉힌 다음 피고인과 ㅈㅇㅇ은 피해자를 의자 뒤로 세게 밀어 고정하고, 피고인은 오른팔로 피해자를 눌러 움직이지 못하도록 한 다음, 장ㅇㅇ이 김밥 1개를 피해자의 입 안으로 밀어 넣었고, 피고인은 약 30초가 지나 여전히 김밥을 물고 있는 피해자의 입 안으로 떡볶이 1개를 밀어 넣었고, 약 30초가 지나 여전히 김밥과 떡볶이를 물고 있는 피해자의 입 안으로 떡볶이 1개를 재차 밀어 넣었다. 이어 ㄱㅇㅇ의 도움을 받아 피해자의 의자를 고정한 후 피고인은 피해자의 어깨를 누른 후 피해자의 입 안으로 김밥을 재차 밀어 넣고 자리에서 일어나기 위해 발버둥치는 피해자의 복부를 주먹으로 때렸다.

이로 인해 피해자는 헛구역질을 하고 미처 삼키지 못한 음식물이 기도에 걸려 의식을 잃고 쓰러진 상태에서 ㅇㅇ병원 응급실로 후송되어 치료를 받다가 음식물 흡인에 따른 기도폐색질식으로 사망하였다.

판결 : 피고인을 징역 4년에 처한다. 피고인에 대하여 장애인 관련 기관에 5년간 취업제한을 명한다.

처음에 이 사건에 대한 뉴스를 들었을 때는 애꿎은 장애인 한 명이 또 다시 안타깝게 목숨을 잃었구나, 정도였습니다. 슬픈 뉴스이기는 하지만 마음에 어떠한 각인을 새길 정도는 아니었지요. 하지만 며칠이 지난 후였습니다.

"따르르르릉⋯⋯."

"네. 여보세요?"

"안녕하세요. 변호사님. 저 혹시 기억하세요? ○○○ 한의원 ○○○ 원장입니다."

저희 아버지의 제자 분이시자 지역 사회에서 성공하신 한의사로 유명하신 선생님이었습니다. 제가 고시 공부를 하면서 장이 안 좋아져서 도움도 많이 받았었고요. 워낙 인자하셔서 평생 살아도 적을 만들지 않을 것 같은 그런 분이셨는데⋯⋯.

"변호사님. 저 좀 도와주세요. 정말 죽고, 죽이고 싶습니다."

"네?!"

사건의 피해자가 자신의 하나뿐인 아들이라고, 저 피고인들을 어떻게든 엄벌에 처하고 싶은데 너무 막막해서 혹시라도 도와줄 수 있을까 이렇게 매달린다는 그분의 말씀이었습니다. '헉' 하고 너무 놀랐습니다. 보이지 않던 장애인이 제 눈에 보이는 순간이었습니다.

# 생각보다 많지만
# 보이지 않는 장애인

매우 소수자로 느껴지는 장애인, 대략 그 숫자가 얼마나 되는지 혹시 알고 계실까요? 놀랍게도 2021년 보건복지부 및 통계청 통계자료에 의하면 등록된 장애인 수는 265만 3,000명입니다. 대한민국 전체인구를 5,155만 명이라고 잡을 경우 대략 5.1%가 등록된 장애인이고, 등록되지 않은 장애인을 합치면 더 많을 것입니다. 내 주변 사람 100명 중에 5명은 장애인이라는 뜻이죠.

하지만 장애인의 가족이거나 직업적으로 특수교육이나 사회복지 업무를 하는 분들 외에, 자신의 주변에서 5% 이상의 지인이 장애인으로 구성된 분은 거의 없으실 겁니다. 저 역시 장애인을 가족으로 두고 있는 사람까지 다 세어봤는데도, 그 정도 숫자가 안 되더라고요. 있지만 보이지 않습니다.

장애의 유형 중에는 지체(44.3%)가 가장 많고, 청각(16.0%), 시각(9.5%), 뇌병변(9.3%), 지적(8.5%) 등이 그 뒤를 이루고 있습니다. 장애인 전체 비율로 따지면 유아청소년기(0~19세)가 3.6%, 청년기(20-39세)가 7.8%, 장년기(40-59세)가 23.8%, 노년기(60세 이상)가 64.8%입니다. 한편 1년에 새롭게 등록되는 장애인의 수는 매년 8만 명 정도를 유지하고 있습니다.

발생 원인은 어떠할까요? 노령화에 따라 장애를 얻거나 태어나면서 장애 판정을 받는 경우도 있지만 사회활동과정에서 사고 등으로 장애가 생기는 비율도 낮지 않습니다. 실제로 장애를 선천성과 후천적 요인에 의한 것으로 나누면 후천적 요인에 의한 경우가 88% 정도로 선천적 요인에 대하여 8~9배나 높습니다. 4세 이하 신규 장애인의 비율은 매년 5,000명 정도로 전체 신규 등록 장애인의 6%에 불과하기도 하고요.[8]

이처럼 장애는 누구에게나 살아가면서 발생할 수 있는 것임에도, 우리 사회가 장애에 대하여 가지는 관심은 높지 않습니다. 그 누가 되었든 장애를 얻으면 남들 눈에 보이지 않게 되니까요.

수십 년 넘게 알고 지냈음에도 저희 부모님이나 저의 눈에도 안타깝게 목숨을 잃은 원장님의 장애인 자녀가 단 한 번도 보이지 않았다는 사실, 이 사건이 벌어지기 전까지 원장님 역시 어느 누구에게도 자기 자녀 이야기를 하지 못했다는 사실에 마음이 아팠습니다.

---

8. 전체 장애인에 대한 연령, 발생장애 유형 비율은 신규등록과 다소 차이가 있는 편입니다. 다만 이 책에서는 취지상 신규등록에 대한 부분만 인용하였습니다. 전체통계는 보건복지부 (www.mohw.go.kr) 누리집 자료를 통해 확인하실 수 있습니다.

# 장애인을 위한 법령은
# 무엇이 있을까

　　　　　　　그렇다면 장애인과 관련된 법령으로는 무엇이 있을까요? 가장 먼저 UN 총회에서 2006년 결의한 '장애인의 권리에 관한 협약'UN Convention on the Rights of Person with Disabilities(줄여서 'UN 장애인권리협약')이 나옵니다.[9] 신체적·정신적·지적·감각적 장애를 포함한 모든 장애가 있는 사람들의 기본권과 자유를 동등하게 보장해주기 위하여 위 협약은 장애인에 대한 비차별·자율성 존중·차이에 대한 수용·사회 참여 기회의 보장 등을 규정합니다.

　구체적으로 ①장애인에 대한 차별을 철폐하기 위해 공적·사적 영역에서 필요한 조치를 취해야 하고(제2조), ②고정관념이나 편견, 유해한 관행을 근절하기 위한 캠페인을 진행하며(제8조), ③물리적 접근성과 이동권(제9조, 제20조)뿐만 아니라 ④정보적인 접근권이나 의사표현의 자유도 보장하며(제21조), ⑤고문, 비인도적이거나 굴욕적 대우·착취·폭력·학대를 금지하며(제15조, 제16조), ⑥개인·사생활·가정과 가족에 대한 존엄성과 존중을

---

9. UN에서 만든 정본은 중국어, 영어, 프랑스어, 러시아어, 스페인어, 아랍어 등 6개 버전입니다. 참고로 미네소타대학교 인권도서관(Human Rights Library of the University of Minnesota)에서 한글 번역 원본을 게시해놓고 있으므로, 참고하셔도 좋겠습니다.
http://hrlibrary.umn.edu/instree/K-disability-convention.html

보장받고(제17조, 제22조, 제23조), ⑦자립적 생활과 지역사회 동참권·근로권·정치적 참여권·문화적 생활권을 보장받으며(제19조, 제27조, 제29조, 제30조), ⑧교육·의료·훈련·재활을 받을 권리 역시 제공되어야 합니다(제24조~제26조).

그리고 위 협약을 이행하기 위한 UN 장애인의 권리에 관한 협약에 대한 부가의정서Optional Protocol to the Convention on the Rights of Persons with Disabilities는 협약 당사국 장애인이 권리를 침해당했을 때 UN 장애인권리위원회the Committee on the Rights of Persons with Disabilities에 진정서를 제출해 조사를 요청하거나 UN 장애인권리위원회가 제도적·반복적 차별에 대하여 직권조사를 할 수 있는 제도를 규정하고 있습니다.

# 장애인을 위한 법은
# 이미 많지만

우리나라 역시 장애인에 대한 법령은 가지고 있습니다. 아니, 사실 장애인에 대한 법령은 이미 여러 가지가 입법화되었습니다. 장애인복지법, 장애인연금법, 장애인 등에 대한 특수교육법, 장애인기업활동 촉진법, 장애인고용촉진 및 직업재활법, 장애인활동 지원에 관한 법률, 장애인차별금지 및 권리구제 등에 관한 법률, 장애인·노인·임산부 등의 편의증진 보장에 관한 법률, 장애인·노인 등을 위한 보조기기 지원 및 활용촉진에 관한 법률, 장애인·고령자 등 주거약자 지원에 관한 법률, 장애인 건강권 및 의료접근성 보장에 관한 법률, 발달장애인 권리보장 및 지원에 관한 법률, 노인·장애인 등 사회복지시설의 급식안전 지원에 관한 법률 등등 일일이 다 열거하기도 힘들 정도입니다.

그 외에 민법이나 형법 등 사인에게 일반적으로 적용되는 법률들 역시 다 장애인에게도 해당할 것이고요. 이 중에 장애인복지법 제59조의 9는 장애인에 대한 성폭력·폭행·협박·강제노동·유기·장애인을 통한 구걸·감금·정서적 하대·장애인 지원금의 횡령·위험한 곡예행위 지시 등을 금지합니다. 형법상 학대의 유형을 구체화한 것입니다.

이 법률이 다 제대로 시행되고 있다면, 장애인 문제가 과연 생길까라는 의구심이 들기까지 합니다. 하지만 장애인 학대 관련 통계를 살펴보면 이야기가 달라집니다.

2021년 보건복지부 장애인 학대 현황 보고서 자료에 의하면 2021년 한 해 동안 장애인 학대 신고 건수는 4,957건이며, 이 중 학대가 최종적으로 인정된 사건은 1,124건입니다. 지적·자폐성장애 등 발달장애 피해자가 전체의 74% 정도인 점을 고려하면, 학대 신고로 이어지지 않는 보이지 않는invisible 학대는 더욱 많을 것으로 예상되고요.[10]

학대 유형은 신체적 학대 27.4%, 경제적 착취 24.9%, 정서적 학대 11.0%, 성적 학대 10.1% 등입니다(2개 이상의 중복 학대 20.8%). 학대 행위자로는 알고 지내는 사람(지인) 20.9%(235건), 사회복지시설 종사자 19.2%(216건), 부(父) 11.9%(134건), 배우자 6.9%(78건), 모(母) 6.2%(70건), 동거인 6.1%(69건) 순이며, 학대 발생 장소는 피해장애인 거주지(41.1%), 장애인 거주시설(12.7%)이 가장 많았습니다. 학대 기간의 경우 3개월 미만이 36.5%로 가장 많았지만 무려 10년이 넘은 사례 역시 8.8%나 달했습니다.

## 장애인 지원의
## 사각지대

생각보다 많은 장애인 지원이 유소년기에 집중됩니다. 하지만 성인 장애인 문제는 여전히 사각지대에 있습니다. 어른이 되어 삶을 살아가는 데는 가정과 직업, 그리고 그 사이를 오가는 이동의 자유가 필요할 것입니다.

우선 장애인들은 얼마나 일을 하고 있을까요? 한국장애인고용공단 고용개발원이 발표한 2022년 하반기 장애인경제활동실태조사 자료에 따르면 하반기 장애인의 경제활동참가율[11]은 36.0%,

---

10. 발달장애인에 대한 학대 중 본인 스스로가 신고한 경우는 약 7%에 불과합니다.
11. 경제활동참가율 = (경제활동인구 / 15세 이상 생산가능인구) × 100

고용률[12]은 34.3%입니다. 전체인구의 경제활동참가율이 64.3%, 고용률이 62.7%인 것에 비하여 크게 뒤떨어집니다.

15~64세로 범위를 좁혀 보더라도 장애인과 전체인구 사이 경제활동참가율에는 약 20% 정도 차이[13]가 발생합니다. 고용의 질역시 전체 인구에 비하여 상용근로자의 비율이 낮고, 임시근로자·일용근로자·고용원이 없는 자영업자 등 불안정한 비율이 더 높습니다. 직업군으로 보더라도 단순노무근로자의 비율이 제일 높고요.

법률적으로는 장애인고용촉진 및 직업재활법이 존재합니다. 이 법은 ①일정 규모 이상의 사업장은 일정 비율 이상 장애인을 고용하도록 하고, ②미고용 시 고용부담금을 부과(제27조, 제33조)하고, ③반대로 장애인 고용 사업주에 대하여는 인력·시설·장려금 등을 지원합니다(제21조, 제30조). 하지만 이 법률이 제대로 작동하고 있는지는 의문입니다. 민간기업만을 탓할 일도 아닙니다. 2022년 민간기업의 법률상 장애인 의무 고용률이 3.1%이고 실제 고용률은 2.91%인데, 공공기관이나 교육청 등에서 고용률이 더 낮은 경우도 적지 않으니까요.

다음은 이동의 자유입니다. 이 책을 쓰고 있는 2023년 상반기

---

12. 고용률 = (취업자 수 / 15시 이상 생산가능인구) × 100
13. 15~64세 장애인 경제활동참가율 52.9%, 고용률 49.0%, 전체인구 경제활동참가율 69.8%, 고용률 66.9%

에는 전국장애인차별철폐연대(전장연)가 새 정부의 추가경정예
산에 장애인 권리 예산을 반영해달라고 하면서 출퇴근 시간에
맞춰 거리와 지하철에서 시위를 했고, 그에 따라 찬반양론이 극
렬히 갈리고 있습니다. 물론 전장연이 모든 장애인들을 대변할
수 있는 단체인지에 대하여 장애인사회 내부적으로도 많은 이야
기들이 있습니다만(참고로 전장연은 법정승인단체는 아닙니다), 이
와 별개로 장애인의 이동권에 대하여는 고민이 필요합니다.

돌봄 문제도 중요합니다. 자기 스스로 일상생활이나 거동이 어
려운 중증장애·정신장애의 경우, 생애 전 주기에 걸쳐 돌봄이
필요합니다. 장애 아이를 둔 부모가 가장 많이 걱정하는 부분이
기도 합니다. 하지만 부모나 가족들이 생계를 위해 일을 해야 합
니다. 결국 시설을 이용하는 경우가 적지 않습니다.

모든 장애인 보호 시설이 잘못되었다고 생각하지는 않지만, 보
호 시설에서 문제가 종종 생기는 것 역시 사실입니다. 무엇보다
많은 장애인을 소수의 직접 지원 전문가Direct Support Professional, DSP
가 살피는 구조적 문제가 있습니다. 다른 사람들과 문제가 생기
는 것을 막기 위해서 규율이나 통제 역시 불가피하고 그 과정에
서 장애인의 의사에 반하는 처분이 내려질 수 있습니다. 이를 인
권에 반한다며 시설에 반대하는 사람들이 적지 않습니다.

반면 탈시설화를 반대하는 장애인 부모 연대도 있습니다. 현실
적으로 시설조차 부족하고, 처우가 떨어지고 힘든 DSP는 아무도

하려고 하지 않아서 수요와 공급이 절대적으로 맞지 않는 상황에서 시설마저 없어지는 것은 '자유'가 아니라 '유기'라는 것이죠. 지역사회에서 3~4명 정도가 공동생활을 하고 복지사가 정기적으로 방문하는 그룹홈Group home에 대한 사회적 이해와 제도적 보완이 뒤따르기 전까지 무작정 탈시설만 주장할 수는 없다는 입장입니다.

## 법률도 중요하지만
## 더 중요한 건 인식

앞서 말씀드린 것처럼 장애인과 관련된 법률은 적지 않습니다. 이번에도 몇몇 법안이 올라갔으니 일부만 통과하더라도 더 많아질 것입니다. 하지만 법률이 추가된다고 해서 장애인이 출퇴근 시간에 서울 강남이나 광화문에서 버스나 지하철을 탈 수 있을까요, 출퇴근 시간을 맞출 수 없는 장애인을 사용하고 싶어하는 사용자가 얼마나 될까요?

서울서진학교를 기억하시나요? 당초 교육청 부지에 한방병원을 짓겠다는 국회의원의 한마디에 온 동네가 들썩거리고, 결국 학교 설립을 위해 장애인 어머니가 무릎을 꿇었던 것으로 많은 화제가 된 곳입니다. 많은 우여곡절 끝에 2020년 설립된 이 서울서진학교가 2003년 이후 17년 만에 서울에 신설된 특수학교입니다. 그 앞에서 얼마나 많은 다른 서진학교들이 같은 일을 겪었을까요? 지역 사회가 여전히 배척한다면, 시설이든 그룹홈이든 큰 차이가 있을까요? 바깥세상과 단절되는 것은 동일한데 말이죠.

최근 할리우드 영화나 브로드웨이 뮤지컬은 다양한 인종들이 역할을 고루 맡을 수 있도록 신경을 많이 쓰는 것을 볼 수 있습니다. 모두 같은 사람이라는 점에 익숙해져야 친숙해지고, 친숙해져야 그들을 하나로 받아들일 수 있다는 의도죠. 덕분에 아프리카계 미국인African American들의 성량 좋은 목소리나, 아시아계 미국인Asian American의 섬세한 표정 연기도 한 번에 모두 즐길 수 있죠. 이처럼 다름은 풍요를 낳고, 더 큰 성장을 가져오는 경우가 적지 않습니다. 우리나라의 드라마에서, 뉴스에서, 뮤지컬에서, 동화책에서, K-POP 무대에서, 인구의 5%를 구성하는 그들이 주인공이 될 수 있는 날은, 과연 언제쯤일까요?

---

**추가로 한마디**

## 템플 그랜딘(Temple Grandin)을 아시나요?

여러분들은 템플 그랜딘이라는 사람에 대하여 들어보셨나요? 미국 일리노이 대학교 어바나—샴페인University of Illinois at Urbana-Champagne 에서 동물학 박사 학위를 취득하고, 콜로라도 주립대학교에서 오랫동안 교수생활을 한, 2010 미국 《타임》지에서 세계에서 가장 영향력 있는 100인으로 뽑힌 분입니다. 여기까지만 보면 굉장히 성공한 인물이겠죠.

하지만 이분이 유명해진 다른 이유는 자폐인이기 때문입니다. 실제로 이 분은 『어느 자폐인 이야기Emergence: labeled autistic』 『나의 뇌는 특별하다The Autistic Brain』 『동물과의 대화Animals in Translation』 등 여러 권의 책을 써낸 저자입니다. 이분의 일대기는 본인의 이름을 딴 〈템플 그랜딘〉이라는 제목으로 영화화 되기도 하였습니다.

이분이 동물학자로서 명성을 알리게 된 것은 다름 아닌 본인의 자폐스팩트럼Autism Spectrum Disorder; "ASD" 성향 때문이기도 합니다. 그랜딘은 〈세상은 모든 종류의 정신을 필요로 해요The world needs all kinds of minds〉라는 TED 강연을 통해 ASD를 가지고 있는 사람이 일반적인 사람과 다르게 세상을 인식하는 방법을 설명합니다. 본인은 세상을 문자가 아닌 형상, 빛깔, 그래픽 등 훨씬 더 시각적으로 받아들인다는 것이죠. 그러다 보니 동물의 관점에서 더 세상을 잘 이해할 수 있었다고요. 실제로 지금의 가축을 키우는 여러 방법이나 시설들이 그랜딘의 아이디어에서 나온 것이라고 하네요.

강연을 보면서 ASD 성향을 가진 아이를 멋진 사회 구성원으로 포용할 수 있는 사회가 부럽다는 생각과 함께 한국의 현실은 어떨까라는 착잡한 생각이 들었습니다. 제대로 된 공적 교육은 기대하기 어렵고, 사설 교육 역시 공급이 많이 부족해서 가격도 비싸고, 그 와중에는 전문적이지 않은 분들도 있다는 것 같았습니다. 아주 간략히만 이야기하면 미국이나 서구권에서는 응용행동분석 applied behavior analysis에 대한 대안으로 반응적 교육Responsive Teaching이 활발하게 논의되고 있는데, 한국은 어디쯤 와 있을지 모르겠습니다.

과연 우리는, 이렇게 다양한 사회적 구성원들의 힘을 모아서, 언제쯤 더 풍요로운 사회를 만들어나갈 수 있을까요? 그리고 그러기 위해서 필요한 법은 무엇일까요? 모두가 생각해볼 만한 주제인 것 같습니다.

2장

# 다양한 가족을 위한 법

# 이혼 가정

**양육비도, 면접교섭도 없이 잠적해버렸습니다**

　　　　　"변호사님. 저 ○○○인데요."

　"아, 네. 안녕하세요. 오랜만이시네요. 잘 지내시죠?"

　"저……, 전 남편이 연락이 안 돼요. 어떻게 하면 좋죠?"

　변호사 입장에서 이혼 사건은 의뢰인의 감정을 같이 추슬러줘야 한다는 점에서 특별합니다. 좋거나 싫거나 오랫동안 생사고락을 같이 한 배우자와의 결별, 자녀들에 대한 미안함, 향후 양육에 대한 걱정, 주변의 시선과 편견, 반으로 가르게 되면서 줄어드는 재산까지도요. 재산분할과 양육권 등을 주장하기 위해서는 이 사람의 결혼생활 전반에 대한 이야기들을 다 들어야 하죠. 그래서 다른 사건들에 비해서 의뢰인들이 오래 기억에 남습니다. 지금은 아픔을 딛고 잘 살고 있을까 말이죠.

　이분은 이혼소송 후 두 아이를 혼자 키우는 싱글맘이었습니다.

굉장히 다부지면서도 잘 무너지지 않는 분이셨습니다. 남편에 대한 이야기를 할 때를 빼고는 매우 평온했습니다. 원만한 이혼을 원하면서 양육권을 제외한 나머지 권리를 크게 다투지 않으셨고요. 이혼 이후 양육비를 받기가 어려울 수 있으니 미리 양육비에 해당하는 부분을 선급으로 분할에 포함시키는 경우도 있다는 조언에도 괜찮다고만 하였습니다.

이혼이 확정된 후 처음 얼마간은 남편이 면접교섭도 충실히 하고 양육비도 꼬박꼬박 보냈습니다. 하지만 일 년, 이 년이 지날수록 주말에 급한 출장이 생겼다, 전 시부모님 몸이 편찮으시다 등 면접교섭을 거르는 경우가 생겼습니다. 어차피 큰 기대를 한 것은 아니었고, 다행히도 아이들끼리 워낙 잘 놀다 보니 아빠를 찾는 횟수가 줄면서 적응하고 있었습니다.

그렇게 전 남편에 대한 분노도 점점 사라지면서 없는 사람처럼 지내고 있었는데 어느 날 문득 통장을 보니 양육비가 몇 개월째 들어오지 않고 있었던 것입니다. 화가 나서 남편에게 전화를 했는데 받지 않아서 제게 연락을 주게 된 것입니다.

"대체 누가 이혼할 때 면접교섭권은 양육권을 행사하지 않는 사람의 권리라고 하던가요? 아이들의 권리는 없나요? 아이들을 혼자 키우는 사람에게 미안한 마음이 조금도 없나요? 어차피 기대도 없는 인간이었는데, 국가는 왜 양육비 제도를 만들어서 헛된 기대를 하게 할까요? 돈도 돈이지만 연락이 되면 아이 아빠를 쫓아가서 따지기라도 하고 싶네요⋯⋯."

## 달갑지는 않지만
## 점점 흔해진 이혼

이혼하려고 결혼하는 사람은 없겠지만, 이제는 또 주변에서 찾아보기 어렵지 않은 것이 이혼입니다. 우선 이혼을 하는 사람들이 어느 정도나 되는지 한번 알아보면요, 2022년 기준 9.3만 건입니다. 조이혼율(인구 1,000명당 이혼 건수)은 1.8건입니다. 2012년 이혼 건수가 11.43만 건이니 아주 조금씩 이혼의 총 건수는 줄어들고 있는 것으로 보입니다.

하지만 이 통계에는 맹점이 있는데, 이혼 수가 줄어드는 것에 비하여 결혼 수가 훨씬 더 가파르게 감소하고 있습니다. 같은 기간 동안 이혼이 약 2만 건 정도 감소한 반면, 혼인 건수는 2012년 32.71만 건에서 2022년 19.17만 건으로 12만 건이 넘게 줄어들었거든요. 즉, 혼인 건수 대비 이혼의 비율은 2012년 35%에서 48.7%로 13.7% 정도 상승하였습니다.[14]

물론 혼인과 이혼의 시차가 있기 때문에 같은 해의 혼인과 이

---

14. 출처 : e−나라지표 https://www.index.go.kr/unity/potal/main/EachDtlPageDetail.do?idx_cd=1579

혼 건수를 비교하기는 무리가 있습니다만, 10년 전 혼인 건수와 대비해 보더라도 '두세 집 중 한 집은 이혼'이라는 말이 아주 틀린 말은 아닌 세상이 되었습니다.

이혼하게 되면 기본적으로 다음과 같은 것을 결정해야 합니다. 경제적으로는 재산분할, 위자료가 있습니다. 아이가 있을 경우 친권과 양육권, 면접교섭권, 양육비를 추가로 정해야 합니다.

재산분할은 부부가 혼인 전에 가지고 있던 재산은 각자 계속 소유하고, 혼인 과정에서 형성한 재산은 기여비율에 따라 나누게 됩니다. 다만 혼인 전 재산이라고 하도 재산의 유지나 증식에 상대방이 기여했다면 그 부분은 반영해주어야 한다는 것이 판례이다 보니, 실무적으로는 완전히 분리된 재산이거나 이혼 직전에 상속 등 혼인상 법률행위로 인한 것이 아닌 부분만 특유재산으로 보호를 받게 될 가능성이 높은 편입니다.

위자료는 혼인 파탄에 대한 정신적 손해배상책임의 성격을 가지는데, 혼인 파탄이 단지 한 명의 일방적 과실이라고 보기 어려운 경우도 많고, 한국 법이나 판례상 위자료가 많이 인정되지 않는 분위기이다 보니 큰 고려요소가 되기는 어렵습니다. 이혼 상담을 하다 보면 가끔 위자료로 상대방을 '반 죽여놓고 싶다'라고 분노를 토로하는 분이 계십니다만, 아주 극단적인 부정행위·유기·폭력 등이 있는 경우에도 수천만 원을 넘는 사례는 거의 없습니다.

앞서 말씀드린 사항이 중요하기는 하지만 이혼을 결심한 사람들이 이혼을 선택하지 못할 정도로 장애가 되는 요소는 아닙니다. 하지만 아이에 대해선 다릅니다. 같이 산 지 오래된 부부들이 애 때문에 산다고 농담 반 진담 반으로 종종 이야기하는 것처럼, 아이는 결혼 생활을 유지하거나 또는 끝낼 때 가장 큰 고려사항입니다. 자기 배우자는 도저히 못 참겠더라도 아이는 아무런 잘못이 없으니까요.

망가져버린 결혼생활에서 아이조차 빼앗기면 인생을 모두 잃어버렸다는 상실감이 커져서인지, 양쪽 모두 아이를 데려오고 싶어하는 경우가 적지 않습니다. 또 반대로 양쪽 다 자신의 삶이 너무 중요하거나 삶이 너무 곤궁한 상황에서는 둘 다 아이를 맡고 싶어하지 않습니다. 아이 입장에서만 본다면 전자보다는 후자가 더 큰 문제입니다. 부모 양측 모두가 아이를 방기할 경우에는 조부모, 친척집, 심지어 보육원으로 가게 되는 경우도 발생하니까요.

## 혼인 파탄의 책임과
## 양육권은 따로따로

양육권을 두고 다툼이 있는 경우, 일반적 통념과 달리 혼인을 파탄 낸 책임이 누구에게 있는지는 결정적인 요인은 아닙니다. 간혹 상대방이 소홀했거나 부정행위를 저질렀다는 이유로 이혼 상담을 하면서 저쪽이 잘못했으니 양육권은 당연히 내게 있는 것 아니냐고 강변하는 분이 계신데, 그렇지는 않습니다. 배우자에게 어떠한 남편이나 아내였는지와, 엄마 아빠로서 역할을 얼마나 수행할 수 있는지는 별개니까요. 물론 제3자에게 너무 푹 빠진 나머지 아이들을 유기하고 가출을 자주 하였거나, 사치가 너무 심해서 경제적 안정성이 떨어진다면 영향을 미칠 수도 있습니다만, 항상 그렇지는 않습니다.

한편 면접교섭권과 양육비는 부대적인 것입니다. 양육권을 가지지 않은 상대방 배우자는 자녀의 부모로서 자녀와 연락을 하고 정서적 교류를 계속할 권한이 있는가 하면, 자녀가 성인이 되었을 때까지 경제적으로 부양해야 할 양육의무도 부담하는 것입니다. 그렇게 본다면 면접교섭권과 양육비, 더 나아가 양육권, 면접교섭권과 양육비는 동전의 양면 같은 것입니다.

협의 이혼이나 재판상 이혼 모두 양육권과 면접교섭권, 양육비에 대한 사항을 모두 담게 됩니다. 하지만 현실에서 면접교섭권이나 양육비 이행이 잘 이루어지는지는 완전히 다른 문제입니다. 이유는 여러 가지가 있습니다. 양육권 없는 부모의 건강이나 경제적 상황이 갑자기 나빠지기도 하고, 눈에서 멀어지면 마음에서 멀어지듯 거리감이 생기고 책임감을 인지하지 못하는 경우도 있습니다.

가장 흔한 케이스는 다른 사람과 새로운 가정을 꾸리게 되는 경우입니다. 재혼 가정에서도 상당한 시간과 돈이 들어갈 테니까요. 새로운 배우자 및 그와 낳은 아이들과 관계에 악영향을 미치지 않을까 눈치를 보고 스트레스를 받다 보니, 점점 종래 아이들을 의식적으로 잊게 됩니다. 많은 이혼 남녀가 다시 결혼을 하면서 재혼 배우자가 잘 이해해주지 않을까라는 희망을 가지지만, 현실은 엄연히 이런 아름다운 이야기와는 거리가 먼 경우가 많습니다.

그렇지만 그건 양육권 없는 배우자의 사정일 뿐입니다. 첫 번째 가정의 자녀가 이런 상황을 받아들여야 할 이유는 없습니다. 자신을 키워주는 부모뿐만 아니라 키우지 않는 부모에게도 정서적, 물질적 뒷받침을 받을 권리가 있습니다. 미리 양육비를 포함하여 재산분할을 하면 되지 않겠냐고 반문할 수도 있겠습니다만, 현실적으로 최소 수천만 원에서 수억 원에 달하는 양육비를 한 번에 떼서 줄 수 있는 사람은 극소수에 불과합니다.

## 양육비 문제가
## 끊이지 않는 이유

양육비를 받을 수 있도록 돕는 법령이 전혀 없는 것은 아닙니다. 양육비 이행확보 및 지원에 관한 법률은 이러한 상황을 예방하기 위하여 몇 가지 제도를 두고 있습니다. 양육비이행관리원 제도를 통해서 돈을 지급받는 것도 가능하도록 하고 있고요.

하지만 구체적인 내용을 곰곰이 살펴보면 의문이 들기도 합니다. 이 법에 따르면 양육비를 보내지 않는 비양육 부모에게는 운전면허 정지, 출국금지, 명단 공개 등의 조치를 취할 수 있습니다. 하지만 선제조건이 있습니다. 법원의 감치명령을 받아야 진행이 가능하다는 것입니다. 하지만 제가 일하면서 법원에서 감치명령을 내리는 경우를 본 기억이 거의 없습니다. 꼭 감치명령을 거치도록 할 필요가 있을까요?

부모는 자녀가 성인이 될 때까지 부양의무를 부담합니다. 아동에 대하여 학대나 유기를 할 경우에는 강력한 형사처벌이 뒤따릅니다. 그럼에도 불구하고 이혼 후 비양육자가 양육의무를 해태하는 것에 대해서만 이렇게 복잡한 절차를 둘 이유는 없다고 생각합니다. 감치명령을 거쳐야 하는 절차를 없애거나 보다 간소하게 절차를 진행할 수 있어야 할 것입니다. 미국의 경우 양육비가 일정기간 밀리면 연체자의 고용주에게 통보가 가는 등 법원의 결정 없이 보다 신속하게 양육비 미지급을 사회적으로 공개하는 시스템을 두고 있습니다.

또한 국가가 양육비를 선지급하고 회수하는 방식도 고려해볼 필요가 있습니다. 독일, 프랑스 등 서유럽 국가들은 이혼 가정에 대하여 양육비를 국가가 보편적으로 지급하고 양육비 채권을 국가가 양도받아 추심하는 제도를 두고 있습니다. 반면 한국은 양육비이행관리원에서 아주 예외적인 경우 긴급지원을 하는 제도가 있기는 한데, 기준이 높은 반면 일인당 지급되는 금액은 많지 않아서 한부모 가정이 깊이 체감할 수는 없습니다.

이 주장이 널리 퍼지지 않는 이유는 크게 두 가지로 보입니다.[15] 첫 번째는 예산 문제입니다. 하지만 한국이 출산율 문제를 엄청나게 걱정하면서 이 문제가 해결되지 않는다니 이해하기 어렵습니다. 언론 보도에 의하면 가정법원에서 판결한 양육비 채권이 있는 경우로 한정할 경우 1년에 소요되는 예산이 2,500억 정도이고, 최대로 잡으면 1조 원 정도라고 합니다.

여가부 예산이 1조를 조금 상회하는 수준이므로(2022년 기준 약 1.4조 원) 적은 돈은 아닙니다. 다만 이는 '전혀 회수를 하지 못할' 가능성을 전제한 것입니다. 이 돈은 공짜로 주는 것이 아니라 국가가 가지급 후 채무를 부담해야 하는 비양육자에게 회수하는 것이 목적이므로, 체납처분 등을 준용하여 회수율을 높인다면 매년 같은 수준의 예산이 소요되는 일은 없을 것입니다. 아니면

---

15. 페미니즘과 연결해서 지나친 여성 보호라는 주장을 본 적이 있는데, 애초에 아이는 부모가 같이 키우는 것입니다. 여러 가지 사정으로 아이를 혼자 키우는 아빠도 많고 점점 늘어나는 중입니다. 아이를 아빠가 키우건 엄마가 키우건 보호가 필요하다는 것이지 한쪽 성을 편드는 것이 아니어서, 그 부분 반박은 본문에 싣지 않았습니다.

기초수급자 등 기준을 정해서 꼭 필요한 사람들에게 선별적으로 먼저 지급을 시도해볼 수도 있을 것입니다.[16]

두 번째는 '양육비를 받은 부모가 그 돈을 양육 외에 다른 곳에 쓰면 어떻게 하지?'입니다. 이는 사실 꼭 양육비가 아니더라도 모든 기초수급제도에서 동일하게 나오는 것입니다. 간혹 복지 개념으로 받는 돈을 임의로 사용하는 자들의 뉴스가 나오면 시민들이 엄청나게 공분하기도 하지요.

하지만 어떠한 제도를 도입할 때는 항상 위양성false positive과 위음성false negative이 있습니다. 위양성은 이 제도의 혜택을 받지 않아야 하는 사람들이 거짓으로 혜택을 받는 것으로(포지티브) 판단되는 경우, 즉 복지자금을 받을 자격이 없거나 다른 곳에 사용하는데도 자금이 지급되는 경우일 것입니다. 위음성은 반대입니다. 사회적으로 이러한 혜택이 필요한데 여러 제도적 기준이 높거나 잘못 해석·적용됨으로 인하여 받지 못하는 경우입니다. 정책은 위양성과 위음성 중 어느 쪽 보호가치가 더 높은지를 보고 선택할 수밖에 없습니다.

---

16. 한국은 경제 규모나 국가 위상에 비하여 가족제도에 예산을 많이 사용하는 나라가 아닙니다. OECD 통계자료에 의하면 GDP 대비 가족제도에 투입되는 예산의 비율이 2017년 기준 2.115%인 반면, 한국은 1.103%입니다. 약 절반 정도이죠. 물론 이것도 2000년에는 불과 GDP의 0.102%밖에 가족 예산에 쓰지 않았다는 점을 생각하면 장족의 발전이기는 합니다. 하지만 2017년 기준으로 하더라도 OECD에서 코스타리카, 멕시코, 터키, 그리고 놀랍게도 미국(!)만이 한국보다 낮은 수준입니다.

그런데 한국은 저출산으로 인한 문제가 심각할 뿐만 아니라 증가하는 다양한 가족에 대한 보호 역시 피할 수 없습니다. 한부모 가정, 기초수급 가정 등을 사회적 구성원으로 끌어들이는 것에 대하여 거창하게 인권이나 행복추구권을 언급할 필요도 없습니다. 사회의 총생산을 증가하고 및 이들이 제도권에 자리 잡지 못함으로 인한 추가적 비용을 감소할 뿐만 아니라 현재 구성원들의 재생산에 대한 안전성을 확보하여 출산율 문제에도 도움이 될 것입니다.

현행법에 따라야 한다면 양육비이행신청을 하고, 법원의 절차에 응하지 않을 경우 감치명령이 나기를 기다리고, 감치명령에도 불응한다면…… 배드파더스라도 가입해봐야죠 뭐.

추가로 한마디

## 배드파더스는 합법일까?

배드파더스를 들어보셨나요. 양육비를 주지 않는 비양육자의 신상을 공개하면서 양육비 지급이 완료되면 삭제해주는 앱입니다. 이 앱은 출시와 함께 상당한 조회수를 기록했는데요, 이 배드파더스가 도입되고 사람들에게 알려지면서 양육비를 지급하지 않은 사람들이 명예훼손을 이유로 배드파더스의 대표를 고소하게 됩니다. 1심에서는 양육비를 지급하지 않은 사람들에 대한 비방 목적이 아니고 피고인이 이익을 취하지 않는 등 공공의 이익으로 볼 사정이 있다는 취지로 무죄 판결을 내립니다. 하지만 2심에서는 결과가 바뀌죠. 지나친 신상공개는 사적 제재에 해당하므로 비방의 목적이 있다는 취지였습니다.

이러한 재판과정을 거치고 여성가족부에서 신상공개제도 도입을 추진하면서 배드파더스는 잠시 문을 닫습니다. 하지만 2021년 여가부의 신상공개가 사진이 없어서 실효성이 없다는 문제제기가 잇달자 2022년 양육비 해결하는 사람들(양해들)로 이름을 바꾸어 운영하고 있습니다. 방론이지만 이름을 바꾼 것에는 찬성합니다. 양육비를 지급하지 않는 사람이 문제지 '아빠'만 문제인 것은 아니니까요. 배드파더스 쪽 통계에 의하더라도 양육비를 지급하지 않는 성비와 비양육자의 성비는 크게 다르지 않습니다. 즉, 우리나라의 현실상 양육권을 엄마가 행사하는 경우가 많으니 양육비를 지급하지 않는 아빠의 수가 많아 보이는 것일 뿐, 비양육을 하면서 양육비를 주지 않는 확률이나 심리는 비슷합니다.

어쨌든 신상공개와 같은 사적 집행은 법의 테두리 밖에 있다는 판단이 났음에도 불구하고 많은 한부모 가정이 양해들(배드파더스)과 같은 최후 수단을 찾을 수밖에 없습니다.

지금 우리에게는 지금 정도로 양육비 수급율이 낮은 상태를 용인하거나, 제재의 수준을 올리거나, 국가가 사회부조 프로그램으로 제도화하는 세 가지 정도의 방향이 있는 것으로 보입니다. 선택은 국민들의 몫입니다. 하지만 개인적으로는 이혼이라는 제도가 부모 일방에 대한 일반적 행동의 자유를 더욱 보장해주는 대가로 자녀가 부모 일방의 보살핌을 충분히 받지 못하는 위험을 야기하는 것이라면, 국가의 구성원인 미성년자녀를 더욱 보호할 수 있는 균형점을 찾아야 하지 않을까 합니다. 산업화·저출산·다양한 가족의 사회에서 아이는 한 부모가 아니라 사회가, 공동체가 키운다가 사회적인 명제가 되어야 하니까요.

# 🏛 02
# 재혼 가정
### '성(姓)'이 다르고 싶지 않아요

미정 : 수하고 빈이 친엄마처럼…… 나도 그렇게 될까 봐?

상태 : (한숨)

미정 : 나 죽으면…… 당신이 우리 애들 키워줄 거지?

상태 : 뭐?!

미정 : 나 죽으면…… 당신이 애들 다섯 키워야 하는데 어떡
하나? 등골이 휠 텐데…….
그거 걱정돼서라도 못 죽겠다!

상태 : 하지 마. 그런 말. 농담이라도 싫어. (다시 한숨)

미정 : 결과도 아직 안 나왔는데 왜 그래. 분명히 별거 없을
거라니까.

상태 : 그냥…… 겁이 나서 그래. 자꾸 옛날 생각이 나서.

미정 : 그래. 당신 걱정하는 것 다 이해는 하는데. 나 괜찮을

거야, 진짜로. 왠 줄 알아? 내가 태어날 때부터 명줄을 타고났거든. 봐봐. 짠. (두 손을 활짝 펴면서) 이거 봐! 이게 생명선인데 나 이렇게 길잖아. 이렇게. 나 엄청 오래 살 거래. 우리 동네 손금 보는 진짜 유명한 할아버지가 그렇게 말했다니까. 흐흐. 나 당신보다 훨씬 오래 살 거야. 걱정하지 마. 응?

KBS 드라마 〈아이가 다섯〉 54화 중

● ● ●

　　　이번 장은 몇 년 전에 아이를 둔 부모(극 중 상태와 미정)의 결합으로 화제가 되었던 드라마로 시작해보았습니다. 진정한 가족과 행복의 의미를 찾아가는 굉장히 훈훈한 드라마였는데요, 결국 미정의 병이 그렇게 크지 않은 것으로 밝혀지면서 모두가 행복하게 살아간다는, 너무나도 뻔한 해피엔딩이기는 했습니다만 따뜻한 여운이 남았던 작품으로 기억합니다.

　하지만 현실에서 만난 재혼가정, 혹은 재혼을 준비하는 가정은 항상 그렇지만은 않았습니다. 새로운 행복을 찾았음에 안도하면서도, 자신의 사정을 설명할 때 쭈뼛거리거나 움츠러드는 느낌을 주는 경우도 없지 않았습니다. 최근 TV에서 이혼 남녀의 매칭이나 싱글맘·싱글대디의 육아를 보여주는 프로그램들에서도 자녀유무, 양육여부가 하나의 결정요소로 중간에 공개되고는 합니다. 이혼이 잘못으로 치부되는 시대는 지났으니, 이제는 우리 사회도 다양한 형태의 가족들이 함께 조화롭게 살아가기 위해 고민해야 할 시점이 온 것 같습니다.

이혼 시 엄마 쪽이 양육권을 가지고 있다 재혼을 해서 다시 아이를 낳게 되면 두 아이의 성(姓) 문제가 불거집니다. 지금도 부부가 합의해서 자녀의 성과 본을 정할 수 있도록 되어 있습니다만, 특별한 사정이 있지 않은 한 거의 아빠 쪽 성을 따르고 있습니다.

여러 가지 이유가 있겠습니다만, 아직은 대체로 아빠 쪽 성을 많이 따르는 사회적 분위기에서 다른 사람들로부터 불필요한 시선을 받고 싶지 않은 부분도 있습니다. 법률상 '혼인 신고 시'에 모의 성과 본을 따르도록 결정할 수 있다고 하고 있어서 혼인 신고 당시에 합의가 되지 않을 경우 별도 법원의 재판을 통해 바꿔야 하는 절차적 번거로움도 있을 것입니다.

관련해서 꼭 부의 성을 먼저 따라야 하고, 혼인신고 시에만 모의 성으로 합의할 수 있도록 하는 부성 우선주의를 폐지해야 한다는 주장도 있습니다. 어느 것이 맞는지는 이 책에서 논의할 몫은 아닙니다만, 아무래도 대부분의 사회가 부의 성을 쓰는 이유는(특히 전통적인 사회에서는) 아이를 임신하고 출산하고 어느 정도까지 기르는 동안 부의 노동력이 필요한데, 상대적으로 직접 아이를 낳지 않는 부와 아이 사이의 연결tying을 통해 부의 애정·관심·노동력 등을 이끌어내는 것이 전체적인 생존에 유리하였기 때문이 아닐까 싶기는 합니다.

영미권처럼 부부가 결혼 후 한 명이 성을 바꾸는 법제를 채택하지 않는 한, 자녀는 부모 중 한 명과는 성이 다르게 될 가능성이 매우 높습니다. 부부관계가 유지될 때는 크게 문제가 되지 않을 수 있으나 이혼하게 되면 복잡해지기 시작합니다. 현실적으로 양육권을 공동으로 행사하기란 매우 어려우므로 한 명이 주양육자가 되는데, 주양육자와 자녀 사이에 성이 같을 확률도 다를 확률도 반반이기 때문입니다.

## 이혼 후 아이들의 성을
## 바꾸는 방법이란?

이때 활용할 수 있는 제도가 자의 성과 본의 변경허가 신청입니다. 성과 본을 바꾸고자 하는 자녀 혹은 부모(주로 양육자인 친모)는 가정법원에 성과 본의 변경허가를 신청할 수 있습니다. 관련하여 판례(대법원 2009년 12월 11일자 2009스23 결정)는 자녀의 나이와 성숙도, 자녀 또는 친권자·양육자의 의사를 고려하여 성·본 변경이 이루어지지 아니할 경우 정서적 통합방해, 학교나 사회생활에서 겪게 되는 불이익의 정도와 성·본 변경 시 정체성 혼란, 친부 및 형제자매와의 유대관계 단절, 부양의 중단 위험 등 불이익의 정도를 비교하여 자녀의 이익에 도움이 되는 쪽으로 판단해야 한다는 입장입니다.

구체적으로 부모가 이혼한 후 모가 양육하면서 친부가 자녀에 대한 면접교섭권 행사나 양육비 지급 등 친권자로서의 의무를 소홀히 하는 경우에 인정되며, 간혹 부의 동의 여부를 확인하는 경우도 있으나 과거보다는 인용 사례들이 늘어나는 추세입니다.

일단 성을 양육하고 있는 친모와 일치시키면 문제가 일단락되는 것으로 보입니다만, 재혼을 하게 될 경우 다시 문제가 발생합니다. 재혼남이 혼인시점에 아내의 성을 따르기로 합의를 해줄 가능성은 역시 높지 않은 것이 현실입니다. 결국 재혼 가정에서 태어난 아이와, 엄마가 첫 번째 결혼을 통해 얻은 아이 사이의 성과 본이 달라지게 됩니다.

물론 이때도 성과 본의 변경허가 신청을 할 수 있습니다. 다만 자녀를 데리고 재혼을 하는 경우 궁극적으로 바라는 바는 재혼 가정의 아빠와 아이 사이에 유대감이 생기는 것입니다. 더 나아가 친부가 자신의 역할을 다하지 못하는 경우이고, 재혼 남편이 아이에게 아빠로서의 역할을 해줄 수 있다면 아예 새롭게 부모자식의 관계를 형성해주는 것이 나을 수도 있습니다. 이때 활용되는 것이 친양자 제도입니다.

'양자(養子)'의 개념에 대하여는 잘 알고 계실 겁니다. 다른 사람이 낳은 자녀를 자신의 자녀로 들이는 것을 입양이라고 하며, 입양을 통해 부자관계가 형성된 자녀를 양자라고 합니다. 종래에는 주로 아들이 없는 가문에서 다른 집의 아들 중 한 명을 데려가 대를 잇는 목적으로 많이 활용되었는데요, 요즘에는 이런 경우는 거의 못 본 것 같습니다.

## 점점 늘어나고 있는
## 친양자 입양

아이가 출생한 후 혼인한 부부가 아이를 친자로 인정하는 것뿐만 아니라 '혼인 중 자녀'로 인식하기 위한 제도인 친양자 입양이 많이 활용되고 있습니다. 친양자 입양의 요건은 ①양자를 들이려는 부부가 일정 기간(입양하려는 대상이 일방 배우자의 친생자일 경우 1년, 아닐 경우 3년) 이상 법률혼을 유지하고, ②친양자가 될 아이가 미성년자이며, ③입양하려는 부부 및 아이의 친생 부모(법정대리인)가 친양자 입양에 동의해야 합니다.

①, ②번 요건을 만족하는 것은 어렵지 않은데, 문제는 ③번입니다. 친생부모가 격렬하게 반대하거나, 심지어 재혼을 이유로 하여 양육자 변경에 관한 청구를 하는 경우도 종종 있으니까요. 다만 법률은 친생부모의 반대가 권한 남용에 해당할 경우, 예들들어 정당한 이유 없이 동의 또는 승낙을 거부하거나, 자신에게

책임이 있는 사유로 3년 이상 자녀에 대한 부양의무를 이행하지
아니하고 면접교섭을 하지 아니하였거나, 자녀를 학대·유기하
는 등 자녀의 복리를 현저히 해친 경우에는 가정법원은 동의나
승낙 없이도 친양자 입양을 인용할 수 있습니다.

## 가장 중요한 건
## 아이의 행복

조금은 다른 이야기지만 양자입양과 관련하여
최근에 화두가 되었던 사례를 들어볼까 합니다. (외)조부모의 손
자(녀) 입양입니다. 맞벌이 시대가 되면서 조부모가 손자나 손녀
를 양육하는 사례가 자주 있습니다. 그런데 이 과정에서 부부가
이혼을 하고 부모 모두가 아이를 키우려는 의사나 능력이 없는
경우가 있습니다. 혹은 친권자이자 양육자인 부모 일방이 재혼
을 하면서 아이 양육에 대한 권리를 포기하는 경우가 있습니다.

종래 판례는 조부모가 손주를 친양자로 입양하면 가족관계에
혼란을 초래한다는 이유로 입양을 불허한 바 있습니다. 하지만
대법원은 2021년 12월 23일 2018스5 전원합의체 판결로 조부모
의 손주 입양을 금지하는 규정이 없고, 입양이 자녀의 복리에 부
합하다면 입양을 허용할 수 있다고 입장을 변경하였습니다.

가족관계가 복잡해질 뿐만 아니라 부모가 육아를 조부모에게

방기할 우려가 높아진다는 우려가 있지만, 반대로 생각해보면 조부모가 입양신청을 해야 하는 상황이라면 부모가 이미 육아를 할 생각이 없는 상황일 것이고, 결국 미성년 손자에게 가장 이익이 되는 방향으로 결정할 수밖에 없을 것이기는 합니다.

결국 개인의 행복을 추구하고, 혹은 불행을 방지하는 차원에서 기존의 가족 제도도 중요하지만 궁극적으로는 사회가 보다 다양한 가족의 형태에 개방적이 되어야 하지 않나 싶습니다.

---

추가로 한마디

# 혼인 전 서약과 상속제도에 대한 생각[17]

재혼에 대한 제약 중 하나는 육아의 안정성이나 성(姓)의 문제도 있지만 상속제도도 있습니다. 한국은 법률혼이 되기만 하면 상속권이 발생하기 때문입니다. 즉, A–AA가 B–BB를 데리고 결혼을 했다고 가정해봅시다. A는 재산이 많고, B는 재산이 거의 없는 상황입니다. A가 B를 사랑하게 되어 결혼을 했더라도, A의 내심은 BB보다는 AA에게 더 많이 재산을 물려주고 싶을 수는 있습니다.

---

17. https://www.nycommunitytrust.org/newsroom/professional-notes/consequences-of-dying-without-a-will-in-new-york-state/

그런데 설사 A가 BB를 자신의 자녀로 받아들이려고 친양자 입양을 하지 않더라도 AA보다 BB가 더 많이 상속하게 되는 경우가 발생합니다. 예를 들어 A와 B가 혼인신고 후 A가 먼저 사망하면 자녀인 AA가 2/5, 배우자인 B가 3/5을 가지게 됩니다. 이후 B가 사망할 경우 이 3/5은 모두 BB에게 상속됩니다(B 역시 AA를 친양자 입양하지 않은 경우). 구체적 숫자를 가지고 계산해보면 A의 재산이 100억, B의 재산이 1억입니다. A가 먼저 사망한 경우 AA는 40억, BB는 61억을 상속받고, B가 먼저 사망한 경우 AA가 106억 6천만 원, B가 4천만 원이 됩니다.

물론 극단적인 상황을 가정한 예이고, 실제로는 조금 더 섞이는 수준에서 상속재산이 결정되겠지만 재혼의 경우 재혼부부 중 일방의 사망 순서에 따라 상속분에 상당한 차이가 있습니다. 이것이 많은 재혼을 법률혼이 아니라 사실혼으로 만드는 원인이기도 합니다.

해결 방법 중 하나는 혼인 전 부부재산의 약정입니다. 영어 표현인 Prenuptial Agreement, 줄여서 Prenup으로도 잘 알려져 있는 이 부부재산계약은 영미권에서는 꽤 흔한 개념이나 한국에서는 정서적 거부감 때문에 잘 활용되지 못합니다. 두 번째는 제도적으로 상속제도를 다양한 가족의 출현에 맞게 개선할 필요가 있습니다. 예전에 미국 뉴욕 주 변호사 시험을 공부할 때 보면 가족의 형성 경위(특히 재혼이나 입양 등)에 따라 상속 방법을 꽤 세분

화해서 규정해놓았는데, 그때는 뭐 이렇게까지 구체적으로 액수를 정하나 싶기는 했습니다만, 다 지금의 한국과 같은 고민을 한 결과가 아닌가 합니다. 그 밖에 신탁 제도를 활용하여 수익자와 상속자를 분리할 수도 있을 것입니다. 다양한 가족의 출현과 함께 피상속인의 진의를 담을 수 있도록 상속제도를 개선하는 것도 계속 고민해나가야 하는 부분입니다.

# 🏛 03

# 미혼(한)부모 가정

**어떠한 선택을 해야
후회하지 않을까요?**

"○○ 보육원입니다."

유명한 여행가가 세계적인 봉사단체에서 활동한다는 소식을 듣고 해외 아동들에 대한 후원을 시작한 지 몇 년이 지났습니다. 어려운 환경에서 잘 자라고 있는 아이가 간혹 사진이나 소식을 보내올 때마다 조금이나마 도움이 된 것 같아 뿌듯했습니다. 워낙 여행을 좋아하다 보니 낯선 나라와 연결되어 있다는 기분을 가지고 싶었는지도 모릅니다.

그러다 문득, '국내 아동들도 해외 못지않게 도움이 필요하지 않을까?'라는 생각이 들었습니다. '국내 아동이라면 조금 더 정서적으로도 친밀해지고 어른이 되어서도 도울 수 있는 것 아냐?'라는 어쭙잖은 생각까지 들었습니다. 마치 시작도 하기 전에 키다리아저씨가 된 양 말이죠. 몇몇 단체를 수소문한 끝에 집에서도 너무 멀지 않고 경영하는 단체도 문제가 없어 보이는 한 보육원을 찾아냈습니다.

"안녕하세요. 인터넷을 보고 연락드렸는데요. 후원을 좀 하려고요."

나름대로 고민한 끝에 연락한 것이어서, 구체적으로 생각하는 피후원 아동의 나이·성별·성향 등에 대한 의견을 제시하였습니다. 해당 보육원에서는 후원에 대하여 감사하다고 하면서도, 여러 단서를 달았습니다. 가급적 현금이나 물품 지원만 하면 좋겠다고, 연락을 하고 싶으면 편지는 좋은데 충분히 클 때까지 대면은 하지 않았으면 한다고요.

약간 의외기도 하고, 솔직히 '돕겠다는데 왜 이렇게 방어적으로 나오지?'라는 불편한 마음이 들었던 것도 사실이었습니다. 하지만 아이들이 자칫 정서적으로 의지하다가 관계가 끊기게 되었을 때 너무 크게 상처를 받는다고, 거의 대부분의 경우 아이들이 성인이 될 때까지 이어지기 힘든데 정을 붙였다 강제로 떼야 하는 일을 만들고 싶지 않다고, 그건 이미 태어났을 때로 충분하다는 말을 들었을 때 받은 충격에 비할 바는 아니었습니다.

그렇게 한 미혼 부모의 아이를 후원하게 되었습니다. 막상 이 글을 쓰다 보니 후원금만 보내고 까맣게 잊고 있었던 제가 부끄러워지는데, 조만간 선물이라도 하나 보내야겠다는 생각이 드네요.

# 드라마처럼
# 해피엔딩이면 좋겠지만

　　　　　　　　남녀가 만나 사랑을 합니다. 아주 행복한 결말을 그려본다면 끝까지 백년해로하면서 결혼도 하고 아이도 낳고 알콩달콩 오순도순 잘사는 상황일 겁니다.

하지만 어떠한 역경과 우여곡절이 있어도 모두 극복하고 사랑을 쟁취하는 드라마 속 주인공들과 달리, 실상에서의 사랑은 참 위험합니다. 정도에 차이는 있지만 헤어지는 과정에서 누구나 몸과 마음에 상처를 입기도 하고요. 누군가 이렇게 비유를 하더라고요. 깨끗한 종이 두 장을 접착제로 붙였다가 떼게 되면 항상 한쪽은, 거의 대부분 두 쪽 모두 찢어지거나 갈라지거나 상대방의 것이 너덜너덜하게 붙어서 오는 일이 생긴다고.

인간은 상처를 대부분 극복해냅니다. 스스로 치유할 수도 있고 시간의 힘을 빌릴 수도 있지요. 하지만 그 과정에서, 특히 결혼 전에 아이가 생긴 경우라면 여러모로 매우 복잡해집니다. 물론 사이가 매우 안 좋았던 커플이 임신을 하면서 갈등을 봉합하고 해피엔딩으로 나가는 경우도 있습니다.

하지만 아직 경제적·신체적·정신적으로 준비가 안 되었거나, 너무 어려서 각자의 인생을 헤쳐나가는 것조차 버겁거나, 상대방과 도저히 결합할 엄두가 나지 않거나, 아니면 정말 한순간의 불꽃같은 사랑(혹은 욕망)으로 인한 결과일 수도 있는 등, 우리는 미혼의 부 또는 모가 단독으로 아이를 기르게 되는 경우를 종종 보게 됩니다.

과거에는 키우기 어려운 태아를 지우는 과정, 즉 낙태를 하는 것이 법적으로 매우 제한되어 있었습니다. 형법 제269조는 낙태를 한 임부, 제270조는 낙태를 도운 의료인을 처벌합니다. 그리고 모자보건법 제14조는 유전적 질환·전염병·강제임신·혈족 간의 임신·모체에 심각한 건강상의 위해가 있는 경우에만 인공임신중절을 허용합니다.

하지만 2019년 4월 11일 헌법재판소2017헌바127은 형법 제269조, 제270조에 기재된 자기낙태 및 의사낙태의 죄는 태아가 독자적인 생존이 가능한 시점에 이르기 전이며, 산모가 자기결정권을 행사하기에 충분한 시간이 보장되는 시기까지의 낙태에 대해서까지 일률적으로 제한하는 것은 여성의 자기결정권을 침해한다고 하면서 헌법불합치 판결을 내렸습니다. 판결 이유에서도 설시하고 있지만 이 조항이 실질적으로 낙태에 대한 예방효과를 갖지 못하면서 오히려 여성이 안전하지 못한 방법으로 임신중단을 가져오게 된다는 점 역시 고려가 되었습니다. 그러니 초기 단계[18]에서는 임신중절도 선택할 수 있습니다.

---

18. 2022. 5. 현재 아직 개정안이 확정되지는 않았습니다만, 가장 많이 언급되는 논의는 3분기설에 따라 13~14주 정도까지는 사유 제한 없이 낙태를 허용하려는 것으로 보입니다.

# 한부모에게 놓인
# 선택지들

하지만 산모가 아이를 낳겠다고 선택할 경우, 혹은 아이를 낳은 후 남자 쪽에 아이를 건네고 양육을 포기하게 될 경우에는 미혼모 또는 미혼부의 문제가 발생할 수밖에 없습니다. 사회적 합의를 통해서 낙태를 법률적으로 비난하지 않게 된 것과 마찬가지로, 이러한 선택 역시 존중받아야 합니다. 어떠한 가정 형태나 환경에서 태어났던 간에 우리 공동체의 구성원으로 받아들여야 하는 것이 사회의 책무니까요. 이번에는 미혼으로 출산을 결정한 사람들에게 어떠한 선택지들이 주어지는지를 조금 더 다루어보려고 합니다.

우선 자신이 직접 키울 경우에는 가장 좁은 의미의 한부모 가정이 됩니다. 미혼 부모를 포함한 한부모 가정을 지원하는 기본 법률은 한부모가족지원법입니다. 한부모가족지원법은 차별금지(제2조, 제3조), 생계비·양육비 등 비용 지원(제10조 내지 제13조), 고용 촉진(제14조), 교육지원(제17조의 2), 시설 설치(제19조, 제20조) 등의 근거를 두고 있습니다. 실제로 2022년 기준 60여 개 시설에서 1,000여 명 정도의 미혼모들[19]에게 출산 및 양육 서비스를 지

---

19. 미혼모자에 대한 기본생활과 공동생활을 지원하는 시설 기준
    출처 : 여성가족부(http://www.mogef.go.kr/cs/opf/cs_opf_f071.do)

원합니다. 비용 지원 역시 지자체별 상황에 따라 다르나 대체로 소득이 일정 비율 이하인 경우 수십~백만 원 남짓 지원하는 경우가 일반적입니다.

친권을 포기하지 않되, 아이를 키울 여력이 생길 때까지 다른 가정이나 시설에 맡겨서 아이를 키우는 방법도 있습니다. 전자는 위탁가정이고, 후자는 보육원(아동복지시설)입니다. 아동복지법 제3조 제4호는 보호자가 없거나 보호자로부터 이탈된 아동 또는 보호자가 아동을 학대하는 경우 등 그 보호자가 아동을 양육하기에 적당하지 아니하거나 양육할 능력이 없는 경우 아동을 보호대상아동으로 규정하고, 일정 기준을 갖춘 가정에서 보호대상아동을 위탁하여 양육할 수 있는 근거를 두고 있습니다.

보육원 제도 역시 아동복지법에 근거를 두고 있습니다. 아동복지법 제50조, 제52조 등은 아동복지시설에 대한 설립에 대하여 규정하고 있습니다. 과거 고아원으로 불리던 보육원은 반드시 부모가 없어서 종일 아이를 맡겨야 하는 경우에 한정하지 않습니다. 생계능력의 부족·장애·가정폭력 등으로 인해서 성장에 필요한 적합한 보호를 받지 못하는 경우에도 보육원에서 아이를 맡아서 키우게 됩니다.[20] 보육원과 가정위탁 중간 형태인 그룹홈

---

20. 아동복지법상 아동보호시설에는 종일 아이를 맡아 키우는 전통적 보육원 외에 다양한 형태의 돌봄과 케어 센터들을 규정하고 있습니다. 실제로 어느 정도 아이를 직접 키우고 나머지 시간에는 돌봄의 도움을 받는 형태도 가능합니다.

도 있습니다.

마지막으로 출산은 하였으나 다른 가정에서 아이가 평생 자라날 수 있도록 친권과 양육권을 포기하고 다른 가정으로 입양을 시킬 수도 있습니다. 입양과 관련해서는 별도로 입양특례법이 존재합니다. 이 법은 양자와 양친의 자격(제9조, 제10조), 부모의 동의 및 가정법원의 허가 등 입양 절차(제11조, 제12조 등)를 전반적으로 규율하고 있습니다.

## 개선할 부분도
## 역시 존재

각 제도들은 나름의 방식으로 어느 정도 자리를 잡고 있습니다. 다만 이왕 이러한 제도들에 대하여 소개하는 김에 딱 한 가지씩만 조금 더 개선되면 좋을 만한 부분도 한번 짚어보겠습니다.

미혼부모 한 명이 키울 때 가장 큰 문제는 시간과 비용입니다. 부부가 힘을 모아 키워도 쉽지 않은 육아를 전적으로 한 명이 떠맡기 때문이죠. 미혼부모가 되는 원인 중에는 경제적 자립이 어렵기 때문도 적지 않습니다. 즉, 경제적으로 여의치 않은 상황에서 육아와 직접을 둘 다 하려다 보니 둘 다 제대로 되지 않고, 빈곤이 순환될 위험이 발생합니다.

물론 국가도 지켜만 보지는 않고 점점 양육비 지원 범위를 넓히고 있습니다. 다만 경제적 지원과 시간적 지원 중 굳이 방점을 찍는다면 후자에 조금 더 관심을 가지는 것도 좋아 보입니다. 예산으로 해결하기에는 한계가 있고, 장기적으로는 미혼부모의 인적 역량 자체를 키워야 할 것입니다. 최근 중국이 외국인 보모 제도에 대하여 검토하고 있다는 보도들이 나오는데, 한국도 미혼부모를 포함한 전반적인 가족 정책, 국가 돌봄 정책 측면에서 한시적이라도 외국인 고용 제도에 예외를 두는 것도 고려해보아야 할 것입니다.

위탁가정에 대해 여러 제도적 지적이 나오지만 가장 큰 걸림돌은 사회적 '인식'이라고 합니다. '남의 집 아이를 왜 키우지? 돈 때문인가? 언젠가 자기 집으로 돌아가야 할 텐데?'라는 것이죠. 그러다 보니 비용처리, 아이 보호자로의 등록 등이 행정편의적이고 위탁부모를 일종의 노동자로 본다는 것이죠.

하지만 아이를 키워보신 분은 아시겠지만, 아이를 키운다는 것은 돈으로 환산할 수 없는 희생입니다. 위탁가정을 돈 때문에 하는 사람은 극소수이고요. 일부 위탁가정의 일탈에 대하여 일벌백계함과는 별개의 문제입니다. 2020년 보건복지부에서도 가정위탁보호율을 높이기 위한 6대 과제를 발표했는데요, 우리 사회가 품지 못하는 가장자리에 있는 아이들에게 손을 내밀어주는 위탁부모와 거기서 자라고 있는 아이들을 위한 인식·제도 전환

이 필요하고, 그 과정에서 위탁부모들의 목소리가 최대한 반영
될 수 있어야 합니다.

## 보육원을 떠나면
## 어디로 가야 하나요

간혹 보육원에서 횡령이나 아동학대가 발생했
다는 뉴스가 나오기는 하지만, 전반적으로 보육원 자체는 그래
도 최선을 다해서 운영이 되고 있다고 생각합니다. 운영자들의
선의뿐만 아니라 국가의 운영보조, 여러 기관과 개인의 지원 등
을 통해서요.

보육원에서 자란 아이들에게는 성인이 되고 나서가 더 큰 문제
입니다. 아동복지법에 따라 운영이 되다 보니 만 18세가 되면 보
육원을 떠나야 하니까요. 갓 고등학교를 졸업했을 만 18세는 법
률상 성인이기는 하지만 현실적으로 자립이 어렵습니다. 더 좋
은 교육과 일자리를 위해서는 18세 이후로도 상당 기간 교육에
재투자를 해야 합니다.

하지만 생계가 보장되지 않는 상황에서 수백~수천만 원이 들
어가는 대학 교육을 받기는 어렵습니다. 그래서 대학 진학률도
10~20% 정도에 불과합니다. 취업자리들도 많지 않고요. 퇴소 시
자립금이 약간 주어집니다만 그 돈으로 살아가기가 쉽지 않고,

그러다 보니 형사범죄에 휘말리는 경우도 적지 않습니다.

　보육원이 모든 책임을 지기는 시설이나 재정상 불가능하고, 결국 후견자 연결 프로그램이 필요합니다. 스무 살은 단순히 경제적 지원뿐만 아니라 정서적인 울타리 역시 필요한 나이이기 때문입니다. 2021년 7월 13일, 정부는 보호아동을 위한 '공공후견인 제도'를 도입하기로 하였습니다. 이뿐만 아니라 기관이나 개인과의 멘토링이나 연결 프로그램이 정착할 수 있도록 인센티브를 주는 방안이 필요합니다. 해외의 좋은 선례들을 벤치마킹하는 것도 중요할 것입니다.

## 비밀출산제도를
## 둘러싼 찬반

　　　　　　입양과 관련해서 가장 뜨거운 논점은 비밀출산제도입니다. 혹시 베이비박스를 들어보셨나요? 베이비박스는 아이를 낳아서 기를 수 없는 산모가 아이를 유기하는 것을 막기 위해 한 종교단체가 설치한 것이 시초입니다.[21] 베이비박스에 맡기는 이유는 현행 입양특례법 제11조에 따르면 입양을 하려면 출생신고서류가 필요한데, 어린 미혼 산모의 경우 출생신고 기록

---

21. 참고로 베이비박스는 한국에만 있는 것은 아니며, 영어권에서는 주로 베이비해치(Baby Hatch)라는 표현으로 사용 중입니다.

을 남기고 싶지 않기 때문입니다. 이를 방지하기 위해 과거 국회에서는 임산부의 비밀출산제도를 도입하는 법률안[22]이 입안되었으나 아이의 유기를 조장한다는 비난 여론과 함께 제대로 논의조차 해보지 못하고 폐기되었습니다.

이 부분에 대해서는 많은 의견이 있겠습니다만, 개인적으로는 출산과 양육의 문제는 '여성과 인간에 대한 안전'이 우리 사회의 가족제도에 대한 법감정보다 우선되어야 한다고 생각합니다.

가족제도는 변합니다. 과거에는 이혼이 금기시되었습니다. 일부다처제 또는 일처다부제를 운영하던 나라들도 있었습니다. 이제 우리는 다양한 형태의 결합을 인정하려 합니다. 가족이라는 제도는 우리 하나하나를 구성원으로 담기 위한 그릇일 뿐입니다. 개인의 생명과 안전보다 우선시되어서는 안 된다고 생각합니다.

어쩌면 이 논의는 OECD 가입국 중 혼외출산율이 압도적으로 최저(서구권 국가들은 30~60% 가량인 반면 한국 2% 내외입니다)를 달리고 있는, '정상'적이라는 가정을 머릿속 틀 안에서 만들어놓고 다양한 형태의 가족을 계속 가장자리로 밀어내려고 하는, 우리 사회가 가지고 있는 숙제일지도 모릅니다.

---

22. 임산부 지원 확대와 비밀출산에 관한 특별법안(의안번호 2011800, 오신환의원 등 10인 발의안)

# 출생신고가 문제라고요?

특히 출생신고에 대한 제도는 조금 더 시급하게 개선이 필요합니다. 특히 이혼이나 미혼 과정에서 많은 경우 엄마가 아이를 키우다 보니 모(母)에 대한 지원으로 인식되는 여러 제도들과 달리 출생신고 문제는 거의 대부분 부(父)의 측면에서 발생합니다. 개인적으로는 이 모든 정책은 아동을 위한 것이지 여성이나 남성 중 누구를 더 지원하냐는 편 가르기를 할 생각은 전혀 없습니다만, 현실에서 미혼부의 출생신고는 미혼모보다 훨씬 더 어렵습니다.

가족관계의 등록 등에 관한 법률상 혼외자의 경우 출생신고는 '모'가 해야 합니다(법 제46조 제2항). 부는 ①모의 성명·등록기준지·주민등록번호를 알 수 없는 경우에만 ②가정법원의 확인을 받아 친생자 출생신고를 할 수 있습니다(법 제57조 제2항). 취지는 유괴나 매매 등에 의한 출생신고를 방지하기 위함으로 추측됩니다. 문제는 이 조항이 미혼부의 출생신고를 가로막는 큰 장애가 되고 있다는 사실입니다.

보통 미혼부가 되는 경우는 혼인하지 않은 여성과의 관계를 통해 아이가 태어났으나 출산한 아이 엄마가 아빠 쪽에 아이를 두고 가는 경우입니다. 그런데 이때 '모의 성명·등록기준지·주민

등록번호를 알 수 없는 경우'라는 해석이 매우 모호합니다. '상대방과 원나잇을 했는데 알고 보니 상대방이 가명을 쓰고 있었다더라'는 사연소개 프로그램에서나 볼 만한 가정이 아닌 한, 이름 정도는 알고 있을 테니까요.

특히 일부 하급심 판결 중에는 엄마의 인적 사항 가운데 하나라도 알고 있으면 미혼부가 출생신고를 할 수 없다는 판결을 내리고 있는 경우들이 있고,[23] 병원에서 받은 출생증명서가 있는 경우에도 이 요건을 갖추지 못해서 기각되는 경우가 많습니다.[24] 출생신고가 가능하더라도 이러한 절차에 걸리는 시간과 비용이 만만치 않아 포기하는 경우도 상당합니다.[25]

이 부분을 강조하는 이유는 출생신고가 되지 않을 경우 아이에 대한 기본권 침해가 너무 심각하다는 점입니다. 출생신고가 되지 않은 아동은 건강보험이 12개월까지만 적용되며, 이후에는 보험 혜택뿐만 아니라 필수적인 예방접종이 제한됩니다. 아동수당 등 복지혜택도 받을 수 없고, 취학연령에 이르러도 학교에 다닐 수 없습니다. 출생기록이 없다 보니 유기, 불법입양, 매매 등 범죄에 노출될 위험도 있습니다. 미혼부들이 대체로 사회적·경제적으로 열

---

23. http://www.hani.co.kr/arti/society/society_general/929255.html
24. 2015년 11월 친생자 출생신고 확인 신청 제도(이른바 사랑이 법) 도입 이후 2019년까지 미혼부가 법원에 신청한 친생자 출생 확인 690건 중 457건이 허가, 129건이 기각, 104건이 취하 등으로 종결되었습니다. – 출처 : 사법연감
25. 관련 언론 보도에 의하면 출생신고를 하지 못한 미혼부의 숫자를 최대 3만 명 정도까지 추산하고 있습니다. https://news.joongang.co.kr/article/23789792

악한 지위에 있는 경우가 많고, 이러한 출생신고 제한이나 지연이
아이들의 복리후생에도 크나큰 악영향을 미칠 수 있다는 점을 고
려하면, 미혼부의 출생신고를 현저히 간소화하거나, 적어도 친자
관계가 명확하게 확정되기 전에라도 아이의 출생신고를 임시로 접
수하는 방안 등을 적극적으로 생각해보아야 합니다.

  이 글에 대한 편집이 어느 정도 마무리된 2023년 6월 30일경
반가운 소식이 들려왔습니다. 의료기관에서 의무적으로 출생사실
을 건강보험심사평가원 등에 통보하는 출생통보제가 국회 본회의
를 통과한 것입니다. 개정된 법률안은 공포 1년 후 시행될 예정입
니다. 또한 정부는 온라인 출생신고를 확대하기로 하였습니다. 다
만 이 제도는 병원 내에서 출산을 전제로 한 것이어서, 시행과정에
서 또 다른 소외계층이 나오지는 않을지에 대하여도 꼼꼼한 점검
이 필요합니다.

# 사실혼/동거 가정

사랑을 인정받지
못하고 있습니다

"피 안 섞여도, 결혼 안 해도 같이 산다…….
'비친족 가구원' 작년 100만 명 첫 돌파"

혈연·법률혼 중심의 전통적인 '가족' 개념이 달라지고 있다.
친구나 애인끼리 거주하는 '비(非)친족 가구원'이 지난해 처음
으로 100만 명을 넘었다. 이젠 추석 같은 명절 때 모이는 직
계가족들만 정상 가족으로 인정하기 힘든 세상이 된 셈이다.
지난 10일 통계청 국가통계포털KOSIS에 따르면 지난해 전국
비친족 가구는 1년 전보다 11.6% 증가한 47만 2,660가구로
통계 작성 이래 가장 많았다. 비친족 가구는 시설 등에 집단
으로 거주하는 가구를 제외한 일반 가구 가운데 8촌 이내 친

족이 아닌 남남으로 구성된 5인 이하 가구를 의미한다. 마음이 맞는 친구끼리 같이 살거나 결혼하지 않고 동거하는 가구 등이 여기에 포함된다.

2016년 26만 9,444가구였던 비친족 가구는 2020년(42만 3,459가구) 40만 가구를 넘어서더니, 지난해 47만 가구를 돌파할 정도로 증가세가 가파르다. 이에 비친족 가구에 속한 가구원 수도 함께 늘었다. 지난해 비친족 가구원은 101만 5,100명으로 사상 처음 100만 명을 돌파했다. 2016년(58만 3,438명)과 비교하면 5년 만에 가구원 수가 74.0%나 급증한 것이다.

이유는 여러 가지다. 학업, 취업, 생활양식 변화 등의 이유로 가족으로부터 독립한 사람이 주거비용을 감당하기 위해 가족이 아닌 이들과 집을 합치는 경우가 많다. 전통적인 결혼관에 대한 생각이 바뀌면서 가족 부양의 부담이 큰 결혼 대신 동거를 선택하는 연인도 늘고 있다. 현행법상 혼인신고를 하지 못하는 동성(同性) 부부도 있다. 핏줄을 나누거나 법률적으로 얽히진 않았지만, 함께 살며 경제적·감정적으로 교감하는 신(新)가족이다.

2022. 9. 13. 중앙일보

· · ·

　　　결혼까지 가는 단계를 생각해보면, 남녀가 처음 만나서 사랑에 빠지고, 그러다가 결혼을 약속합니다. 그런데 바로 결혼을 하는 경우도 있지만 여러 사정 때문에 결혼 약속만 하고 정식 결혼은 나중으로 미루거나, 그냥 같이 살기 시작하는 경우도 많습니다.

## 혼인이 되기 위한
## 조건

　　　민법은 혼인을 남녀 간에 가족을 이루려는 결합 중에 가장 대표적이고 완성된 형태로 규정합니다. 법률상 혼인 관계가 인정되려면 두 가지가 필요합니다. 주관적으로 혼인 관계를 성립하려는 당사자들의 의사 합치와 혼인 신고입니다. 보통 혼인 신고가 되었다면 일반적으로 혼인 관계를 형성하려는 의사는 있다고 보는데, 가끔 둘 중 한 분이 몰래 혼인신고를 해서 문제가 되는 경우들은 있습니다. 물론 이 두 가지를 갖추었더라도 법적으로 인정하기 힘든 관계 즉, 밀접한 친족관계에 있거나, 미성년자이거나, 한쪽이 법률상 배우자가 있는 경우에는 법률적으로 혼인이 인정되기 어렵습니다.

혼인관계가 형성되면 우선 부부 및 양가 가족 사이에 친인척 관계가 형성되고, 사망 시에 상속받을 권리가 주어집니다. 그 사이에서 태어난 자녀와도 자동적으로 가족관계가 형성됩니다. 부부 상호 간에는 동거의무·부양의무·협조의무·정조의무 등 부부가 공동체를 유지하기 위한 여러 의무가 주어집니다. 아이에 대한 친권이나 양육권도 공동으로 행사하게 되고요. 그 외에도 일상가사대리권이라든지, 부부간의 계약 취소권 같은 특칙이 있고, 또 재산 역시 누구에게 속한 것인지 불분명한 재산은 공유로 보게 됩니다.

이혼 역시 당사자 일방이 원한다고 할 수 있는 것은 아니고 당사자 사이에 합의가 있거나, 합의가 없을 경우에는 일정한 사유가 있어야 이혼이 가능합니다. 이혼 시에는 재산분할이라든지, 위자료가 발생하게 되죠. 물론 아이가 있으면 양육권이나 면접교섭권과 같이 아이에 대하여 행사할 수 있는 권리 관계가 마무리가 되어야 이혼절차가 마무리되기도 하고요.

## 혼인과 혼인 아닌 것의 차이란?

그렇다면 혼인과 약혼, 사실혼, 동거 등의 차이는 무엇일까요? 민법상 약혼은 장래에 혼인을 성립시키려는 당사자 사이의 합의, 즉 혼인의 예약입니다. 혼인과의 차이는 당사자의 의사로만 성립하고, 별다른 신고가 없다는 점입니다. 그러다 보니 나중에 문제가 발생했을 때 당사자들이 약혼하려는 의사가 있었는지에 대한 다툼이 있습니다.

판례는 대체적으로 당사자들끼리 결혼을 하자는 이야기가 명시적으로 오가면서 상견례나 결혼식 예약, 청첩장 발송 등 장래에 혼인을 하겠다는 의사가 확인되는 경우 약혼을 인정해주고, 파기 시 약혼 파기에 따른 책임을 묻습니다.

참고로 약혼 과정에서 가장 다툼이 큰 것은 결혼을 전제로 예물을 교환한 경우입니다. 이 예물은 혼인 성립을 조건으로 부담부증여를 한 것으로 보는데, 부담부증여의 경우 상대방이 의무를 이행하지 않을 경우 증여를 취소할 수 있습니다. 다만 판례는 파혼에 귀책사유가 있는 유책자는 자신이 제공한 예물을 적극적으로 반환청구할 수 없다고 판단하고 있어서, 약혼 파기의 책임이 누구에게 있는지가 쟁점이 됩니다.

한편 동거, 임신, 출산 이런 사실만으로 약혼이 있었다고 보는 것은 아닙니다. 임신이나 출산까지 했는데 약혼이 아니야? 이상하다고 생각하실 수도 있는데, 결혼을 전제하지 않은 경우에도 출산하는 일은 있기 때문에 아이를 낳았다는 것만으로 결혼을 하겠다는 당사자의 의사가 확인되지 않는다는 취지입니다. 이렇게 남녀가 장래에 생활 공동체를 형성하려는 의사가 명확하게 확인이 되어야 약혼관계가 인정됩니다.

사실혼은 당사자들 사이에 혼인 의사는 있고, 객관적으로 사회 관념상 가족 질서적인 면에서 부부의 공동생활을 인정할 만한 혼인 생활의 실체가 있는데, 혼인신고를 하지 않은 경우입니다.

가령 우리 이웃집에 누가 봐도 부부로 보이는 사람들이 살고 있다고 가정해봅시다. 같이 시장도 보고, 아이도 같이 키우고, 손님 접대도 하고, 여행도 다니고, 이런 보통의 부부들이 하는 일상 생활을 상당 기간 동안 함께하면 당연히 이웃들은 '아, 저 집에는 부부가 사는구나' 할 것입니다. 살면서 옆집 부부가 혼인신고를 했는지 안 했는지 관심을 가지거나 물어볼 일은 없으니까요. 이것이 사실혼입니다. 혼인 신고를 제외하면 당사자들의 생각이나 객관적인 실체가 모두 법률적 혼인 관계와 동일한 상황이죠.

약혼은 장래에 혼인하겠다는 의사는 있는데 현재에는 혼인의 외관이나 형식적 요건이 없는 경우이고, 사실혼은 이미 혼인생활과 동일한 실체는 발생했는데 법률적으로 인정받기 위한 신고 요건을 갖추지 못한 것이죠. 한국에서는 사실혼이라고 하면 다소 부정적인 뉘앙스로 사용되는 경우도 없지는 않은 것 같습니다만, 약혼과 사실혼을 비교한다면 사실혼이 '결혼'에 조금 더 가깝기는 합니다.

# 법적으로 보호되는
# 사실혼

　　　　　그러다 보니 사실혼 관계가 인정된다면 상당히 많은 부분이 보호됩니다. 원칙적으로 혼인신고와 관련된 것을 제외한 나머지 규정들이 대부분 적용되면서 사실혼을 보호합니다. 물론 한 분이나 두 분 모두 이미 법률상 배우자가 있는 중혼적 사실혼 등 법적으로 혼인이 불가능한 사실혼은 보호되지 않습니다.

　사실혼 관계가 인정되면, 법률적 혼인에서 인정하는 부부간의 동거·부양·협조·정조 의무가 있다고 보는 것이 일반적인 견해이고, 생활비용도 공동으로 부담하고, 일상가사대리권도 인정되고, 대리권 행사로 인한 채무도 연대책임을 집니다. 재산 공유 추정도 마찬가지고요.

　반면 혼인한 것은 맞는데 법률적인 친족관계가 형성된다고 보지는 않으므로 상속을 못 받습니다. 물론 몇 가지 예외가 있는데, 피상속인께서 돌아가시기 전에 사전 증여나 유증을 할 수는 있고, 만약 상속인이 없는 경우에는 생계를 같이하는 자로서 상속재산에 대한 분여청구를 하기도 합니다. 주택 임차권이나 연금은 사실상 혼인관계에 있는 자에 대한 특칙이 있어서 보호가 되기도 합니다.

　자녀의 경우 사실혼 관계에서 출생한 자녀는 혼인 중 출생자가 아니게 됩니다. 물론 부(父)가 자기 자녀임을 인정하는 행위, 법률적으로는 '인지'라고 하는데, 이 인지를 하게 되면 부와도 부모-자식 관계가 형성될 수는 있지만, 안 하게 되면 통상 모(母) 명의로 출생신고가 되고 가족관계도 모와만 형성되게 됩니다. 드라마에서 자주 나오는 소재인데 나중에 부자관계나 상속분을 인정해달라고 하는 경우도 있습니다.

사실혼 관계는 일방이 사망하거나, 당사자들이 해소하기로 합의하거나, 일방적 파기가 있는 경우 소멸하게 되는데요, 당사자 일방이 파기할 수 있다는 점이 법률혼과 가장 큰 차이입니다. 이혼에서와 동일하게 재산분할청구와 위자료 등 손해배상청구권은 인정됩니다만, 앞에서 말씀드렸듯이 보호받지 못하는 사실혼, 예컨대 중혼적 사실혼에 대하여는 판례가 재산분할청구권을 부정하고 있습니다.

일상생활에서는 동거와 사실혼을 다소 혼용해서 사용하는 것 같은데, 법률적으로는 조금 차이가 있습니다. 같이 살면서 생활한다는 점에서는 동일한데, 동거는 혼인의 의사가 없이 그냥 생활만 함께하는 경우인 반면 사실혼은 이미 주관적으로 혼인의사가 있고 객관적으로 혼인공동생활의 실체가 존재하고 있는 경우입니다. 동거의 경우는 하다가 깨졌어도 거의 법률적으로 보호를 받지 못하기 때문에 동거와 사실혼의 차이도 실무적으로는 다툼이 종종 있습니다.

혼인의 의사와 혼인생활의 실체라는 부분이 조금 주관적이기는 한데, 가령 판례에서 제시하는 구분 기준은 대외적으로 부부라는 호칭을 사용하면서 다른 사람들에게도 부부관계를 알렸는지, 그리고 경제생활을 공동으로 하는 등 서로 부양의무를 하였다고 볼 만한 사정이 있는지 등이 있습니다.

마무리로 '사실상혼인관계존재확인의 소'에 대하여 설명드리고자 합니다. 사실혼 관계에 있었다는 점을 법원에 확인해달라는 청구입니다. 하지만 앞에 설명한 바와 같이 사실혼 관계는 인정이 되더라도 당사자 사이에 결합이 강제되는 것은 아니고 일방이 해소를 할 수 있습니다. 그럼에도 불구하고 이러한 청구를 하게 되는 이유가 무엇일까요? 재판이나 조정을 통해 사실혼관계가 확인되면 혼인신고는 단독으로 할 수가 있어서, 사실혼 관계에서 출생한 자의 친자 관계 형성이나 상속권 확보가 가능하기 때문입니다. 참고로 판례는 사망한 자에 대하여도 사실상혼인관계 존재확인청구를 인정해주고 있습니다.

---

**추가로 한마디**

# (동성)시민결합

이러한 일들은 이성관계뿐만 아니라 동성관계에서도 발생할 수 있습니다. 그리고 안타깝게도 동성관계의 경우 현재로서는 법률상 '혼인'이 가능하지 않기 때문에 위에 언급된 권리들을 전혀 행사하지 못한다고 해도 과언이 아닙니다. 뿐만 아니라 일방이 급한 사고가 났을 때 사실상 보호자임에도 불구하고 병원에서 보호자로서의 권한을 행사할 수 없고, 입양이나 재산 상속 등에서도 가능한 것이 거의 없습니다.

이와 관련하여 기존의 결혼제도에 동성 커플을 편입시키는 대신, 혼인한 이성애자 부부와 유사한 법적인 지위(재산권, 사회보험, 상속권, 보호와 정조의 의무 등)를 보장해주려는 것이 '시민결합' 제도입니다. 도입 연유를 보면 보통은 동성 커플을 제도권 결혼과 동일화할 수는 없어서 사실혼 관계를 인정하는 '동성 동반자'same-sex partnership, 혹은 '시민결합'civil union 제도를 새로 만드는 경우들이 일반적입니다. 하지만 동성혼인을 허용한 후에도 별개로 시민결합 제도를 유지하고 있는 나라들도 있습니다.

시민결합이라고 한다면 우리에게는 대단히 먼 제도처럼 생각합니다. 하지만 시민결합을 도입하고 있거나 도입한 역사가 있는 나라는 35개국 정도입니다. 예상보다 적지 않은 숫자입니다. 이들 중에는 꼭 미국이나 서유럽권 국가 외에도 일본, 대만, 태국 등 아시아권 나라들도 있습니다. 일본과 대만은 2015년부터 동성에 대한 파트너십 증명서를 발급하고 있고, 태국도 2020년 민사 파트너십 법안을 통과시켰죠.

시민결합과 관련해 가장 널리 알려진 나라는 프랑스입니다. 프랑스는 PACS<sup>pacte civil de solidarité</sup>, 우리말로 번역하면 시민연대계약이라는 제도를 동성혼인과 별도로 두고 있습니다. 이성이나 동성 부부 할 것 없이 혼인과 PACS 중에 하나를 선택할 수 있죠. PACS는 연금수령·상속·입양·프랑스 외 타국에서의 제도 인정 가능성·계약 해지 방법(이혼과 달리 일방적 해지 가능) 등을 제외하면 거의 결혼과 유사한 보호를 받는다고 합니다. 무엇보다 이혼 및 재산분할 절차가 간이해서 프랑스에서는 이미 이성 간 결합에서도 PACS를 많이 활용하고 있는데요, 2019년 기준 결혼이 22.7만 명, PACS가 19.6만 명[26]일 정도이며 PACS 중 동성결혼은 1만 명이 채 안 된다고 하네요.

사실 아직 파트너십에 대한 논의도 제대로 이루어지지 못하고 있는 우리나라에서 PACS는 파격적일 뿐만 아니라 엄두가 나지 않는 부분도 있습니다. 실제로 설문 조사 자료들을 보면 PACS는 사랑이나 가족보다는 계약적인 측면도 있고요(예를 들어

---

26. 출처 : https://www.connexionfrance.com/article/Practical/Your-Questions/Family/How-to-get-a-Pacs-in-France-and-what-differences-to-marriage
https://www.statista.com/statistics/460219/civil-partenerships-france/

27. 한국에서는 PACS가 프랑스의 출산율 증가에 긍정적인 영향을 끼쳤다고 해석하는 자료들도 종종 보입니다. 다만 2015년 UN 의 전문가 그룹 보고서(United Nations Expert Group Meeting on Public Responses to Law Fetility - The influence of family policies on Fertility in France) 및 다른 문헌들에 의하면 프랑스가 유럽에서 가장 높은 출산율 수준을 유지할 수 있는 가장 큰 이유는 금전적 지원보다도 사회적 보육 시스템을 통하여 여성들이 직장을 계속 유지할 수 있도록 하고, 사회적 지지를 통한 정서적 안정이라고 합니다.

2013~2014년 프랑스 한 설문 조사 자료에 의하면 PACS는 아이를 낳지 않는 비율이 27%인 반면 결혼은 11%이고[27], PACS는 지금의 관계가 가장 사랑스럽고 중요하다고 말하는 비율이 31%이고, 결혼은 45%라고 합니다). 하지만 각 나라마다 각자 이유가 있는 만큼 이러한 제도도 있다는 점을 알아두면 좋을 듯합니다.

이런 우리나라에도 최근 조금의 변화가 생기고 있습니다. 2023년 2월 서울고등법원은 동성부부가 국민건강보험공단을 상대로 피부양자 인정을 청구한 소송에서 1심 판결을 파기하고 피부양자 자격을 인정하였습니다. 서울고등법원은 이성의 사실혼 배우자와 동성의 결합 상대방을 본질적으로 동일한 집단으로 판단하며, 건보공단이 법령에 명확한 규정에도 동성부부의 피부양자 자격을 인정하지 않는 것은 "성적 지향을 이유로 본질적으로 동일한 집단에 대하여 하는 차별대우"라고 그 이유를 설시하였습니다.

뿐만 아니라 최근 언론보도에 의하면 여성 동성부부가 해외에서 정자를 기증받아 임신을 한 사실도 밝혀지고 있습니다. 이들은 미국에서 혼인신고를 한 것으로 알려졌는데요, 아직 생활동반자 법령과 같은 다양한 가족을 지원하기 위한 법률이 입법되기 전이어서 아이가 낳게 된 후 각자와 어떠한 관계 맺음을 받고 보호를 받게 될지는 의문입니다. 다만 이미 프랑스 등 서구권에서는 동성부부의 출산이 공공연한 상황이라는 점도 이 기회에 환기가 되었으면 합니다.

마지막으로 동성결합에 대하여 조금만 언급해보고자 합니다. 동성결합을 반대한다는 근거는 크게 종교적 터부(에이즈 등 병을 옮길 확률이 높다는 것을 포함하여)와 악용 가능성(사랑 없이 재산 취득 등을 위한 결합) 정도로 이해됩니다. 종교적인 부분은 상당히 긴 긴 대화가 필요할 것으로 보입니다. 다만 이혼 역시 100~200년 전만 해도 인정하지 않는 종교들이 다수였습니다. 국적이나 재산 취득을 위한 결혼은 이성 간에도 많습니다. 미국에서는 버젓이 〈90일간의 약혼자90 Day Fiance〉라는, 시민권자와 비시민권자가 만나 90일 안에 결혼을 하지 못하면 비시민권자는 밖으로 추방을 당하는, 그런 예능 프로그램까지 있으니까요.

제가 워싱턴 D.C.에 살 때의 일입니다. 미국 최대 동성애 축제가 우리 집 앞에서 벌어진 적이 있었습니다. 너무나도 즐겁고 행복해 보여서 도무지 그 축제 행렬에 참여하지 않을 수가 없었습니다. 그곳에서 만난 동성을 사랑하는 사람들은 저를 포함한 이성애자들과 하나도 다르지 않은 평범한 사람들이었습니다. 그 축제는 제가 세상 어느 곳에서 본 것보다도 건강하고 건전했으니까요.

3장

# 비정규직을 위한 법

# 계약직 근로자 차별

왜 같은 일을 하는데
나는 이렇게 적게 받죠?

20○○.○.○.○○ **일보,**

**대법원 "무기계약직과 정규직, 특별한 사정 없이 차별 안 돼"**

무기계약직 근로자와 정규직 근로자 사이 따로 정한 규정이 없다면 동일한 처우를 적용해야 한다는 대법원 판결이 나왔다. 기간제 근로자에서 무기계약직으로 전환된 근로자들이 정규직과 똑같은 처우를 해달라고 낸 소송에서 대법원이 무기계약직 근로자들의 손을 들어준 첫 판결이다.

(중략)

○○에서 기간제 근로자로 일하던 A씨 등은 기간제법에 따라 ○○년부터 ○○년 사이 무기계약직 근로자로 전환됐다. 무기계약직이 됐지만 고용 계약서 형식은 기간제 근로자였을 때와 똑같이 썼다. 정규직 근로자보다 기본급과 상여금은 80% 수준만 받았다. 수당 차이도 컸다. 근속수당이 없었다. 또 자가운전보조금도 정규직 직원이 매달 ○○만원을 받을 때 무기계약직 직원은 매달 △△만원만 받았다. 20○○년 이후로는 정기적인 호봉 승급도 이뤄지지 않았다.

A씨 등은 "정규직과 같은 부서에서 같은 직책을 담당하며 일하는데 왜 처우에 차별을 두냐"며 소송을 냈다.

(중략)

대법원은 이런 2심 판단이 잘못됐다고 판결했다. 기간제법 제8조 1항은 사용자는 기간제 근로자임을 이유로 사업장에서 같은 일을 하는 기간의 정함이 없는 근로자보다 차별적 처우를 해서는 안 된다고 정한다. 대법원은 이 조항을 기간제 근로자에 대한 차별 처우 금지로만 해석하는 것은 규정 취지나 공평의 관념에 반한다고 해석했다. 특별한 사정이 없다면 같은 업무에 종사하는 무기계약직 근로자의 근로조건이 정규직 근로자보다 불리해서는 안 된다는 취지다.

또 2심에서 고용계약서를 취업규칙에 준한다고 해석한 부분도 잘못됐다고 판결했다. 근로기준법은 근로계약에서 정한 조건이 취업규칙에서 정한 기준에 못 미치면 취업규칙 기준을 따르도록 한다. 대법원은 이를 근거로 "대전 MBC는 2007년 기간제법 시행 이후 무기계약직 직원의 취업규칙을 별도로 만든 적이 없으므로 이들에게 정규직과 동일한 취업규칙이 적용된다고 봐야 하고, 이에 미달하는 처우를 정한 고용계약은 무효"라고 판결했다. 대법원은 "달리 정함이 없다면 무기계약직 근로자에게 정규직 근로자의 취업규칙이 같이 적용돼야 한다"고 판시했다.


# 비정규직의 범위는
# 어디까지?


이번에는 비정규직에 대해 이야기해보려고 합니다. 사회 성장 속도가 느려지고 안정적인 일자리가 점점 줄어들면서 비정규직에 대한 이야기가 많이 나오고 관심도 커지고 있습니다.

비정규직이란 정확히 어디까지를 말할까요? 비정규직이라는 표현은 정규직 근로자에 대한 반대 개념에서 나온 것이기는 한데, 법률적으로 정의되는 용어는 아닙니다. 법률적으로는 기간제 및 단시간근로자 보호 등에 관한 법률 및 근로기준법에서 기간의 정함이 있는 근로자를 '기간제 근로자'로, 1주 동안 소정 근로시간이 그 사업장의 같은 종류 업무에 종사하는 다른 근로자에 비하여 짧은 근로자를 '단시간 근로자'로 정의합니다.

저희가 흔히 사용하는 용어로 치환해본다면 기간제 근로자는 계약직이고, 단시간 근로자는 파트타임이죠. 물론 파트타임을 '아르바이트'(요즘에는 더 줄여서 '알바') 같은 개념으로 사용한다면 계약직으로 볼 수도 있습니다. 물론 알바 중에는 정규직인 경우도 있습니다. 그리고 일용직의 경우에는 어디에 해당할까요? 굳이 분류해본다면 근무 기간이 하루 또는 초단기간인 것이고 시간이 줄어드는 것은 아닐 테니 기간제 근로자에 가깝죠.

즉, 법률상 개념과 실제 사용되는 용어가 1:1로 완전하게 매칭되지는 않지만, 비정규직은 앞에 말씀드린 기간제·단시간 근로자, 혹은 계약직·파트타임·아르바이트·일용직을 포괄하는 뜻으로 널리 사용합니다. 사업장에서 일하고 있으나 자리가 안정화되어 있지는 않은 것입니다. 물론 넓은 개념에서는 사내하도급·파견·특수고용근로자·프리랜서·플랫폼노동자 개념을 포함하기도 합니다만, 이 부분은 나중에 다루기로 하고요.

# 비정규직의
# 지금 여기

그렇다면 우리나라의 비정규직 현황은 어떨까요? 고용노동부 'e-고용노동지표' 및 통계청에서 발표한 '경제활동인구조사 근로형태별 부가조사 결과'[28] 자료에 의하면 2022년 8월 비정규직[29] 규모는 815.6만 명입니다. 전체 임금 근로자 약 2,172만 명 중 37.5%에 해당하는 상당한 규모입니다. 코로나-19 사태를 전후하여 계속적으로 그 수가 증가하고 있습니다.

이 가운데 기간제가 약 534.8만 명, 파트타임이 약 368.8만 명, 비전형 근로자(파견, 용역, 일용 및 기타 특수형태)가 약 213.1만 명입니다.[30] 성별로 볼 경우 남성이 365.3만 명, 여성이 450.3만 명으로서 약 85만 명 정도 여성이 더 많은 편이고 연령대로 할 경우

---

28. 자료별 출처의 차이로 자료 간의 관계가 완벽하게 들어맞지는 않을 수 있으나, 최대한 그대로 설명하기 위하여 어떠한 가공 없이 자료 내용을 그대로 밝힙니다. 이하 이 장에서 특별한 언급이 없을 경우 2022년 통계입니다. 다만 최대한 최근 현황을 설명 드리기 위하여 초고 작성 시점에 가장 근접한 2022년 통계를 인용하기는 하였으나, 코로나-19 사태로 인하여 2019년경에 비하여 대부분의 비정규직 지표가 악화된 감은 없지 않습니다.
29. 기간제, 단시간뿐만 아니라 파견·용역·특수형태·일일·가정 내 근로 등 비전형근로자를 포함한 숫자입니다.
30. 천 명 단위 반올림. 중복인원을 제거하지 않는 숫자입니다.

60대 이상 〉 50대 〉 10~20대 〉 40대 〉 30대입니다. 아무래도 사회적으로 취약하다고 인식되는 계층일수록 비정규직이 많습니다.

비정규직 비율을 다른 나라와 비교하면 어떨까요? OECD의 Temporary Workers(임시직) 자료에 의하면 2021년 기준 한국은 Temporary Workers로 분류되는 근로자가 28.3%입니다. 한편 캐나다는 12.1%, 독일은 11.4%, 네덜란드는 27.4%, 폴란드는 15.1%, 스페인은 25.1%, 일본은 15.0%, 영국은 5.6%입니다. 네덜란드나 스페인 정도를 제외하면 우리나라의 비정규직 숫자가 적지 않다는 것을 확인할 수 있습니다.

임금 수준으로 보면 어떨까요? 같은 통계자료는 2022년 6월 기준 비정규직의 평균 시간당 임금을 17,233원이라고 밝히고 있습니다. 2022년 최저임금이 9,160원이었으니 그것보다는 높은 편입니다. 만약 이 분들이 통상적인 월 근로시간(209시간)만큼 일을 했다면 대략 월 300만 원 정도를 받아가는 셈입니다. 사람들에 따라서는 많거나, 적다고 느껴질 수 있는 금액입니다만, 2022년 대한민국 인당 국민소득(GNI)이 약 3만 2,886달러, 원화로 약 4,250만원 정도였으므로, 거의 근접한 수준으로 보이기도 합니다.

그러나 이는 통계적 착시입니다. 비정규직의 평균 근로시간은 주 29.6시간으로, 정규직의 3/4 정도에 불과합니다. 3개월간 월평균 임금도 188만 1,000원으로, 정규직 근로자의 월평균 임금 348만 원의 54%에 불과합니다. 그러다 보니 자발적 사유로 정규직을 선택한 비율은 각 90.3%인 반면, 비정규직은 62.8%입니다. 약 40%의 비정규직 근로자는 어쩔 수 없이 비정규직을 선택합니다.

## 보호조항과
## 실제의 괴리

　그렇다면 법은 비정규직 근로자를 어떻게 보호하고 있을까요? 가장 기본이 되는 것은 근로계약입니다. 근로기준법 제17조는 근무형태와 관계없이 사용자는 모든 근로자에게 근로조건이 기재된 서면(전자문서 가능)을 교부하도록 하고 있습니다. 근로계약서는 근무 시 자신의 근로조건을 확인할 수 있는 수단일 뿐만 아니라 임금체불, 부당해고 등 근로와 관련된 분쟁이 발생하였을 때도 가장 기본적인 증거로 활용되기 때문에 요구해서라도 반드시 받아야 합니다.

원칙적으로는 일용직 역시 근로계약이 제공되어야 하며, 실무적으로는 최초에 근로조건이 기재된 서면을 주면서 출결부를 만들어 출근일에는 동일한 근로조건이 적용된다는 식으로 정리하기도 합니다.

급여 측면에서는 비정규직도 최저임금 이상의 급여를 받을 수 있는 권리가 있습니다. 물론 포괄임금제 합의로 인해서 실상은 조금 복잡하기는 합니다만 야근, 주말근무 시 발생하는 초과근무수당도 동일하게 보장됩니다. 1년 이상 근무 시에는 계약직에게도 퇴직금을 지급해야 합니다(주당 근무시간이 15시간 미만인 초단시간 근로자 예외).

'계약직은 퇴직금을 못 받는 것 아닌가?'라고 생각하시는 분들이 많은데, 계약기간이 1년 미만인 경우입니다. 주휴수당, 4대보험이나 휴가 역시 초단시간이나 일용직 근로자를 제외하면 원칙적으로는 그대로 적용됩니다. 간혹 초단시간 근로자 규정을 적용하기 위해서 주당 근로시간을 15시간이 되지 않게 의도적으로 만든다거나, 퇴직금을 지급하지 않기 위해서 계약 기간을 1년에서 며칠 빼는 꼼수가 나오는 경우가 없지 않은데, 이때는 미리 근로조건을 명확하게 확인하는 것이 좋습니다. 사실 이렇게까지 나오는 사용자들은 대체로 질이 좋지 않기 때문에, 꼭 거기서 일해야 하는지 진지하게 다시 한 번 생각해보라고 말씀드리고 싶습니다.

위와 같이 최저한의 기준이나 요구사항을 동등하게 적용하도록 한 것 외에, 적극적으로 차별을 하지 않도록 정하는 규정도 있습니다. 기간제법 제6조는 기간제 근로자임을 이유로 사업장에서 동종 또는 유사한 업무에 종사하는 기간의 정함이 없는 근로계약을 체결한 근로자에 비하여 차별적 처우를 하여서는 아니 된다는 조항을 두고 있습니다. 물론 판례는 무조건 차별이 안 된다는 것은 아니고, 동종 또는 유사한 업무에 종사하는 근로자와의 사이에 불합리한 차별이 있는 경우에는 문제가 된다는 것입니다.

여기에서 합리적 기준은 '정규직 근로자와 비정규직 근로자들이 수행하는 업무의 가치·내용·책임·업무량 등 근로 내용'에 따른 것인지입니다. 가령 휴가비·식대·주택수당·양육수당·자녀학자금지원과 같은 복리후생비는 업무의 가치나 내용, 책임, 업무량에 따라 지급되는 것이라 보기 어려우므로 불합리한 차별에 해당할 가능성이 높습니다. 호봉이나 승급제도, 직책이나 직급수당 등 지위나 역할에 연동한 지원의 경우에도 동종·유사 업무를 수행하고 있다면 문제가 될 소지가 있습니다.

반면 계약직과 정규직 사이에 역할이나 책임에 차이가 있다면 차별의 합리성이 인정될 소지도 있습니다. 마지막으로 기본급·정근수당·성과상여금 등은 채용경로나 고용형태·장기근속 여부·업무의 질과 양에 차이가 있을 수 있다는 전제하에 사용자의 재량을 넓게 인정하는 편입니다.

만약 비정규직에 대한 차별로 인해 보상을 불공정하게 받았다면 지방노동위원회에 시정신청을 할 수 있습니다. 다만 이 시정신청은 차별적 처우가 종료되는 날부터 6개월이 경과하면 진행할 수 없습니다. 노동위원회 시정신청과 함께 또는 별개로 근로기준법과 기간제법 위반을 이유로 손해배상청구를 하는 방법도 있습니다.

하지만 비록 이렇게 차별처우를 시정하고 금전적 보상을 받는다고 하더라도, 계약직 근로자가 입은 마음의 상처를 해결할 수 있는 방법은 없을 것입니다. 같은 집단에서의 차별은 자존감의 문제이기도 하니까요. 점점 노동안정성이 떨어지고 있는 상황에서 차별까지 당하는 상황이 오지 않기를 기원합니다.

## 근로 관련 분쟁을 제기할 수 있는 방법과 절차

근로 관련 분쟁을 망설이시는 이유 중 하나는 어디서 무엇을 어떻게 해야 하는지 잘 알지 못하는, 절차에 대한 지식 부족일 것입니다.

고용 후 업무를 하시면서 억울한 일을 당했을 때 호소할 수 있는 절차는 크게 노동청 진정, 노동위원회 신청, 법원이나 수사기관에 대한 신고 등이 있을 것입니다. 이 가운데 임금이나 퇴직금 등 급여를 받지 못했을 때는 통상 노동청에 진정을 합니다. 관할 노동청을 방문하시거나, 고용노동부 웹사이트에서 인터넷으로 진정 접수를 하실 수도 있습니다.

접수하실 때 가장 중요한 부분은 어떠한 근로조건으로 고용관계가 성립했는지를 입증할 수 있어야 합니다. 따라서 근로계약서, 근무내역, 급여내역 같은 공식 자료뿐만 아니라 사용자로부터 업무 지시를 받은 통화나, 이메일, 메신저 내용들은 잘 챙겨두셨다가 함께 제출하시면 보다 신속한 조사에 도움이 될 것입니다.

보통 진정 접수가 되면 근로감독관이 진정인과 피진정인을 불러서 양측 조사를 하고 필요한 자료 제출을 하도록 하고요, 그다음 감독관이 심사해서 임금체불이나 문제가 있는 행위가 있었다고 하면 시정지시를 내려서 해결합니다. 사용자 입장에서는 시정지시를 거부하면 형사사건으로 입건되기 때문에 안 받아들이는 경우는 별로 없습니다. 보통 근로감독관 시정지시가 나오기 전에 당사자들끼리 합의를 하는 경우도 많고요.

기간은 단순 임금체불은 증거만 확실하면 한두 달이면 되는데, 증거가 부족하거나 근로관계 확인이 어려울 경우에는 훨씬 시간이 많이 걸리기도 합니다. 증거 확보나 진술에 문제만 없다면 변호사를 사용하지 않고 스스로 하실 수 있을 만큼 아주 어려운 절차는 아닙니다.

노동위원회는 부당한 해고나 징계에 대한 구제신청, 계약직 차별 처우에 대한 시정신청, 노동조합 가입 및 활동에 대한 사용자의 부당노동행위(조합활동에 대한 불이익 부여, 단체교섭의 정당한 이유 없는 거부, 노동조합 운영에 대한 지배나 개입 등)에 대한 구제신청, 명시된 근로조건이 사실과 다를 경우에 대한 손해배상 등을 다룹니다. 이 책이 출간되는 시점에는 고용상 성별에 따른 차별이나 직장 내 성희롱 문제도 노동위원회에서 다루게 됩니다. 근로자 측에서 하셔야 하는 일은 전반적으로 노동청 진정과 비슷한데, 다른 부분은 법원 재판처럼 당사자들이 출석해서 위원들에게 의견을 말하는 절차가 있다는 점입니다.

물론 그 외에 직접 민사나 형사 소송을 하시는 것도 가능하나, 이때는 조금 더 전문적인 법률 조력을 받으시는 것이 필요할 수도 있습니다. 참고로 노동 관련 분쟁을 전문적으로 다루는 노동법원을 설치해야 한다는 주장이 있고 관련 법안도 제안된 적은 있습니다만, 아직 확정된 바는 없습니다.

02

# 계약기간

2년이 지나니
나가라고 합니다

○○지방법원 20○○가합○○○○○○ 해고무효확인

주요사실 : A는 B 버스회사에 계약직 버스 운전기사로 근무

하면서 노동조합원으로 활동. 계약기간이 종료된 후 재고용

적격심사에서 불합격 통지를 받아 탈락.

탈락의 주된 이유는 A가 운전하는 동안 교통법규 위반으로

과태료 처분을 받은 적이 있고, 버스 정류장을 놓치거나 승강

장이 아닌 곳에서 정차를 하는 등 안전운전의무를 위반하였

다는 것임.

판결이유 : 1) 근로계약 갱신 사유로 제시된 '동료들과 불화',

'회사 지시 불이행', '불친절' 등의 구체적인 근거가 없으며, 근무평가가 객관적으로 이루어졌다고 보기 어려움.

2) 과태료를 부과받은 경우뿐만 아니라 운전원의 명백한 과실로 교통사고를 일으켜 대인, 대물 피해를 입힌 경우에도 근로계약이 갱신된 적 있음.

3) 취업규칙, 단체협약상으로도 특별한 결격사유가 없는 한 재고용을 하겠다는 취지로 규정.

4) 그 외에 원고에게 직무수행 능력에 결함이 있다고 볼 만한 사유가 없음.

주문 : 1. 피고의 원고에 대한 2017. 3. 23.자 재고용 불가(해고) 처분이 무효임을 확인한다.

2. 피고는 원고에게 30,334,223원 및 그중 26,044,535원에 대하여 2018. 5. 25.부터 다갚는 날까지 연 15%의 비율로 계산한 돈을 지급하라.

해고와 관련된 사건은 근로자와 사용자 어느 측을 대리하더라도 항상 부담이 큽니다. 근로자 입장에서는 기존 직장에서 쫓겨나는 것뿐만 아니라 자칫 해고당한 근로자로 낙인이 찍혀 재취업이 어렵지는 않을까, 생계는 괜찮을까 걱정이 많습니다. 사용자 역시 한번 해고한 근로자가 돌아올 경우 내부 조직에 부정적인 영향은 없을까, 해고 기간 동안 미지급된 급여를 한 번에 줘야 하지 않을까 전전긍긍합니다.

하지만 개인이 가진 사회적 자아를 가장 많이 투영하고 있는 직장과의 강제적 결별로 인한 상처들이 당사자를 가장 힘들게 할 것입니다.

계약직이 느끼는 가장 큰 불안은 고용의 불안정성이죠. 반면 사용자 입장에서는 인력이 차지하는 고정비용이 적지 않은 비중을 차지하고, 특히 사업에 변동성이 있는 경우에는 미래를 대비하기 위하여 최대한 유연하게 가고 싶은 것이 사실입니다.

## 근로계약의
## 종료 유형들

본격적으로 살펴보기 전에 우리나라에서 근로계약을 종료할 수 있는 방법들에 대하여 하나씩 살펴보도록 하겠습니다.

시간순으로 따진다면 가장 먼저 나오는 것은 수습해고입니다. 수습은 보통 정식채용을 전제로 하나 아직 검증이 덜 되었으니 일정한 기간 동안 정식채용을 해도 좋은 사람인지 확인하는 것에 가깝습니다. 보통 3개월 정도 수습을 해서 그 기간 동안 문제가 없으면 정식채용이 되고, 그게 아니면 3개월 후에 계약이 종료되는 그런 개념으로 보시면 됩니다. 판례는 수습해고에 대하여도 어느 정도 상당한 이유가 있어야 한다는 입장이지만 뒤에서 보시는 징계해고에 비하여는 훨씬 더 사용자의 재량을 인정하는 것으로 보입니다.

그 다음은 기간에 따른 계약 종료입니다. 기간제법은 계약직으로 사용하는 기간을 원칙적으로 2년으로 정해두었습니다. 즉, 계약직 사용기간이 2년을 경과할 경우 무기계약직, 즉 기간의 정함이 없는 근로자가 되어서 마찬가지로 정당한 이유가 없으면 해고할 수 없게 됩니다.

물론 이 조항을 너무 신뢰하시면 안 되는 것이, 생각보다 많은 예외가 있습니다. 가령 ①사업이나 특정 업무의 완성에 필요한 기간을 정한 경우, ②휴직·파견 등 결원 발생에 따라 해당 근로자 복귀 시까지 업무를 대신하는 경우, ③근로자가 학업·직업훈련을 이수함에 따라 그 필요한 기간을 정한 경우, ④고령자, ⑤박사·변호사·의사·손해사정사·감정평가사·항공조종사 등 전문직이나 정부의 정책(주로 제대군인이나 국가보훈대상자에 대한 일자리 제공 기회)에 따른 경우, ⑥국방·외교·통일 관련 업무 종사자, 고등교육법상 강사·조교, 근로소득 상위자, 체육지도자, 연구기관 종사자 등이 여기에 해당합니다.

예외 사유 중 1~4번까지는 계약 당시에 인지를 하는 경우가 많기는 한데, 5번이나 6번과 같이 자신의 업무 성격이나 직책에 따라서 무기계약직이 인정되지 않을 수 있다는 부분은 간과하여 나중에 다툼이 되는 경우가 종종 발생하니 유의하시는 것이 좋겠습니다.

계약직 근로자의 '갱신기대권'을 살펴보기 전에 정규직 또는 무기계약직에 대한 계약의 비자발적 계약 종료 사유[31]부터 짚고 넘어가겠습니다. 크게 징계해고(근로기준법 제23조)와 경영상 이유에 의한 해고(근로기준법 제24조)가 있습니다.

징계해고는 '정당한 이유'가 필요합니다. 영어로는 'just cause'라는 개념으로도 잘 알려져 있지요. 정당한 이유에 대하여 판례는 사회통념상 고용관계를 계속시킬 수 없을 정도로 근로자에게 책임이 있는 사유가 있는 경우라고 설명합니다. 개념이 다소 모호하므로 사례별로 접근하는 수밖에 없습니다. 해고를 몇 가지 유형으로 크게 나누어보겠습니다.

①장해를 이유로 한 해고의 경우 장해의 사유(업무상 부상이거나 사용자의 귀책이 있는지 등), 근로자의 치료기간, 치료 종결 후

---

31. 자발적 계약 종료는 근로자가 사직의 의사표시를 하는 것입니다. 근로자의 사직을 유도하기 위해 위로금을 지급하는 명예퇴직이나 희망퇴직도 종종 발생합니다. 당연퇴직 사유는 정년퇴직이 가장 많고, 그 외에 근로자의 사망이나 사업장(회사)의 청산 등 한 당사자의 인격이 소멸될 때도 근로계약은 자동 종료됩니다.

노동능력 상실의 정도, 사고 전 담당업무의 내용과 사고 후 잔존 노동능력으로 감당할 수 있는 업무의 존부 및 그 내용, 신체장해를 입은 근로자의 순조로운 직장 복귀를 위한 사용자의 노력과 근로자의 적응노력 등을 살펴보게 됩니다.

②무단결근의 경우 취업규칙에서 정하고 있는 기준이나 절차를 위반한 경우 해고의 정당성이 인정되나, 단 취업규칙에서 '일정기간 이상 결근'을 해고 사유로 정한 경우 일정기간의 판단은 근로기간 전부가 아니라 상당한 기간 내에 인접해야 합니다. 예를 들어 판례는 7회 이상 무단결근을 해고사유로 하였는데 1년 2개월에 걸쳐 합계 7번 무단결근을 한 경우에는 징계해고를 할 수 없다고 합니다.

③불성실한 근무나 근무태도 불량을 이유로 한 해고는 엄격한 기준을 적용합니다. 단순히 인사고과에서 하위 일정 비율에 속한다는 이유나 추상적인 업무 능력 부족을 이유로 한 해고는 정당성이 인정되기 어렵습니다. 낮은 근무성적이 객관적으로 증명되고, 오랫동안 계속되거나 재교육 등 충분한 기회를 주었음에도 개선되지 않으며, 이러한 근무성적 불량이 불성실한 근무 태도나 업무 지시를 이행하지 않은 데에서 비롯되어야 합니다. 지각이나 대리출근, 근무지이탈을 상습적으로 하였더라도 사용자에게 어떠한 피해가 발생하였다는 점이 충분히 증명되지 않는한 과도한 징계라고 결정이 내려진 경우도 있습니다. 반면 수년

간 거듭하여 저조한 평가등급을 받은 경우에는 해고가 인정되기도 합니다.

④회사의 업무나 인사 명령이 있는 경우에는 그 명령이 회사 내부 규칙에 부합하거나 업무상 필요성이 인정되는 등 정당한 명령이어야 합니다. 부당한 명령에 대한 거부나 불복을 이유로 한 해고는 인정되지 않습니다. 예를 들어 회사가 통상적인 방법에 따라 배차지시를 하였으나 거부한 경우 징계해고의 대상이 되나, 근로기준법상 근로시간을 초과하거나 근로계약이나 취업규칙에 없는 주말·야간 배차를 한 경우에는 거부하더라도 징계해고를 할 수 없습니다.

⑤반면 이력서에 이력을 허위로 기재하는 등 입사 당시 알았다면 근로계약을 체결하지 않았을 사정이 있는 경우, 횡령·배임·절도 등으로 회사에 금전적 피해를 발생시킨 경우, 유죄 확정판결을 받은 경우, 다른 근로자들에게 폭력·폭언을 행사한 경우에는 그러한 폭력을 사용자가 유발했다는 등의 사정이 없는 한 징계해고가 인정될 가능성이 상대적으로 높습니다.

⑥사생활에서의 비행은 원칙적으로 징계 대상은 아니나, 회사의 사업활동과 직접 관련이 있거나 사회적 평가를 훼손할 염려가 있는 경우에 한하여 해고사유가 됩니다. 예를 들어 도시개발공사 직원이 부동산 투기를 해서 담합이나 특혜 등 시비에 휩싸인 경우에는 사회적 평가에 중대한 악영향을 미친다고 볼 수 있지만,

근무시간 외에 사설 도박을 한 정도로는 해고할 수 없다고 합니다. 남녀 간의 부정행위는 어떨까요? 하급심 중에는 해고 사유에 해당한다는 판례와 해고는 부당하다는 판례가 모두 존재합니다.

회사는 징계해고 외에도 경영상 이유가 있는 경우 근로자를 해고할 수 있습니다. 소위 말하는 정리해고입니다. 그러나 경영상 이유를 악용할 우려가 있으므로 법과 판례는 몇 가지 요건을 부여합니다. '긴박한 경영상 필요'가 있어야 합니다.

판례는 4년간 계속된 적자로 해당 사업부문을 외부 하도급으로 운영하거나 통폐합하거나, 완전히 포기하는 등의 사유가 있는 경우에는 해고의 정당성을 인정하나, 일개 영업부문의 실적 부진이나 일시적 경영상 어려움만으로는 긴박한 경영상 이유가 없다고 판단합니다.

그리고 해고의 범위를 최소화하기 위하여 경영방침이나 작업방식의 합리화, 신규채용 금지, 일시휴직 및 희망퇴직 활용 등 가능한 조치를 취해야 하고(해고를 피하기 위한 노력), 합리적이고 공정한 해고 기준에 따라 대상자를 선정하고 근로자의 과반수로 조직된 노동조합 또는 노동자 대표와 성실하게 노사협의를 진행할 필요가 있습니다.

마지막으로 업무상 부상이나 질병으로 인한 요양기간, 출산 전후 휴가기간, 육아휴직기간에는 해고할 수 없으며, 해고 시에는 원칙적으로 30일 전에 해고를 예고하거나 30일분 이상의 통상임

금(해고예고수당)을 지급해야 합니다.[32]

다만 판례는 해고예고 조항은 해고 자체를 금지하는 제도가 아니라 해고할 경우에 일정한 유예기간을 두거나 예고수당을 지급할 것을 내용으로 하는 제도이므로, 해고예고 의무를 위반한 해고도 유효하고 다만 수당을 지급할 의무만 사후에 존속한다는 입장입니다.

이렇게 사용자들이 징계나 정리해고를 하기 위해서는 실질적·절차적 요건을 만족해야 합니다. 특히 해고 과정에서 실질적으로 정당한 이유가 있는지 100% 확신하기는 어렵습니다. 그러다 보니 해고로 인한 리스크를 피하기 위하여 계약직·수습·도급·파견 등 정규직이 아닌 형태의 채용에 대한 니즈가 생깁니다.

## 계약직 근로자들을 위한
## 안전망

반면 계약직 근로자들 입장에서는 근로관계가 계속될 것이라는 믿음이 있었으나 무산된 경우 신뢰를 보호받을

---

32. 다만 계속근로기간이 3개월 미만이거나, 사업을 계속하는 것이 불가능한 경우, 근로자가 고의로 사업에 막대한 지장을 초래하거나 재산상 손해를 끼친 경우에는 해고예고수당의 지급의무가 없습니다.

필요성이 있는데, 이것이 근로계약의 갱신기대권입니다.

판례는 '기간을 정하여 근로계약을 체결한 근로자에게 근로계약이 갱신될 수 있으리라는 정당한 기대권이 인정되는 경우, 이에 위반하는 사용자의 부당한 근로계약 갱신 거절은 부당해고와 마찬가지로 무효이고, 이 경우 기간만료 후에도 종전의 근로계약이 갱신된 것과 동일하게 근로계약 관계가 유지'된다고 판단하고 있습니다(대법원 2017년 10월 12일 선고 2015두44493 판결 등).

근로계약 · 취업규칙 · 단체협약 등 근로자와의 권리 의무를 규정하는 문서에 계약 갱신을 암시하는 내용이 포함된 경우, 업무의 수행 · 근무 평가 · 보상 등에 있어서 계약기간 연장을 조건으로 하거나 동기 부여의 유인 등으로 삼을 경우 모두 갱신기대권을 인정하는 요소가 됩니다. 회사의 전례상 관행적으로 계약 연장이 되어왔다는 것도 갱신기대권 인정에 도움이 될 수 있습니다.

만약 근로자에게 갱신기대권이 인정되는 사정이 있다면, 정규직 근로자의 해고절차에 준하는 실질적 이유를 가지고 절차를 밟지 않는 이상 부당해고무효확인의 소를 제기할 수 있습니다. 뿐만 아니라 해고통지 시점부터 무효판결이 확정되어 복직이 이루어지는 시점까지의 급여에 대하여도 청구할 수 있습니다.

정규직 근로자의 해고에 '정당한 이유'를 요하는 것에 대한 찬반양론과 별개로 정규직의 경우 어느 정도 고용보장이 되고 있는 현실에서, '갱신기대권'과 관련한 논란은 법률적으로 가장 쟁점이 많은 부분이기도 합니다.

마지막으로 실업급여에 대한 이야기를 잠시 하고 정리하겠습니다. 계약직 근로자 또는 비자발적 실업을 하게 되는 경우 다음 구직까지의 연결고리가 되는 장치가 실업급여입니다. 고용보험법에 근거한 실업급여는 구직급여와 취업촉진 수당으로 나뉩니다. 그런데 최근 평균임금의 60% 또는 최저임금의 80%를 적용받는 구직급여가 너무 높다는 이유로 구직급여 수준을 낮추거나 아예 폐지하자는 주장들이 나오고 있습니다.

물론 부정수급을 줄이고, 반복적 수급자에 대한 대책을 논의할 수는 있습니다. 하지만 실업급여의 본질은 사회적 안전망입니다. 평균임금의 60%가 최저임금의 80%보다 낮은 분들은 사회적으로도 불리한 처지일 확률이 높습니다. 특히 단기 실업급여 수급자 상당수가 비정규직 청년입니다. 양질의 일자리는 부족하고, 인간의 노동력 가치가 자본과 기술을 따라가지 못합니다. 결혼이나 출산 등 사회 지표가 하락하면서 사회 전반의 경쟁력이 악화됩니다.

청년들의 안정적 생활 보장을 통해 사회가 연속성을 이어나가려면 궁극적으로 자산가치의 안정화, 양질의 일자리를 늘리는 혁신을 촉진할 필요가 있습니다. 그렇지만 단기적으로는 그때까지의 다리를 이어준다는 측면에서 사회적 안전망은 확충되어야 합니다.

일부 수급자들로 인해 전체가 매도되는 상황을 보면서 마음이 아팠습니다. 내가 낸 돈이 나에게 돌아오지 않는다는 댓글도 보았습니다. 그렇지만 사회가 없었다면 나 역시 그 돈을 벌지는 못했을 테니까요. 사회적 연대가 사라져가는 시대를 살고 있지만, 이 논란이 더 확산되지는 않기를 바랍니다.

---

추가로 한마디

# 주요 국가별 계약직 근무기간 규제 현황

일부 예외사유의 적용을 제외한다면 한국에서의 계약직 최장 근무기간은 2년입니다. 더 짧은 주기로 갱신을 하더라도 합산한 총기간이 2년을 넘겨서는 안 됩니다. 물론 더 장기로 사용하려는 근로자에 대하여 근로안정성을 보호해주자는 좋은 취지입니다만, 그러다 보니 단순노무직의 경우 멀쩡한 근로자를 2년이 지나면 계약 종료 후 교체하는 부작용이 있기도 합니다.

그렇다면 다른 나라들은 어떨까요? 유럽의 경우 한국과 비슷한 수준이나 약간의 자율성이나 다양성을 부여하고 있는 것으로 보입니다. 예를 들어 프랑스의 경우 계약직의 종류에 따라 다르나 일반적인 경우는 18개월이 최장기입니다. 다만 프랑스는 단체협약collective order을 통해 계약직 연장 횟수를 증가하는 것이 가능합니다.[33] 독일의 경우에는 원칙적으로 세 번까지 계약을 연장하더라도 총 상한은 2년이지만 회사를 처음 설립하였거나(4년까지 가능), 기존 근로자에 대한 대체적 성격이 명백하거나, 근로자가 학생 신분인 등 특별한 사정이 있는 경우(2년 단위로 연장하여 총 8년까지 가능)에 대하여는 예외가 있습니다.[34] 영국은 계약직으로 근무할 수 있는 기간이 4년입니다. 그러나 2년 이상 근무한 직원에 대하여는 계약 연장을 하지 않을 때 사업 중단 등 계약을 갱신하지 않는 공정한 이유fair reason을 밝혀야 합니다.[35]

아시아 쪽은 어떨까요? 일본은 우리보다 계약직을 허용하는 기간이 깁니다. 일본 노동계약법은 최장 5년까지 계약직 근무를 허용하며, 5년을 경과할 경우 무기계약직으로 전환합니다.[36] 중국은 고정기간 노동계약 근로자(우리의 "계약직")의 무고정기간 노동계약 근로자(우리의 "정규직") 전환 시점이 10년입니다.[37] 인도 역시 최근 의류산업에 한정되던 계약직 근로자를 전 산업으로 허용하면서 특별히 상한 기간에 대한 내용은 두지 않았습니다.[38]

흥미로운 것은 미국입니다. 자본주의의 나라인 미국 역시 계약

---

33. 출처 : République Française  https://www.service-public.fr/particuliers/vosdroits/F38
34. 출처 : Arbeiter Ratgeber http://www.arbeitsratgeber.com/befristete-arbeitsvertraege/
35. 출처 : https://www.gov.uk/fixed-term-contracts/renewing-or-ending-a-fixedterm-contract
36. 출처 : Japanese Law Translation http://www.japaneselawtranslation.go.jp/
37. 중국 노동계약법 제14조
38. 출처 : Indian Legal https://www.indialegallive.com/legal/all-that-you-must-know-about-fixed-term-employment-in-india/

직의 상한이라는 개념이 없는데요. 이는 본질적으로 해고 시 정당한 이유just cause를 요구하는 한국과 달리, 미국에서는 자유의사at will만 있으면 가능하기 때문입니다.[39] 이 부분은 다음에 조금 더 자세히 살펴보도록 하겠습니다.

---

39. 출처 : L&E Global https://knowledge.leglobal.org/employment-contracts-in-usa/

03

# 사내하도급(파견)

같은 회사에서 같이 일하는데
왜 우리만 하청이죠?

**사건번호 : ○○지방법원 20○○가합○○○○**

**근로자지위확인**

주요사실 : 원고 A는 피고 B 회사의 사내협력업체인 C회사에
고용되어 B 회사를 위한 업무를 수행하였으나, 도중 C회사로
부터 해고됨.

판결이유 : 피고가 사내협력업체 소속 근로자에 대한 일반적
인 작업배치권과 변경결정권을 가지고 사내협력업체 소속 근
로자가 수행할 작업량과 작업방법, 작업순서, 작업속도, 작업
장소, 작업시간 등을 결정.

피고는 사내협력업체 소속 근로자를 직접 지휘하거나 사내협력업체 소속 현장관리인 등을 통하여 구체적인 작업 지시를 한 반면, 사내협력업체의 현장관리인은 피고가 결정한 사항을 전달한 것에 불과.

사내협력업체 소속 근로자가 피고 소속 근로자와 같은 조에 배치되어 동일한 업무를 수행하고, 피고는 소속 근로자의 결원이 발생하는 경우 사내협력업체 근로자로 하여금 그 결원을 대체.

피고가 사내협력업체 소속 근로자에 대한 휴게시간 부여, 연장 및 야간근로, 교대제 운영 등을 결정하고 사내협력업체를 통하여 사내협력업체 소속 근로자의 근태상황 등을 파악하는 등 사내협력업체 근로자를 실질적으로 관리.

사내협력업체가 도급받은 업무 중 일부는 피고 소속 근로자의 업무와 동일하여 명확히 구분되지 아니하는 점,

사내협력업체의 고유하고 특유한 업무가 별도로 있는 것이 아니라 피고의 필요에 따라 사내협력업체의 업무가 구체적으로 결정.

사내협력업체 소속 근로자의 담당 업무는 피고가 미리 작성하여 교부한 각종 조립작업지시표 등에 의하여 동일한 작업

을 단순 반복하는 것으로서 사내협력업체의 전문적인 기술이나 근로자의 숙련도가 요구되지 않고 사내협력업체의 고유기술이나 자본이 투입된 바 없음.

결론 : 사내 협력업체들과 피고 사이의 이 사건 업무도급계약은 실질적으로는 사내 협력업체들이 그 소속 근로자들을 피고에게 파견하여 피고의 지도·감독을 받게 하는 근로자파견계약에 해당함. 그런데 이러한 제조업 직접생산 공정업무는 근로자파견 대상업무에서 제외되므로, 이 사건 근로자파견계약은 불법 파견임.

주문 : 원고 A, C, F, G은 피고의 근로자임을 확인한다.

     불법파견, 위장도급. 어디서 많이 들어보지 않으셨나요? 제가 대형 로펌에 있던 시절 저를 노동법으로 이끌었던 것은 불법파견과 관련된 내부 조사 건이었습니다. 몇몇 판결을 통해 사내하도급 근로자에 대한 불법파견이 인정된 후 많은 기업들이 자신들이 수행하는 사내하도급 중에 불법파견으로 보일 만한 위험을 확인해달라고 의뢰하였습니다. 공장·영업소·

사무실 등 여러 현장을 직접 방문하고, 이메일·메신저·통화내역 등 주요 자료를 확인하였습니다. 파견적 성격으로 보일 만한 것들에 대하여는 필요한 조언을 하였습니다. 그런데 인터뷰를 마치고 잠시 밖에 나와서 쉬고 있을 때였습니다.

"변호사님, 이건 너무한 거 아니요?"

사내하도급업체의 관리자 겸 직원이 찾아왔습니다. 내가 어떠한 의도를 가지고 왔는지 뻔히 알고 있다는 표정의 그는, 이러한 조사를 한다고 해서 자신들의 처우가 크게 달라지지도 않을 것이고, 파견과 경계에 있는 사내하도급이 줄어들 것이라는 희망을 가지지도 않았습니다. 설사 사내하도급을 줄인다고 해서 자신이 채용된다는 보장이 없다는 것 역시도 잘 알고 있었고요. 저는 그래도 법을 준수하기 위해서 노력하면 조금이라도 나아지지 않겠냐는 원론적인 이야기를 할 수밖에 없었습니다. 침묵이 흘렀습니다.

실제로 원사업자 중에 사내하도급을 줄이고 근로자들을 직접 고용하겠다고 나서는 경우는 거의 없었습니다. 제가 쓴 여러 보고서를 바탕으로 파견 문제를 실제로 얼마나 줄였을지도 확인할 수 없습니다. 아니, 파견이 아니라 사내하도급이 맞다면, 과연 문제가 해결되는 것일까? 그 근본적인 고민이 가시지 않았습니다.

# 도급, 파견 그리고
# 사내하도급

      이번에는 사내하도급[40]에 대한 이야기를 해보려고 합니다. 사내하도급이라는 제도에 대하여 설명을 드리려면, 먼저 도급과 파견의 차이에 대하여 알아야 합니다.

  도급은 무엇일까요? 민법 제664조는 도급을 당사자 일방이 어느 일을 완성할 것을 약정하고 상대방이 그 일의 결과에 대해 보수를 지급할 것을 약정하는 계약으로 정의합니다. 즉, 도급에서 제공받는 급부는 '어떠한 일의 완성'입니다. 일을 완성할 수 있는 전문적 기술·능력·장비 등은 원칙적으로 도급받는 자인 수급인이 갖추고 있어야 합니다. 그게 아니라면 애초에 도급을 맡길 수도 없겠지요. 수급인이 스스로의 재량과 책임하에서 자신이 고용한 근로자를 사용하여 수탁받은 업무를 수행하는 계약의 형태입니다. 도급인은 일의 부탁과 검수를 하고 대금을 주는 것까지가 역할입니다. 수급인은 여력이 되면 도급인 여러 명과 한 번에 일할 수도 있습니다.

---

40. (하)도급과 관련해서는 업무를 주는 쪽을 원청, 위탁자, 도급인 등으로 표현하고, 업무를 받는 쪽을 하청, 수탁자, 수급인, 협력업체, 벤더(vendor)사 등으로 표현합니다. 법률상으로는 도급과 수급이 정확한 표현이지만 다른 표현들도 널리 쓰이는 바(심지어 판례나 법해설서에서도) 참고하시는 것이 좋겠습니다.

반면 근로자파견이란 파견사업주가 근로자를 고용한 후 그 고용관계를 유지하면서 근로자파견계약의 내용에 따라 사용사업주의 지휘·명령을 받아 사용사업주를 위한 근로에 종사하게 하는 것을 의미합니다(파견근로자 보호 등에 관한 법률 제2조 제1호). 즉 파견사업주는 근로자를 구해서 사용사업주에게 보내주기만 하면 되고, 일의 완성에는 전혀 관여하지 않습니다. 어떻게 업무를 지시하고 감독할 것인지는 사용사업주의 재량입니다. 도급과의 차이를 간단하게 정리하면, 위탁을 받는 자가 제공하는 것이 일의 완성이냐, 근로자만 보내면 되냐의 차이입니다.

그렇지만 현실에는 도급과 파견의 중간 영역에 있는 '사내하도급'이라는 관행이 있습니다. 업무를 수행하기는 하는데 그 업무를 수탁자의 사업장이 아닌, 위탁자의 영역에서 진행합니다.위탁자의 공장 내 라인 중 일부를 수탁자의 직원들이 위탁자 대신 돌리는 경우가 있습니다. 사유는 단순 업무이어서 인건비를 낮추고 싶거나, 더 위험하거나, 라인이 임시적이고 영속적이지 않거나 등 다양합니다. 영업직군에서도 특정 지역은 위탁자의 직원들이 영업을 수행하고 다른 지역은 수탁자의 직원들에게 관리하게 하는 것 역시 사내하도급에 해당합니다.

그러다가 소속은 수탁자지만 실제 업무시간을 보내는 곳은 위탁자의 작업공간이다 보니, 최대한 위탁자의 직원들과 비슷한 모습으로 일하게 됩니다. 동일한 명함을 사용하거나 유니폼을 입습니다. PDA · 전산시스템을 공유하고 상시 위탁자에게 업무 보고를 하고 지시를 받습니다. 수탁자의 직원을 뽑거나, 승진이나 포상을 줄 때도 위탁자가 관여합니다. 위탁자가 해당 사업부를 정리할 때가 되면 도급계약을 변경하거나 종료하는 형태로 청산합니다.

사내하도급의 경우 외견상 도급계약이지만 그 실질이 근로자파견에 해당하게 된다면 문제가 됩니다. 법은 도급에 대하여는 특별한 규정을 두고 있지 않지만 파견은 다르거든요.

도급의 계약 형태를 띠고 있으나 실제로는 파견과 같은 형태를 보이는 경우가 이른바 '불법파견' 이슈입니다. 이때 사용사업주는 해당 불법파견으로 인정된 수급업체 소속 근로자를 직접 고용할 의무를 부담합니다(파견법 제6조의 2 제1항). 도급인 측 동종 유사 근로자와 급여나 근로조건에 차별이 있다면 소급해서 보상해주어야 합니다. 불법파견 시 파견사업주 및 역무를 제공받은 사용업체의 대표이사와 법인 모두 형사처벌의 대상이 됩니다. 매우 강력한 규제입니다.

그냥 파견계약을 맺고 사용하면 되지 않냐고요? 법이 그렇게 허술할 리는 없겠죠. 파견은 사용할 수 있는 업종이 매우 한정적입니다. 전문직 · 행정사무직 · 청소 · 경비직 등에서도 일부 업무만 가능하며, 앞에서 예로 들고 있는 제조나 영업직군은 거의 해당 가능성이 없습니다. 2년 이상 계속 사용을 할 수가 없습니다. 파견업 허가를 받으려면 1억 원 이상 자본금이 필요하기도 하고요.

## 사내하도급이
## 널리 퍼지게 된 이유

이쯤 되면 본질적인 궁금증이 생기셨을 겁니다. 위탁자는 왜 군이 이러한 법률적 리스크를 감수하면서까지 사내하도급을 사용하는 것일까요?

앞에 몇 가지 힌트가 있습니다. 안전·비용·해고(계약 종료)입니다. 4대보험이나 산업재해로 인한 안전조치, 보상 비용을 아끼기 위해 사내하도급을 쓰는 경우가 있습니다. 이른바 위험의 외주화로 정당화되기 어렵습니다. 뒤에서 다룰 중대재해처벌법과 연결이 되는 부분입니다.

이런 큰 비용 말고도 한국은 계약직과 정규직 사이 근로조건에 있어 비합리적인 차별을 금지합니다. 사용자 입장에서는 계약직보다 도급 형태로 사용하는 것이 근로조건의 차이를 둘 때 마음이 편합니다.

보다 근본적인 문제는 고용의 경직성과 책임 회피입니다. 계약 기간의 정함이 없는 근로자(이른바 '정규직' 근로자)나 계약직 근무기간이 2년을 넘어 무기계약직이 된다면 근로기준법 제23조나 제24조가 규정하고 있는 사유('정당한 이유' 또는 '경영상 이유')

에 따른 해고를 제외하고는 본인의 의사에 반하여 내보낼 수가 없습니다. 근로기준법상 해고 사유는 상당히 엄격하게 해석하다 보니, 사용자들로부터 근로자 해고에 대한 상담이 들어오면 변호사들도 어지간하면 좋게 내보내라고 하니까요.

합의해지를 하려면 돈이 듭니다. 가끔 기업들이 희망퇴직으로 수십 개월치 급여를 준다는 뉴스들을 보신 적이 있을 겁니다. '왜 나간다는 사람들에게 이렇게 많은 돈을 주지?'라는 생각이 들 수도 있습니다. 근로기준법상 해고를 통해 내보내다가 자칫 부당해고가 되었을 때 받는 손실(부당해고가 인정되면 해고 통지 시점부터 부당해고 판정 시까지 급여를 한 번에 보상해야 합니다)이 너무나도 크기 때문입니다.

근로자들에 대한 고용 유연화는 상당히 복잡한 이슈와 이해관계가 얽힌 문제입니다. 기존 중장년 근로자들의 경우 사회의 빠른 변화와 역량교육의 현실적 어려움, 이에 더하여 연공 및 호봉제도, 서열·나이에 따른 호칭 차이 등 유교적 관념의 존재로 인해 일자리를 한번 잃어버리면 재취업이 쉽지 않습니다. IT, 플랫폼, 로봇 등 첨단화·자동화 시대가 되면서 단순 노동직들의 자리도 줄고 가치도 점점 떨어집니다.

반면 사용자들 입장에서는 회사의 수익성을 생각하지 않을 수 없습니다. 사용자가 나쁘다고 욕하기에는 단순하지 않습니다. 회사는 돈을 벌자고 만든 제도입니다. 여러분이 그 회사의 근로자라면 나를 자르려고 드는 사장님이 싫겠지만, 증권시장에서 그 회사 주식을 샀다면 생각이 달라질 테니까요.

여기에 대한민국 특유의 정체된 사회와 부족한 역동성이 끼어들면서 이 문제는 세대·계층 간 갈등의 극을 달리고 있습니다. 일자리의 총량이 계속 늘어나지 않는 한 청년들에게 양질의 일자리가 점점 부족해집니다. 제 주변 역시 선배 세대보다 힘들게 취업자리를 구했지만, 지금 청년들은 훨씬 더 심각합니다. 교육은 더 많이 받고, 일자리는 훨씬 더 적은 비효율적 세대입니다. 청년들의 분노가 이해되는 대목입니다. 장기적으로 사회의 대전환과 순환이 꼭 필요하지만, 그렇다고 단기적 갈등을 넋 놓고 바라볼 수만은 없는, 매우 복잡한 상황입니다.

다시 도급과 파견 문제로 돌아오면, 도급과 파견의 가장 큰 차이는 '업무 지휘명령을 누가 하는가'입니다. 수탁자가 자체적으로 자신의 근로자들에 대하여 업무 지휘명령을 한 후 결과물만 위탁자에게 제공을 한다면 문제가 없겠으나, 위탁자가 업무에 직접 개입하고 수탁자들의 근로자들에게 지휘명령권을 행사하면 파견으로 해석될 우려가 있는 것입니다.

대법원 판례는 파견법의 적용을 받는 '근로자파견'에 해당하는지 판단하는 기준을 몇 가지 제시하고 있습니다. 도급인이 수급인의 근로자의 업무수행에 관해 구속력 있는 지시를 했는지, 수급인의 근로자들이 도급인의 사업에 실질적으로 편입돼 있었는지, 수급인이 근무에 관한 결정 권한을 독자 행사했는지, 수급인이 근로자의 업무에 전문성·기술성이 있는지, 수급인이 독립적 기업 조직이나 설비를 갖추고 있는지 등입니다.

근로안정성과 고용시장의 유연성 사이 갈등을 풀어내는 것은 우리 사회의 풀리지 않는 숙제입니다.

---

### 추가로 한마디

## 해고를 대하는 태도, "at will"과 "just cause"

미국의 전 대통령인 도널드 트럼프<sup>Donald Trumph</sup>를 방송인으로 유명하게 만들어준 프로그램을 아시나요? 〈어페어런티스<sup>The Apprentice</sup>〉입니다. 어페어런티스라는 단어는 우리 뜻으로 바꾸면 수습생, 견습생 정도 될 것입니다. 지원자들이 팀을 나누어 프로젝트를 하고, 패배한 사람들을 떨어뜨린 후, 최후의 1인을 트럼프의 사업체에서 채용하는 식의 리얼리티쇼입니다.

여기서 트럼프가 한 가장 유명한 말이 있습니다. "넌 해고야<sup>You're Fired</sup>"라고, 이만큼 미국의 해고 제도를 잘 보여주는 단어는 없을 것 같습니다. 물론 위 프로그램은 리조트 고의 부도, 탈세, 자기거래 등 사업가로서 여러 가지 의혹이 있었던 트럼프 대통령을 시청자들에게 멋지고 냉철한 경영자의 모습으로 각인시켜주었고, 결국 대통령에 당선될 수 있는 요인 중 하나가 되기도 하였습니다.

이처럼 미국에서의 해고는 원칙적으로 당사자의 자유의사at will 범위 내입니다. 근로자가 회사를 그만두는 것은 세계 어디서나 자발적으로 가능하므로, 위 조항은 사업자의 입장에서 유리한 것입니다. 근로계약도 '계약'이며 당사자가 그 내용을 인지하고 자기 뜻으로 합의한 이상 자유해고의 원칙을 부인할 필요가 없다는 취지입니다.

물론 미국에서도 나이, 인종, 성별, 국적, 유전정보, 종교, 장애나 유전적 결함 등 법률상 차별을 명시적으로 금지하는 경우에 반하여 해고하는 것은 법 위반이 될 수 있습니다. 하지만 근로계약을 해지하는 가장 대표적인 사유, 근로자의 업무능력 부족이나 사용자의 자리 부족(사업 조정)에 따른 해고는 사실상 제한이 없다시피 합니다.

유럽(EU)의 국가들은 어떠할까요?[41] 일견에 유럽 전체의 현황을 살펴볼 수 있는 최신 자료를 구하기가 쉽지는 않습니다만, EU에서 발간한 과거 자료나 인터넷의 기사들을 참고한다면 완전한[42]

---

41. 출처 : "Termination of employment relationships - Legal situation in the Member States of the European Union", European Commission, 2006 및 2007년 자료

42. 출처 : "Managing employees in Europe - Employment at will & GDPR"
   https://blog.eurodev.com/managing-employees-in-europe
   "Compare U.S Labor Laws & European Labor Laws"
   https://smallbusiness.chron.com/turbotax-taxes-13771756.html

at will은 아니며 적어도 해고를 정당화할 수 있는 타당한 이유valid reason를 요구합니다. 다만 이 기준이 한국과 비슷한지는 상당한 비교와 검토가 필요해 보입니다.

사용자와 근로자의 관계는 그 나라의 역사, 경제, 산업, 사회, 문화적 배경에 따라 매우 다르므로 어느 것이 맞고 틀리거나 낫고 부족하다고 단언하기는 어렵습니다. 다만 적어도 우리나라의 산업환경과 고용환경에 적합한 근로제도를 계속 찾아나가야 한다는 데엔 모두가 동의할 것입니다. 세계 경제 규모 10위권의 경제 대국으로 성장하였지만 산업경쟁력과 양극화, 출산율 등 다방면에서 해결해야 할 문제를 안고 있는 우리에게 주어진 시급한 과제입니다.

04

# 특수고용근로자

일 시킬 때는 자기 일만 하라고 하더니,
갑자기 남남이라고 하네요

주요사실 : A는 B회사와 영업 관련 프리랜서로 계약을 하였음. 4대 보험에 미가입되어 있었고 근로소득이 아닌 사업소득 형태로 원천징수를 함.

A는 B회사의 정규직 근로자와 동일한 방식(기본급 + 실적 수당)으로 보수를 지급 받음.

B회사에는 A의 지정 좌석이 있었고, A는 B로부터 지급받은 PC 등을 이용해서 업무 수행.

A는 내근과 외근이 섞여 있었으나 사실상 9~6시 동안에는

B회사 외 다른 업무를 하기 힘든 환경이었음.

B회사는 A에게 사원코드를 부여하고 지문인식기를 통해 출퇴근 체크도 함.

A는 주기적으로 업무보고를 작성해서 B회사 전산시스템에 입력하였고, B회사가 주재하는 회의에도 정기적으로 참석.

B회사는 1개월에 한 번씩 A에 대한 평가를 실시.

이후 B회사는 A에 대하여 직무 수행능력이 부족하다는 이유로 계약 종료를 통지함.


결정 이유 : 계약의 형태와 관계없이 사용자의 업무 지휘·감독 하에 임금을 목적으로 근로를 제공한 근로기준법상 근로자성이 인정됨. 따라서 B회사가 근로기준법상 해고의 실질적, 절차적 요건을 갖추지 않고 진행한 해고는 무효임.


주문 : 사용자 B가 20○○. ○. ○. A에게 행한 해고는 부당해고임을 인정한다.

사용자 B는 이 판정서를 송달받은 날부터 30일 이내에 A에게 원직복직에 갈음하여 금전보상금 ○○,○○○,○○○원을 지급하라.

# 프리랜서의 증가와
# 근로자성 문제

야쿠르트 아주머니, 보험 판매원이나 골프장 캐디 같은 분들에 대하여 근로자성을 인정하거나 인정하지 않는다는 법원 판결이 나오는 경우를 볼 수 있습니다. '뭐가 문제지?' 저도 어릴 때는 막연히 야쿠르트, 보험, 골프장에서 일하는 정도라고만 생각했습니다. 하지만 사실상 그들과 전속하여 일을 하지만 시간 또는 장소적 특성에 따라 근로자성에 다툼이 있는 경우가 적지 않다는 것을 알게 되었습니다.

또한 IT의 발달과 코로나바이러스의 창궐 등으로 인해 비대면으로 비고정적 시간에 수행하는 업무들이 늘어나고 있습니다. 현실에 존재하는 공간이 아닌 '플랫폼'에 종속하여 노무를 제공하는 사람들의 수도 점점 많아집니다. 즉, 월요일부터 금요일(과거에는 토요일)까지 정해진 시간에 출근과 퇴근을 하면서 노무를 제공하지는 않지만, 특정한 사업자에 대한 '종속성'이 없다고 보기도 어려운, 그런 유형의 용역 수행자들이 늘어납니다. 이들이 근로자성을 다투는 이유가 무엇일까요?

근로자에 대하여 정의를 내리고 있는 법은 근로기준법입니다. 근로기준법 제2조 제1호는 근로자를 '직업의 종류와 관계없이 임금을 목적으로 사업이나 사업장에 근로를 제공하는 사람'으로 규정합니다.

구체적으로 나누어보겠습니다. '임금'이 목적이어야 합니다. 임금은 노동력, '근로'를 제공한 것에 대한 반대급부입니다. 그렇다 보니 시급·일급·주급·월급 등 투입한 시간에 단위비용을 곱하는 방식으로 산정합니다. 반대는 결과물에 따라 대금을 지급하는 방식이 되겠죠. 영화 〈기생충〉에서 주인공 가족이 피자박스를 접는 장면이 나오는데, 얼마나 시간을 투입하였는지 관계없이 피자박스 몇 개를 완성시켰는지에 따라 돈을 받으므로 임금이 아닙니다.

그리고 근로를 제공하는 장소는 사업이나 사업장이어야 합니다. 즉, 어느 정도 시간이나 장소의 고정성과 전속성이 필요합니다. IT 시대가 되면서 앱 개발이나 디자인 업무가 많아지고 있습니다. 이분들 중 특정 회사에 매일같이 출근하면서 그 회사만을 위해 일을 한다면 근로자일 가능성이 높습니다. 반대로 출퇴근도 없고 근무시간도 없고 단지 몇 주, 몇 달 동안 결과물을 만들어서 검수를 받는 정도이며, 그 기간 동안 쉬거나 다른 업무를 하는 것도 제약이 없다면 자영업자(프리랜서)로 해석되겠지요.

판례는 여기에 사용, 종속성이라는 개념을 가미합니다. 즉, 회사(사용자)가 구체적인 업무를 지휘·감독하고 근로자는 여기에 따라야 한다는 것이죠. 과거 보험모집인의 근로자성을 부인한 한 판례에서는 구체적인 지휘·감독이 없이 각자의 재량과 능력에 따라 업무를 처리하였다는 점에 기초하여 종속적임을 부정하기도 하였습니다(2000년 1월 28일 선고 98두9219 판결 등). 다만 같은 보험모집인이라고 하더라도 직급이나 업무방식, 회사와의 관계에 따라 평가가 달라질 수 있고, 다른 특수고용직 역시 마찬가지입니다.

근로기준법상 근로자로 인정받게 되면 무엇이 달라질까요? 먼저 근로자에게는 근로계약서가 반드시 교부되어야 합니다. 또한 4대 보험을 의무적으로 적용받고(일부 단시간 근로자 예외), 1년 이상 근로하면 퇴직금도 지급받을 수 있습니다. 5인 이상 사업장이라면 초과근로수당이나 연차휴가의 혜택도 생기죠.

이 모든 혜택을 합친 것보다 큰 것이 해고의 제한입니다. 이미 앞에서 설명이 되었으므로 자세한 설명은 생략합니다만, 특수고용직 입장에서는 단순 프리랜서와 근로자의 지위 차이는 상당히 크게 다가옵니다. 가장 많이 다툼이 발생할 때도 계약을 종료할 때이기도 하고요.

## 플랫폼 시대에 따라 늘어나는
## 특수고용 근로자들

기존 특수고용직에 대한 근로자성 및 개별적, 집단적 근로관계법 적용의 논쟁이 마무리되기도 전에, 인터넷의 발달과 코로나 시대에 따라 각종 플랫폼이 비약적으로 성장하면서 플랫폼에 기반한 노동자들 역시 이러한 근로자성 논의로 들어오게 되었습니다.

대표적으로는 배달플랫폼에 속한 배달앱 기사들입니다. 이들은 배달 건수에 따라 대금을 지급받고, 근무 시간이나 장소가 완전히 구속되어 있다고 보기 어렵습니다. 자기가 돈을 적게 벌겠다고 마음을 먹으면 중간에 다른 일을 하는 것도 이론상 불가능하지는 않지요.

사용자와 특수고용(플랫폼) 노동자 사이에 관계가 근로관계인지 아니면 용역관계인지는 어떻게 판단할 수 있을까요? 구체적인 근무 형태를 살펴봐야 합니다. 우선 계약상 업무의 시간·장소·방법뿐만 아니라 실제로 업무가 얼마나 자신의 재량과 자율을 가지고 이루어졌는지, 아니면 결과물에 대한 단순 검수 수준을 넘어서 업무를 하는 과정에서도 구체적으로 업무지시가 있었는지도 살펴봐야 합니다. 업무상 실질 측면에서 사용자와 근로자 사이의 사용관계, 종속관계가 인정된다고 하면 근로자성이 인정되고, 근로기준법에 따른 권리들을 주장할 수 있게 됩니다.

하지만 이와 같은 도식적 구분은 종래의 관점이라는 비판 역시 일리가 있습니다. 휴대폰이나 PDA를 통해서 실시간으로 동선을 100% 파악하고 있고, 배달 완료가 무섭게 다음 오더가 떨어지는 상황에서 물리적 통제가 없으니 관리·감독을 하지 않는다고 말하는 것은 현실적이지 않다는 것이죠. 게다가 사고가 나면 배달 앱이 나 몰라라 하고 개인에게 책임을 지라는 것은 부당해 보이기도 합니다.

그러다 보니 이들을 용역 사업자가 아니라 직고용을 하라거나, 근로계약의 범위로 묶지는 못하더라도 4대 보험을 제공하라거나, 적어도 단체교섭권은 보장을 해주어야 한다는 이야기들이 나옵니다.

결국 기술이 발전함에 따라 전통적 노동과 용역의 구분이 그대로 유지되어야 할지, 플랫폼 노동자들을 어떻게 보호해야 할지는 앞으로 논의가 많이 필요한 영역으로 보입니다. 소위 말하는 긱 이코노미gig-economy[43]의 시대, 노동자를 보호할 수 있는 가장 합리적인 장치는 무엇일까요?[44]

---

43. 긱 이코노미(gig-economy)는 노동자를 정규직 형태로 묶기보다는 필요에 따라 수시로 계약직이나 비정규직 형태로 사용하는 것을 선호하는 경제현상을 의미합니다. 각종 IT 기술의 발달로 노동자에 대한 수요와 공급시장의 접점이 매우 넓어졌을 뿐만 아니라, 업무 시간과 장소의 구속이 없이도 업무의 결과를 확인할 수 있는 사회가 되었기 때문이죠. 물론 노동자 입장에서도 출근하지 않고도 집이나 다른 곳에서 일을 할 수 있다는 자유가 주어졌습니다만, 노동과 용역의 전통적인 구분이 무너지는 중요한 사회경제적 변화이기도 합니다.

44. 참고로 미국 등 서구권에서는 여러 명의 사용자가 한 명의 근로자를 공동 사용하는 형태의 공동근로계약(co-employment)이 나오고 있습니다. 가령 배달앱 기사가 전속적으로 2개 회사 일을 함께 처리한다거나, 마트에서 여러 회사에 대한 판촉활동을 공동으로 해주는 직원을 채용하는 경우 등입니다.

# 노동 3권의 적용범위 확대

이번 경우에는 근로자성이 어느 정도 인정되기 위한 결론을 염두에 두고 구성했지만, 실질적으로 개인사업자의 근로자성은 그리 간단하지 않습니다. 인정되지 않는 경우가 오히려 더 많아 보이기도 하고요. 사업자들도 이제는 근로자성 이슈를 잘 인지하고 있고, 특히 긱 이코노미가 되고 재택근무가 일반화되면서 근로자들이 전속성이나 종속성을 입증하는 것이 쉽지 않은 측면이 있습니다.

여기서 나오고 있는 주장이 특수고용노동자의 노동 3권입니다. 노동 3권을 이야기하려면 개별적 근로관계와 집단적 근로관계에 대한 설명이 필요한데요, 간단히만 살펴보면 사용자와 근로자가 1:1로 맺는 권리의무 관계는 개별적 근로관계입니다. 연봉, 복리후생, 상여, 휴가 이러한 것들이죠. 그런데 사용자와 근로자 사이의 힘이 대등하지 않다 보니 근로자들은 집단적으로 뭉쳐서 권리 주장과 협상을 하게 됩니다. 이것이 집단적 근로관계입니다.

노조가 있는 회사들은 매년 혹은 격년마다 임금협상, 단체협상을 하는데 근로자 대표성을 갖춘 노조가 회사와 협상한 내용은 노조에 가입하지 않은 근로자들에게도 적용이 가능합니다. 또한 회사가 취업규칙을 만들어 게시하는 것도 집단적 근로관계입니다.

특수고용노동자에 대한 노동 3권 문제는 개별적으로는 근로기준법 적용 대상이 아니라고 보더라도 특수고용노동자들이 단합하여 위탁회사와 단체협상, 단체행동을 할 권리를 부여해달라는 것입니다.

그냥 모여서 하면 되지 않냐고요? 꼭 그렇지는 않습니다. 노조법은 일반적 구속권, 쟁의행위의 정당행위 인정, 사용자의 부당노동행위 등 근로자 집단이 단체행동을 용이하게 할 수 있는 여러 장치를 두고 있거든요. 그렇다 보니 특수고용노동자들에게 노동 3권이 인정된다면, 지금 위탁회사들과 자율적으로 체결하는 자율협약과는 그 빈도도, 강도도 달라질 가능성이 높습니다.

최근 입법 제정안이 나오고 있는 온라인 플랫폼 중개거래의 공정화에 관한 법률(온플법) 등에서는 플랫폼 노동자의 단체교섭권을 인정하고 있고, 방과 후 강사나 대리기사 등에 대하여도 노동조합설립을 인가하는 등 특수고용근로자들에 대한 단체행동의 허용 범위는 점점 넓어지고 있는 추세입니다. 특히 코로나사태로 인한 비대면과 원격 업무가 사회 전반으로 확대되면서 점점 고용과 위탁의 경계가 무너지고 있기도 하고요.

자본 및 기술에 비해 인간 노동의 가치가 낮아지는 흐름에서, 힘의 균형을 맞추기 위한 단체행동권의 확대와 함께 절차와 정당성의 경계를 설정하는 것은 우리 사회 모두의 과제가 될 것입니다.

## 외국인 근로자

코리안 드림…
그런데 그 꿈은 악몽

'한파 속 갑작스런 외국인노동자의 죽음……
숨진 캄보디아 여성 살았던 숙소 그 구조는?'

한파경보가 발효됐던 지난 20일, 경기도 포천의 한 농장에서
30대 캄보디아 여성이 숨진채 발견됐습니다. 정확한 사인은
부검을 통해 밝혀지겠지만, 이주노동자 권익 보호 활동을 하
는 단체들은 저체온증으로 사망했을 가능성을 제기하고 있습
니다. 숨진 여성과 함께 지냈던 캄보디아 여성 이주노동자들
이 주말을 앞둔 지난 18일, 숙소에 전력 공급이 끊겼다는 증
언을 하고 있기 때문입니다.

이들이 지낸 숙소는 비닐하우스입니다. 비닐하우스 안에 칸

막이를 이용해 방 3개를 만들어놓은 숙소입니다. 올해 31살인 캄보디아 이주노동자 속헹 씨는 지난 2016년 4월 국내에서 일했습니다. 체류허가를 득한 외국인근로자는 최대 4년 10개월 정도 일할 수 있어서 두 달 뒤인 내년 2월 캄보디아로 귀국할 예정이었습니다. 하지만 안타깝게도 지난 20일 비닐하우스 숙소에서 싸늘한 주검으로 발견됐습니다.

속헹 씨가 발견된 비닐하우스 안은 칸막이로 방 3개가 만들어져 있었고 캄보디아 여성 5명이 숙소로 사용하고 있었습니다. 지난 18일, 전력 공급이 끊기는 문제가 있었고 다른 4명은 주말을 다른 곳에서 보내기 위해 나간 상태여서 속헹 씨는 홀로 주말을 이곳에서 보냈습니다.

(중략)

ㄱ 목사는 그러나 문제의 본질이 열악한 주거환경이라도 목소리를 높입니다. ㄱ 목사는 "이런 열악한 곳을 기숙사라고 20만 원~30만 원씩 비용을 지불하고 있는 것이 현실"이라고 탄식했습니다. 전국의 50개 정도 되는 이주노동자 권익보호 단체들은 비상대책위원회를 꾸려 속헹 씨 사망 사건에 대

해 대처하기로 했습니다.

2020. 12. 23. KBS

# 늘어가는 외국인 근로자
# 언제부터였을까?

요즘은 농어촌이나 몇몇 공단 지역을 가면 외국인 근로자들을 쉽게 볼 수 있습니다. 뿐만 아니라 도시에서도 식당이나 카페, 마트에서도 점점 그 수가 늘고 있습니다. 아이를 맡아주실 돌봄 이모를 구하다 보면 지원자가 외국 분인 경우도 흔치 않게 볼 수 있습니다.

2022년 통계청 '이민자 체류 실태 및 고용조사' 자료에 의하면 2022년 국내 상주 외국인은 약 130.2만 명이고 이 중 경제활동인구는 88만 명, 취업자는 84.3만 명입니다. 전체 상주인구 대비 64% 정도의 고용률을 보이나 경제활동인구에 비하였을 때는 취업률이 낮지 않습니다. 내국인과 비교해도 취업에 큰 차이는 없고요.

그런데 취업자 중 상당수는 재외동포(F-4 비자, 23.7만 명), 영주(F-5 비자, 8.9만 명), 결혼이민(F-6 비자, 6.4만 명)입니다. 그리고 방문취업(H-2 비자, 9.4만 명), 전문인력(E-1~E-7 비자, 3.9만 명),

유학생(D-2, D-4-1 내지 D-4-7 비자, 3.4만 명) 등으로 분류되어 외국인 근로자 제도가 적용되지 않거나 제한적으로만 적용받는 비율도 낮지 않습니다.

이들을 제외하고 나면 대체적인 통계들은 단순노무직에 종사하는 외국인노동자의 비율은 21~25만 명(E-9 비자) 정도로 추산합니다. 한국 전체 노동자 수를 2,000만 명보다 약간 상회한다고 보았을 때 약 1% 정도를 차지하는 것이죠. 다만 미등록체류자를 감안하면 그 수는 더 클 것으로 예상합니다.[45]

그리고 이들 이주노동자들은 주로 내국인들이 기피하는 3D 업종에 종사하면서 임금체불·저임금·장시간 노동뿐만 아니라 열악한 거주환경·내국인 노동자와의 차별·성폭력 등 여러 위험에 노출되어 있고, 산재발생률 역시 내국인 노동자의 6.4배에 달하는 수준입니다. 원청과 하청 사이에 존재하는 위험의 외주화 문제가 반복되는 것입니다.

# 외국인 노동자를
# 받지 않으면 안 되나요?

여기에서 드는 의문이 있습니다. 제가 외국인

---

45. 여러 사회단체에서 발간한 자료들에 의하면 제도권 밖에 있는 외국인 노동자의 수를 대략 2~30만 명정도로 추산합니다.

노동자 문제를 처음 접할 때부터 들었던 생각이기도 합니다. 외국인 노동자와 관련된 사회적 논란이 계속되면 그냥 안 받으면 되는 것 아닌가? 일부 외국인 노동자 때문에 우리나라의 일자리가 줄어들고 실업률이 올라가니 이들을 모두 본국으로 돌려보내야 한다는 극단적인 주장이 있기는 하지만, 그렇게 간단하지만은 않은 문제입니다.

이 부분을 알아보기 위해서는 우리나라의 외국인 노동자 도입 정책에 대한 설명이 먼저 필요합니다. 혹시 산업연수생제도라는 말을 들어보신 적이 있나요? 우리나라에 외국인 노동자들이 본격적으로 들어온 것은 노태우 정부 시절인 1991년 '해외투자기업 연수생제도' 및 1993년 '산업연수생제도'입니다.

당시는 대통령직선제 등 민주화와 산업화가 어느 정도 자리 잡은 시기였습니다. 88올림픽을 성공적으로 치루면서 언론의 자유도 커졌고, 해외 소식도 조금 더 접할 수 있게 되었고요. 그때까지 산업화에 많은 공헌을 하였지만 충분히 보상을 받지 못한 노동자들이 노동조합을 결성해 대투쟁을 벌였고 최저임금제도가 도입됩니다.

결국 노동조건이 여전히 좋지 않고 임금 수준이 낮은 중소기업의 3D 산업들이 만성 일손 부족에 시달리게 됩니다. 중소기업의 근로조건과 안전성이 개선될 수 있으면 정말 좋은 일이겠지만, 하루아침에는 불가능하죠. 게다가 예나 지금이나 그 숫자로는 절대 다수를 차지하는 중소기업의 인력 부족을 방치할 수는 없는 일.[46] 정부 입장에서는 외국 인력들을 도입하는 방안을 계획합니다. 그것이 산업연수생제도입니다.

사실 한국에서만 있는 일은 아닙니다. 가령 독일도 제2차 세계대전 이후 패망한 나라를 다시 건국하고 경제가 발전하게 되면서 튀르키예에서 상당한 근로자들을 수입하게 되거든요. 우리나라의 1970년대를 배경으로 한 영화를 보면 광부나 간호원 등 젊은 인력들이 독일로 많이 건너가는 장면을 볼 수 있는데 이 시기입니다.

그러나 제도의 취지 자체가 '한국 노동자들이 일하려고 하지 않는 환경에 외국인 노동자를 투입하는 것'이니 외국인 노동자들이라고 배겨날 리가 없습니다. 여러 인권 문제가 발생했고, 기간이 만료되거나 더 좋은 일자리를 찾아 떠난 근로자들은 불법체류자가 됩니다. 이러한 문제들을 방지하기 위하여 정부는 여러차례 외국인 노동자에 대한 정책을 변경하나, 근본적인 측면에서 아직 여러 문제들이 남아 있습니다.

현행 외국인노동자 제도로 돌아와 본다면, 내국인 구인신청을 했으나 구인을 하지 못한 사용자는 정부에 외국인 노동자 고용허

---

46. 1995년 기준 중소기업은 기업 숫자 기준 전체 기업의 99%, 종업원들은 전체 근로자의 69%를 차지합니다. 이러한 경향은 지금도 크게 다르지는 않습니다.
송병식, 외국인산업연수제도의 운영실태와 개선방안, 제주대학교 경상대학 경영경제연구소, 경영경제연구 Vol 3 (2001), 29면.

가를 신청합니다. 직업안정기관의 장은 적절한 외국인 노동자를 추천하고, 고용합의가 되면 고용허가를 내주게 됩니다. 사용자는 외국인 근로자와 근로계약을 체결하고 업무를 시작하게 됩니다.

그런데 이렇게 들어온 외국인 노동자에게는 여러 제약이 있습니다.[47] 예를 들어 고용허가를 통해 들어온 외국인 노동자는 원칙적으로 3년(연장 시 5년)까지만 일을 할 수 있습니다. 이 기간이 만료된 외국인 노동자는 일정기한 한국 내 재취업이 불가능합니다. 저임금 미숙련 노동자들의 영구 체류를 방지하기 위한 목적이나, 미등록 외국인노동자를 늘리는 요인 중 하나가 되기도 합니다.

## 족쇄로 작용하는
## 사업장 변경권 제한

무엇보다 가장 많이 지적되는 문제 중 하나가 사업장 변경권의 제한입니다. 앞서 말씀드린 바와 같이 고용허가제하의 외국인 근로자는 자신이 이력서를 넣고 면접을 보고 자유롭게 근로조건을 협의하는 시스템이 아니라, 사용자 쪽에서 채용 수요가 있으면 거기에 맞춰서 고용이 결정되는 것입니다.

---

47. 참고로 위에 언급된 E-10 외의 다른 비자들은 이 내용들이 잘 적용되지 않습니다. 예를 들어 H-2 비자는 대부분 단순노무직에 종사해서 안전이나 폭력, 최저임금 등의 문제에서 자유롭지 않으나, 어쨌든 기간의 제한 등은 잘 적용되지 않습니다.

그러다 보니 외국인 근로자는 사용자와 합의한 사업장에서 근로를 제공해야 하며, 자유로이 사업장을 변경할 수 없습니다(외국인 고용법 제25조 제1항). 일부 예외 사유를 인정받아 사업장 변경이 가능하더라도 ①최초 입국 후 허용된 취업활동 기간(3년) 내에서는 3회까지 사업장을 변경할 수 있고, ②재고용 취업활동 기간이 연장된 경우에는 연장기간 중 2회까지 변경이 가능하고, ③외국인 근로자가 다른 사업 또는 사업장으로의 변경을 신청한 날부터 3개월 이내에 출입국관리법 제21조에 따른 근무처 변경 허가를 받지 못하거나, 사용자와 근로계약이 종료된 날부터 1개월 이내에 다른 사업 또는 사업장으로의 변경을 신청하지 않은 경우 출국해야 하는 등 여러 추가적인 제한이 부가됩니다.

사업장 변경권 제한 제도는 외국인 근로자들이 노동권이나 인권 침해에 대항하지 못하는 가장 큰 제약으로 작용하고 있습니다. 특히 약정과 실제 사업장의 근무환경이 다르거나, 사업주가 부당한 근로조건을 제시하거나, 심지어 급여를 미지급하는 등 현행법에 위반하는 행위를 하더라도 적극적으로 권리를 행사하는 데 걸림돌이 되고 있는 현실입니다.

몇 년 전 농장에서 일하던 여성 외국인 근로자가 난방 장치가 작동하지 않은 숙소용 비닐하우스에서 동사한 사실은 이 규정이 가져오는 엄청난 인권침해의 실상을 단적으로 보여주는 사례이죠.[48] 실제로 이후 조사한 사례에 의하면 농어업 외국인 근로자

의 70%가 가건물에 거주할 정도로 열악한 주거환경에 놓여 있었습니다. [49] [50]

또한 농어촌에서는 일정 기간 동안 이주노동자를 계약상의 사업장 이외의 다른 사업장에 보내어 일하게 하는 형태의 노동 이른바, '노동력 돌리기'나 '품앗이' 등의 노동이 관행화되고 있다고 합니다. 농번기와 비번기가 명확한 한국의 특성상 이들을 놀리면서 월급을 주기가 비경제적일 수 있다는 측면은 이해합니다. 다만 그렇다면 애초 근로계약 단계부터 이러한 부분을 설명하고 동의를 구해야 하는데, 현행 고용허가 및 사업장 변경권 제한하에서는 불가능합니다.

그러다 보니 외국인 노동자들은 아무런 예고도 받지 못한 상황

---

48. 이 사건 이후 고용노동부는 사업주가 비닐하우스 내 컨테이너, 조립식 패널 등 불법 가설 건축물을 숙소로 제공하는 경우, 사용자가 산업안전보건법을 위반하여 사업장에 중대재해가 발생한 경우, 외국인근로자가 3개월 이상의 요양이 필요한 부상이나 질병을 입은 경우도 사업장 변경 사유에 추가하고, 사업장 변경 사유 중 하나인 임금체불 인정 기준을 보다 명확하게 하는 것으로 관련 규정을 개정하기로 하였습니다. – 2021. 3. 12. 뉴시스 '비닐하우스 숙소' 사용 외국인 근로자, 사업장 변경 가능해진다'
https://newsis.com/view/?id=NISX20210301_0001354825&cID=10201&pID=10200

49. 2021. 1. 6. 뉴스핌, "농·어업 외국인 근로자 70%가 가건물 거주…올해부터 고용허가 불허"
https://www.newspim.com/news/view/20210106000924

50. 외국인고용법상으로는 외국인근로자에 대한 기숙사 제공과 관련된 규정을 두고 있습니다. 하지만 농지 근처의 건축행위 제한 규제로 인해 사실상 무용하다는 지적이 있으므로, 이 역시 함께 개선해야 한다는 주장은 일견 경청할 부분이 있어 보입니다.
출처 : 2021. 4. 27. 농수축산신문, "농촌 현실 무시한 외국인 근로자 주거 환경 개선 방안 '성토'"
http://www.aflnews.co.kr/news/articleView.html?idxno=210105
2021. 3. 8. KBS 뉴스, "[취재후] 농어촌 외국인 가건물 숙소만 금지하면 인권보장 되나?"
https://news.kbs.co.kr/news/view.do?ncd=5133497&ref=A

에서 낯선 장소, 사람들에 둘러싸여 계약 내용에 없는 작업을 합니다. 사고 발생 시 양쪽 모두로부터 제대로 된 조치를 받지 못하는 경우도 존재하죠. 그럼에도 불구하고 이를 거부하거나 제대로 된 대응을 하기가 어렵습니다.

도시나 공업지역에서도 사업장 변경 회수를 모두 사용해서 열악한 환경에서도 일자리를 바꾸지 못하거나, 임금체불이나 지연 등 억울한 일을 겪어도 절차나 입증의 어려움 때문에 대응을 하지 못하는 사례는 검색 한 번으로 쉽게 확인할 수 있습니다.

다만 헌법재판소 2007헌마1083, 2009헌마230 · 352 판결은 위 조항에 대하여 이주노동자에게 헌법상 직장선택의 자유가 인정되나, 입법자가 외국인력 도입에 관한 제도를 마련함에 있어서는 광범위한 입법재량이 인정되므로, 그 입법의 내용이 불합리하고 불공정하지 않는 한 입법자의 정책판단은 존중되어야 한다고 전제합니다.

따라서 사업장 변경권 제한 제도는 이주노동자의 무분별한 사업장 이동을 제한함으로써 내국인 노동자의 고용기회를 보호하고 외국인 노동자에 대한 효율적인 고용관리로 중소기업의 인력수급을 원활히 하여 국민경제의 균형 있는 발전이 이루어지도록 하기 위하여 도입된 것으로, 외국인 노동자의 직장 선택의 자유를 침해하지 않는다고 판시한 바 있습니다. 실제로 사용자의 외국인 근로자 관리 어려움, 비용 상승, 내국인 고용 증진, 단순노무 외국인력의 정주화 방지 등을 이유로 이 제도를 옹호하는 입장도 있고요.

반면 당장 워크 퍼밋work permit과 같이 사업장에 종속되지 않는 외국인 근로자의 권리를 확대하는 것이 어렵다면 적어도 사업장 변경 사유의 확대, 변경 횟수 제한의 개선, 외국인 근로자에 대한 계약갱신거절권 부여, 사업장 변경 전 출국조치의 제한, 외국인 근로자에 대한 구인업체 정보 제공 및 선택권 부여 등 절차적 개선은 필요하지 않느냐는 견해도 있습니다.

앞에서 소개한 기사와 같이 숙소에서 화재가 발생한 경우에는 사업장 변경권을 행사할 수 있습니다. 다만 사업장 변경이 되더라도 외국인의 고용허가 및 사업장 변경권 행사 시 발생하는 여러 제약이나 규제는 계속 따라다니게 됩니다.

## 외국인 근로자의
## 권리를 보장하는 이유

물론 이에 대하여 '외국인이 자발적으로 우리나라에 와서 일하겠다는데 그렇게 권리 보장이 중요한가. 우리도 살기 힘든데 말이야'라고 하시는 분도 계실 겁니다. 외국인의 출입 자체는 정부가 상당한 재량권을 가지고 있다는 것이 국제법적 입장이므로, 우리에게 도움이 되지 않을 경우 출입을 막는 것은 큰 문제가 아닙니다.

다만 외국인 근로자를 극단적으로 차단한다면 인력부족으로 인한 물가상승, 농산물 등 생필품 공급의 부족 등도 받아들일 준비가 되어야 합니다. 단물이 나올 때만 사용하고 다 빠지면 뱉어 버린다면, 상호주의적으로 자국민이 타국에서 비슷한 차별을 받았을 때도 우리 입장을 펴기 어려울 뿐만 아니라, 이들이 자국으로 돌아가 한국에 대하여 부정적인 이야기를 하면서 발생하는 우리의 브랜드 가치 하락 우려도 있습니다. 많은 인력들이 들어오는 중국, 동남아시아, 중앙아시아는 우리에게 중요한 교역처이자 상품시장이기도 하니까요.

무엇보다 보편적 인권이라는 가치는 우리 모두를 위해서도 꼭 지켜야 하는 것입니다. 인권이 제도적으로 훼손되는 것을 막지 못한다면 다음은 내 차례가 될지도 모르니까요.

분명 한국의 경제상황은 1990년대 산업연수생 제도를 최초 도입하던 시기와는 많이 달라졌습니다. 청년들에 대한 양질의 일자리 공급 부족 문제도 있고요. 하지만 이것이 외국인 근로자에 대한 무조건적인 증오나 혐오로 번지고 정치적으로 이용되지 않게 막아야 할 것입니다.

청년들의 일자리를 늘리기 위한 사회의 전환, 안전망의 확충 및 개선과 함께 일등국가 및 세계시민의 일원으로서의 자세 사이의 균형점을 찾을 필요가 있습니다.[51]

# 난민 이야기

여러분은 조나단을 아시나요? 스무 살이 조금 넘은 콩고 청년 이죠. 우리나라에서도 TV나 유튜브를 통해 많은 활동을 하고 있죠. 제가 유튜브를 자주 보지는 않는데, 가끔 보면 재밌기는 하더라고요.

조나단의 아버지 욤비 토나는 난민입니다. 콩고는 정부군과 반정부군 사이 오랜 내전 중에 있는데 정보활동을 하다가 정부군에 찍혔죠. 잡히면 본인뿐만 아니라 일가족이 몰살당할 수도 있는 상황에서 극적으로 탈출하여 중국을 거쳐 한국에 정착하게 되었습니다. 6년 만에 난민 인정을 받고 지금은 한국에서 가족들을 데리고 무사히 살고 있죠.

하지만 난민에 대하여 곱지 않은 시선을 보내는 경우도 적지 않습니다. 특히 2018년에는 난민신청자들의 제주도 무사증 입국 및 신청기간 동안 체류자격을 부여한 난민법을 폐지해달라는 국

---

51. 2023년 7월 정부는 외국인 사업장 변경 제도에 대한 개선 방안을 발표하였습니다. 그런데 가장 주된 내용은 외국인 근로자의 사업장 변경 시 동일 권역 내에서만 허용하는 것입니다. 오히려 사업장 변경 자유가 줄어든 것이죠. 무엇보다 고용노동부에서 사용한 홍보 문구는 '외국인근로자 사업자 이탈 예방을 위한 노력을 지속해나가겠습니다'였습니다. 만약 누군가가 한국인근로자 사업장 이탈 예방을 위해 노력하겠다고 했으면 반응이 어땠을까요? 오늘도 계속되는 이야기입니다.

민청원이 올라왔는데 참여인원이 70만 명을 넘어 법무부장관이 답변을 하는 일도 있었습니다.

아이러니한 부분은 한국은 지금도 난민에게 굉장히 폐쇄적인 국가라는 점입니다. 법무부 난민통계현황 자료에 의하면 2019년 15,452명의 난민 신청이 있었고, 79명이 통과되었습니다. 물론 난민 신청 시점과 인정 시점 사이에는 수년의 편차가 있기는 하지만 통계를 어떻게 봐도 인정률은 1% 미만, 인정자는 1년에 100명 수준입니다(최근 10년간 난민 인정 숫자가 가장 많았던 해는 2018년인데, 이때가 144명입니다). 국제적인 인권기구인 유엔난민기구$^{UNHCR}$나 앰네스티$^{Amnesty\ International}$에서 발간한 자료들[52]을 살펴보면 인종·종교·국적·정치적 견해 등의 차이로 인해 박해를 받을 우려가 있는 좁은 의미의 난민$^{refugee}$은 대략 2,700~3,000만 명 사이이고, 여기에 전쟁·기아 등으로 조국을 반강제적으로 떠나야 하는 사람들은 포함하면 약 8,000만 명 정도로 추산합니다.

이 중 한국이 수용한 총 난민의 수는 3천 명 남짓인 반면, 터키는 350~370만, 독일은 100~150만 명 정도로 추산합니다. 미국의 경우에도 난민을 30만 명, 망명신청자는 이보다 더 많은 100만 명 정도를 보고 있고요. OECD를 기준으로 하더라도 한국보다 난민 수가 적은 나라는 거의 없습니다. 난민 수용 측면에서 한국은

---

52. UNHCR Global Appeal 2022, Global Trend 2020, Amnesty Report 2021/2022 등 참고

국제사회에서 거의 보이지 않는 작은 점 수준입니다.

당연히 '난민을 받아들이는 사람 따로, 난민과 함께 살아야 하는 사람 따로'의 현상 지적에 대하여는 귀를 기울여야 하고, 난민을 일정비율 이상 수용하게 되는 지역에 대한 보상이나 치안유지 등의 지원은 정부가 최선을 다해서 조치를 해야 하는 부분입니다.

하지만, 난민을 무조건 백안시하고 배척하는 것 역시 세계적인 추세에도 맞지 않고 여러 고려상 어렵다고 생각합니다. 인간존중 등 어렵고 손에 잡히지 않는 이야기를 꺼내지 않더라도, 아주

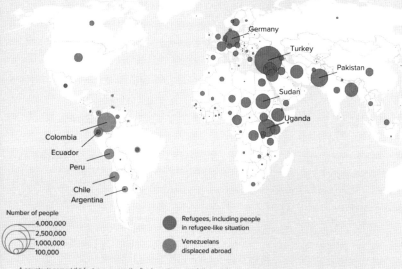

Map 1 | Refugees, people in refugee-like situations and Venezuelans displaced abroad | end-2020

A country is named if it features among the five largest per population group.
The boundaries and names shown and the designations used on this map do not imply official endorsement or acceptance by the United Nations.

냉정하게 말하면 미국, 중국, 일본, 러시아, 북한에 둘러싸인 우리 역시 지정학적으로 불안 요소가 많기도 합니다. 게다가 폐쇄적이고 배타적인 문화일수록 불행한 결과를 가져오고 개방과 수용의 자세를 견지할수록 번영한다는 것은 역사적 사실입니다. 에스파냐의 종교 탄압으로 인해 많은 사람들이 네덜란드와 영국으로 건너가면서 두 나라가 르네상스 이후의 서유럽을 주도하게 되었고, 알렉산더나 몽골의 번영 역시 다양성에 대한 존중과 인정이 그 토대가 되었습니다. 사실상 섬이나 다를 바 없는 작은 영토와 적은 자원의 대한민국은 외부의 유입과 자극이 필수불가결입니다. 혐오와 갈등을 넘어 공존의 지혜를 모색할 때입니다.

# 4장

# 노동자를 위한 법

# 52시간 근로/연장근로수당

야근도 싫지만,
돈 못 받는 야근은 더 싫어요

**'16개월간 밤샘근무…… ○○ 과로사' 산업재해 인정**

○○물류센터에서 밤 새워 일하다 숨진 고 ○○○씨에 대해서 산업재해가 인정됐습니다. ○씨의 사망이 과도한 업무 때문이었다는 것을 인정한 건데요, 코로나 사태 이후 지금까지 ○○에서 일하다 숨진 ○명의 노동자 가운데 처음으로 산재가 인정된 겁니다. ○○○ 기자가 취재했습니다.

지난 해 ○○, ○○물류센터에서 일하던 27살 청년 ○○○씨가 자신의 집 욕조에서 숨진 채 발견되었습니다. 사망원인은 급성 심근경색. 유족들은 명백한 과로사라고 주장했고 ○○측은 법정 근로시간을 지켰다고 맞섰습니다. ○○○씨의 아버지는 국회 국정감사장에서 무릎을 꿇고 아들의 사인을 밝혀달라고 호소했습니다.

○○○씨 아버지 : 얼마나 힘들게 일했으면, 멀쩡하던 애가, 그렇게 튼튼하던 애가, 1년 몇 개월 동안 몸무게도 10~12킬로그램씩 빠져버리고…….

○○○씨가 숨진 지 넉 달 만에 근로복지공단은 산업재해로 인한 사망이 맞다고 인정했습니다. 과도한 업무시간이 ○○○씨의 사망과 인과관계가 있다고 판단한 겁니다. 실제 ○○○씨는 물류센터 일용직으로 16개월간 야간근무를 해왔고 하룻밤 밤샘근무 당시 만보기로 무려 50,000보가 찍히기도 했습니다. 지금까지 ○○물류센터에서 과로로 숨진 6명 가운데 산재 판정이 내려진 건 이번이 처음입니다.

2021. ○.○.○○뉴스

・ ・ ・

과로사에 대해 관심을 가지게 된 이유는 단순하

면서도 다소 이기적이었습니다. 제 첫 번째 직장이었던 로펌에서 업무가 너무나도 많았거든요. '오늘은 집에 갈 수 있을까?'를 걱정하던 시절이었습니다. 저뿐만이 아니었습니다. 다른 로펌에서 일하던 제 친구는 소위 구안와사라고 하는, 안면신경마비가 와서 몇 개월간 휴직하기도 했습니다. 큰 병원에서 수련의 생활을 하던 제 친구들도 코피를 달고 살았습니다.

하지만 과로는 제 주변에만 한정된 일이 아니었습니다. 수 년 전에(앞 기사와는 무관한) 한 M&A 실사를 할 때의 일이었습니다. 물류 노동자들의 근로기록을 보고 깜짝 놀랐습니다. 만성 야근은 일상이었고, 당일 배송을 위해서는 밤낮과 휴일의 구별이 없었습니다. 실사 대상 회사의 관리자가 근로자들이 출퇴근을 제대로 안 찍어서 근로기록이 정확하지 않고 실제로는 다들 만족하며 다닌다, 앞으로는 근로시간을 더 줄이겠다고 말하였고, 고객사에서도 큰 문제로 삼지 않아서 넘어갔습니다만 마음속에 오랫동안 찜찜함이 남았습니다.

# 원칙과 예외가
# 뒤바뀐 근로시간

'일주일에 120시간이라도 바짝 일할 수 있어야 한다'는 발언이 꽤 논란이 되었을 정도로 근로시간은 매우 예민

한 문제입니다. 한국의 근로시간이 OECD에서 상위권에 속한다는 통계는 굳이 어느 해를 특정하지 않더라도 매번 나오는 이야기들이고요. 심지어 '과로사'라는 극단적인 검색어를 넣어보아도 상당히 많은 뉴스 기사가 확인되는 것이 대한민국의 현실입니다.

대한민국에서 근로시간을 이야기할 때면 많이들 '52시간, 52시간'이라고 하는데 왜 이러한 일이 벌어지는 것일까요?

52시간 법제에 대하여 이야기하기 전에 먼저 명확하게 해야 할 것이 있습니다. 대한민국의 법정 근로 상한 시간은 52시간이 아니라 40시간입니다. 근로기준법 제50조 제1항은 아주 명확하게 '1주간의 근로시간은 휴게시간을 제외하고 40시간을 초과할 수 없다'고 되어 있으니까요.

다만 제53조 제1항에서 '당사자 간에 합의하면 1주간에 12시간을 한도로 40시간(제50조의 근로시간)을 연장할 수 있다'고 규정하였을 뿐입니다. 즉, 원칙은 40시간이며 '당사자들의 합의'가 있는 경우에만 12시간을 더할 수 있습니다. 따라서 지금의 '주 52시간'이라는 표현은 엄밀히 말하면 원칙과 예외가 바뀐 것입니다.

그렇지만 현실은 원칙과 예외가 바뀐 수준을 뛰어넘습니다. 당사자의 합의가 있어야 가능한 52시간까지의 근무조차 온갖 우회적 해석을 통해 적용을 피합니다. 가령 2017~2018년경 주 52시간으로 검색해보면 '근로시간 주 68시간 → 52시간 단축'이라는 기사들이 나옵니다. 그렇다면 앞에서 말한 규정은 2018년에 새로 생긴 것일까요? 그렇지 않습니다. 주 40시간 근무의 대원칙과 12시간 초과근로의 예외는 예전부터 있던 것입니다.

그런데 종래 고용노동부는 '휴일근로는 주간 연장근로에 포함되지 않는다'는 해석을 내놓은 바 있습니다. 즉, 주 40시간 근무의 원칙+주 12시간 초과근로의 예외에, 토·일요일 휴일근로 16시간은 별도로 부가할 수 있다는 것입니다. 이렇게 주당 68시간 근무라는 아주 파격적인 해석이 오랫동안 유지가 되었습니다.

결국 2018년 3월 '1주란 휴일을 포함한 7일을 말한다'는 규정을 명시함으로서 12시간의 주당 초과근로 상한에다가 토·일요일 휴일근로 16시간을 추가로 더할 수 없도록 했습니다. 이 역시 단계적 실시 및 여러 유예조항이 붙어 있다가 완전히 실시된 것은 2021년에 들어서입니다. 하지만 지금도 사측이나 일부 정당에서는 주 52시간 근무제의 적용을 유예해주어야 한다고 주장하거나 그와 관련한 입법안이 발의되고 있습니다.

대한민국은 주 40시간제 국가이지, 주 52시간제를 적용한 적이 한 번도 없었던 것 같은데 너무나 아무렇지 않게 주 52시간 근무를 이야기하면서 그것 역시 더 일할 수 있게 해주어야 한다는 내용들을 보면 제가 아직 노동법을 잘못 이해하고 있는 것이 아닌가라는 생각이 들 때도 있습니다.

# 그 덫의 이름은
# 포괄임금제

　　근로시간 규제를 폐지하거나 완화하자는 주장의 근거 중 하나는 '근로자가 회사를 키우기 위해서 열심히 일하겠다는 것을 막아야 하는가?'입니다. 그리고 근로기준법은 제56조에서 사용자는 연장·휴일·야간근로가 있을 경우 통상임금의 50/100 이상을 가산하여(8시간을 초과한 휴일근로의 경우 100/100 이상 가산) 근로자에게 지급하여야 한다고 규정하고 있습니다. 얼핏 생각해보면 근로자 입장에서는 야근을 하지만 그 시간에 대하여는 50% 이상의 보상을 받으니 할 만도 하겠다는 생각이 들 수도 있습니다.

　　그러나 이러한 주장은 한국 노동시장에 만연해 있는 '포괄임금제도'를 간과한 것입니다. 포괄임금제도에 대하여 들어보셨을까요? 근로기준법상 주도록 하고 있는 초과근로수당을 미리 '포괄'하여 '임금'에 포함시켰다는 뜻입니다.

　　이상합니다. 근로기준법은 제56조는 분명 초과근로에 대하여는 대가를 주라고 되어 있고, 또 제15조는 이 법에서 정한 기준에 미치지 못하는 근로조건은 무효라고 천명하고 있습니다.

　　대법원 역시 포괄임금제가 ①업무의 성질상 근로시간이 불규칙하거나 근로형태의 특수성 때문에 실제 근로시간을 정확하게 산정하는 것이 곤란할 것, ②고정수당의 지급에 대한 근로자의 승낙이 있을 것, ③근로자에게 불이익이 없을 것, ④제반 사정에 비추어 정당할 것 등의 요건을 만족하는 경우에만 포괄임금제 합의가 유효하다고 인정하고 있습니다. 위 규정에 따르면 영업직이나 외근직과 같이 근로시간의 측정에 한계가 있는 직무가 아닌, 생산이나 사무 등 근로장소가 고정적인 직군의 경우 포괄임금제 합의가 유효하기 어렵습니다.

그럼에도 불구하고 포괄임금제는 업계에 아주 만연합니다. 가장 큰 이유는 업계에서 근로자가 실제로 초과근로시간을 입증하기가 상당히 어렵기 때문입니다.

작은 회사들의 경우 출퇴근 기록 자체가 남아 있을 수도 있습니다. 회사 출입문의 보안장치를 통과할 때마다 키key를 찍는 경우에도 데이터를 보면 정확하지 않은 케이스가 많습니다. 출퇴근 시간에 한 명 한 명 모두 의무적으로 찍는 시스템이 아니라, 한 명이 출입증을 태그하면 여러 명이 들어올 수 있는 구조에서는 특히 더 그렇습니다. PC의 로그인·로그아웃 시간 역시 매일매일 퇴근시간에 PC를 강제적으로 끄도록 하지 않으면 몇날며칠 PC가 켜져 있는 경우가 많습니다. 그렇다고 이분이 주당 120시간을 근무했다고 인정할 수는 없는 노릇이니까 말입니다.

# 초과근로 수당을
# 받기 위해선?

　　　　　초과근로를 하고도 합당한 수당을 받지 못하는
경우에는 어떻게 할까요? 포괄임금제의 문턱, 입증의 어려움, 소
송비용의 부담 등 여러 가지 난관이 있죠. 이 가운데 가장 어려운
부분은 입증입니다. 근로자가 퇴사를 각오하고 매일 꾸준히 초
과근로에 대한 증거를 만들어놓기가 쉽지 않습니다. 사용자 측
에서 증거를 순순히 내줄 리도 없거니와 심지어 사용자 쪽에도
제대로 된 출퇴근 기록이 없는 경우도 적지 않습니다. 문서제출
명령 등 소송기법으로 어느 정도 확보가 가능하더라도 결국 어
느 정도는 스스로 증거를 확보해야 싸움의 근거가 마련됩니다.

　증거가 마련된 다음에는 어떻게 할까요? 포괄임금제의 효력은
생각보다 자주 부인됩니다. 문제는 고정 연장수당(고정 OT 제도)
입니다. 유효하게 고정 연장 근로시간이 설정되었다면, 고정 연
장시간을 초과한 범위 내에서만 청구가 가능하다고 해석하기 때
문이고, 그 때문에 최근에는 대부분의 회사들이 월 52시간의 거
의 상한선까지 고정 연장시간을 설정합니다. 사실상 초과근로수
당청구를 막겠다는 목적이죠.

　포괄임금제와 고정 OT를 구분하는 판례의 해석이 적절한지 의
문과는 별개로, 지속적인 초과근로의 수준과 고정 연장수당의

차이를 확인할 필요는 있습니다.

　자료도 모이고 계약서에 대한 해석도 끝났으면 어떻게 될까요? 소송절차보다는 노동청에 진정절차를 이용하는 것이 신속하고 편리합니다. 근로관계만 전적으로 다루는 전문기관인데다가 서류를 보내고, 조사를 하고, 합의를 진행하는 절차가 더 간이하기 때문이죠. 변호사를 쓰지 않고도 많이 하기 때문에 비용 부담도 적고, 고용노동부 홈페이지에서 바로 신청도 가능합니다.

## 서는 곳에 따라
## 달라 보이는 것

　　사회 명망가나 기업가들이 노동자의 더욱 노동할 권리를 주장하는 것이 반드시 악의만은 아닐 수도 있습니다. 한국의 프론티어 정신, 창업가 정신을 강조하고자 하시는 것이었을 수도 있습니다.

　다만 개인적인 생각으로는 사용자의 지위에 있는 창업자와 근로자는 다른 입장이라고 생각합니다. 창업자는 자기 사업을 하는 것입니다. 사업 확장에 따른 수익과 책임이 오롯이 자신의 것입니다. 그렇기에 흥해도 내가 흥하는 것이고 망해도 내가 망하는 것입니다. 자기가 선택한 인생이고 누구의 강요가 아닙니다.

　그렇지만 근로자는 다릅니다. 근로자는 사업장 내에서 역할이

정해져 있으며 그 대가로 고정적인 급여를 받습니다. 회사가 커졌을 때 어느 정도 이익을 볼 수는 있지만 그 이익이라는 것이 보장되어 있지 않습니다. 그 전에 회사를 나가게 될 수도 있습니다. 따라서 자신의 범위 내에서 일을 하고 책임을 지며 대가를 받는 것이 합당합니다. 물론 이 근로자가 회사에 꼭 필요한 인재라면 임원의 지위를 부여하거나 스톡옵션stock option을 줄 수도 있을 것입니다. 그러나 그 전에는 근로기준법상 근로시간의 원칙이 준수되어야 한다고 생각합니다.

제가 이런 말을 하고 있지만 로펌변호사의 근로수준 역시 법과 현실에 괴리가 없다고 보기는 어렵습니다. 다른 전문직역인 의사의 경우에도 전공의들의 살인적인 근무 시간은 악명이 자자합니다. 특정 직역을 떠나서 한국 사회가 전반적으로 일과 생활의 균형, 소위 말하는 워라밸work and life balance을 찾을 수 있는 진지한 논의를 할 수 있기를 바랍니다. 그리고 어디에서 주 52시간 근무를 이야기하는 분께 꼭 이야기해주세요. '주당 근무는 40시간'이라고.

추가로 한마디

## 유연근로제

주 52시간을 전면 적용하는 근로기준법이 2021년 7월 시행되

면서 영세 사업장이나 IT 등 근무량의 업다운이 심한 업종에서는 불만의 목소리가 나오고 있는 것도 사실입니다. 그러면서 유연근로제에 대한 관심도 높아지고 있습니다.

근로기준법은 기존 9 to 6의 획일화된 근로기준을 탈피하고자 탄력적 근로시간제 · 선택적 근로시간제 · 재량 근로시간제 등 여러 유연근로제를 도입하였고, 나름 성과가 있었다는 평입니다.

다만 조금 더 보완해나가면 좋겠다는 지적들도 있는데요, 우선 제도들의 적용 기준이나 요건이 좀 복잡하고 이해가 쉽지 않습니다. 또한 탄력적 근로시간제나 선택적 근로시간제를 적용하는 경우에도 주 52시간을 넘을 수 없도록 하고 있습니다. 주 52시간을 정착시키겠다는 취지 자체는 이해가 되나, 업계를 보면 도저히 어쩔 수 없고 근로자 또한 동의를 하는 경우가 전혀 없지는 않아 보입니다. 그러다 보니 중소기업들은 법의 요건과는 조금 다른 유연근무제도를 대충 만들어서 사용하거나, 52시간을 넘으면 입력을 못하게 하는 등 편법이 없지 않습니다.

개인적으로는 주 52시간, 아니 주 40시간 제도의 정착을 위해서는 근로시간 제도를 획일화해서 규정하기보다는 더 유연하게 해주면서도, ①포괄임금제를 원칙적으로 금지하고, ②주 40시간을 넘었을 때는 근로자의 선택에 따라 반드시 휴가나 금전으로 보상을 해주며, ③근로시간 계산을 위한 시스템을 공적 차원에서 개발하여 중소기업에도 설치할 수 있도록 지원해주는 편이 더 낫지 않을까 하고 생각해봅니다.

다만 아무런 대책도 없이 근로시간만 유연화를 할 경우 근로자의 휴식권 박탈 및 실질임금 하락이 될 수 있으니 조심해야 하고요. 핵심은 '일한 만큼은 꼭 돈을 주어야 하고, 그리고 의무가 아닌데 더 일을 시켰다면 반드시 그 이상 많은 돈을 줘야 하는 것'이니까요.

02

# 산업재해/중대재해

다친 사람만 있고,
책임지는 사람은 없나요?

## ○○○ 사망 원청 대표 무죄······'안전 문화' 정착시켜야

충남 태안화력발전소에서 야간작업을 하던 도중 숨진 고 ○○
○씨 사망 사건에 대해 법원 1심 판결이 3년여 만에 나왔습니
다. 원청 대표는 무죄, 하청업체 대표는 집행유예, 나머지 관
계자들도 대부분 집행유예와 벌금형이 선고됐습니다. 노동계
와 유족들은 이른바 '위험의 외주화'를 옹호하는 판결이라며
반발했습니다.

고 ○○○ 씨 사고와 관련해 법원은 원청과 하청 임직원이 업
무상 주의 의무를 위반했다고 판단했습니다. 컨베이어벨트의
위험성을 고려한 방호 조치를 갖추지 않았고, 2인 1조 점검

지침도 위반했다는 겁니다. 하지만 법원은 원청 대표가 업무상 주의 의무 등을 위반했다고 보지 않았습니다. 산업안전법이 적용되면서, 사업주의 안전 조치 의무 대상에 하청 근로자는 빠진 탓입니다. 이번 판결은 기존의 법률로는 원청에 대한 책임을 묻기 어렵다는 점을 여실히 보여주고 있습니다.

(중략)

고 ○○○ 씨 사망사건 이후에도 산업현장의 중대재해는 끊이질 않고 있습니다. 안전 문화가 자리 잡기까지는 힘들고, 오랜 시간이 걸립니다. 우선 기업들의 인식이 바뀌어야 합니다. 근로자에 대한 안전 강화를 비용 문제가 아닌 사회적 책무로 받아들여야 합니다. 당국도 재해 예방을 위한 점검과 조치 등을 선제적으로 시행하고, 중대재해법 적용도 법 취지에 맞게 정확하고, 엄정하게 적용해야 합니다. 근로자가 안전한 사회는 정부와 기업, 근로자 모두의 노력이 필요합니다.

2022.02.14. KBS 뉴스 해설

· · ·

사법시험에 합격하기 전 법대생일 때부터 일하다 다친 분들에 대한 상담을 적지 않게 받았습니다. 직장에서 과로로 쓰러져 뇌경색을 얻은 분, 프레스 작업을 하다 손을 다치신 분, 잦은 회식으로 간과 신장에 문제가 생긴 분들도 있었습니다. 공부가 부족한 때라 정확한 답을 드렸을지 지금도 자신이 없습니다. 무엇보다 이러한 사건이 왜 발생하는지, 그 배경에 대하여도 이해하지 못하는 어린 학생이기도 했습니다. 본격적으로 변호사 생활을 하면서, 이러한 산업재해와 위험의 외주화 문제는 끊이지 않는 제 고민거리 중 하나였습니다.

뉴스를 보면 여러 산업 현장에서 많은 사고가 일어납니다. 산재 뉴스가 나오면 모두가 앞 다투어 피해자와 가족들을 위로하고 재발을 방지해야 한다고 이야기합니다. '사회가 점점 발전해가는데 옛날에나 있을 법한 이러한 사고가 아직도 있냐?'라고 반문하시는 분들도 있습니다. 그렇지만 고용노동부 통계자료[53]에 의하면 산업재해율(요양재해율)은 2013년 0.59%에서 2021년 0.63%이고, 사망자수도 2013년에는 1,929명에서 2021년에는 2,080명으로 조금 증가하는 추세입니다.

사업장에서 업무를 하다 보면 사고는 불가피한 것 아니냐고 생각할 수도 있습니다만, 사고성 사망만인율(상시근로자수 만 명당

---

53. 출처 : e-나라지표 '산업재해현황'
    https://www.index.go.kr/potal/main/EachDtlPageDetail.do?idx_cd=1514

업무상사고로 인한 사망자 비율)을 비교해보더라도 2021년 기준 우리나라는 0.43인 반면, 미국은 0.37, 일본은 0.14, 영국은 0.03, 독일은 0.14(독일은 2018년 자료)명으로 우리나라의 산재사망률이 다른 선진국에 비하여 높은 것은 사실입니다. 왜일까요?

## 산업재해는
## 왜 줄지 않을까?

가장 큰 이유 중 하나로 기업 입장에서는, 산업재해가 발생하였을 때 입는 손실과 약간의 안전을 희생하더라도 비용을 줄이고 작업의 효율을 높이는 데 얻는 이익을 비교하였을 때 후자가 더 크다는 판단이 들기 때문입니다.

산업재해가 발생한다고 해서 산재보험료가 크게 달라지는 시스템이 아니며, 산재보험료 지급 시 구상권 역시 제3자에 대하여만 작동합니다. 반면 3명이 작업할 것을 2명이 하고, 3중 안전장치를 해야 하는 곳에 2중 안전장치만 할 경우 작업이 빨라지고 인건비 등 비용이 줄어드니까요. 게다가 산업재해가 발생하면 뉴스에 크게 나온다지만 산업재해라는 것이 기업에 자주 오는 것은 아니니까요.

하지만 회사에는 아주 가끔 발생할지도 모를 이슈라고 해도, 당하는 근로자는 생명이 달린 일입니다. 결국 인간의 존엄과 기업의 이익 사이의 충돌 문제이고, 안타깝게도 많은 경우 경제적 논리에 더 충실하게 되는 것이니까요.

여기에 또 하나의 문제가 들어옵니다. 많이 들어보셨을 것입니다. '위험의 외주화'. 원청이 위험한 업무를 떼어 하청에게 외주화를 시키는 것입니다. 비용을 최소화하면서, 그로 인해 발생할 수 있는 사고의 결과로부터 절연시키는 것이죠. 그 결과 하청업체 근로자는 안전관리가 제대로 이루어지지 않는 작업환경에서 위험에 노출되고 비극적인 일들이 끊이지 않는 것입니다.

## 중대재해처벌법은
## 게임체인저가 될 수 있을까

이러한 문제의식으로 인하여 중대재해처벌법이 도입된 것입니다.[54] 산업안전보건법과 중대재해처벌법상 중대산업재해의 주요 차이를 비교해보면 다음과 같습니다.[55]

우선 보호 대상인 종사자에 대하여 중대재해처벌법은 ①근로기준법상 근로자뿐만 아니라 ②도급·용역·위탁 등 계약의 형식에

---

54. 2022. 1. 27.부터 시행되었습니다. 다만, 개인사업주, 상시 근로자 50명 미만 사업 또는 사업장, 건설업 공사금액 50억원 미만의 공사에 대하여는 공포 후 3년이 경과한 2024. 1. 27.에 도달하거나, 법인의 상시 근로자가 50명 이상이 되는 경우부터 적용됩니다. 그리고 5인 미만의 사업장은 법 적용 범위에서 제외되었습니다.

55. 그 외에 중대재해처벌법상 중대산업재해와 산업안전보건법상 산업재해의 개념도 약간 차이는 있습니다(산업재해가 중대산업재해보다 조금 넓습니다.).

관계없이 그 사업의 수행을 위해 대가를 목적으로 노무를 제공하는 자, ③여러 차례 도급 관계가 설정된 경우 각 단계의 수급인이나 수급인의 근로자 또는 수급인에게 노무를 제공하는 자를 모두 포함합니다. 즉, 도급·파견, 특수형태근로종사자를 모두 포함합니다. 근로자·수급인의 근로자·법정 특수형태근로종사자만을 보호하는 산업안전보건법에 비하여 범위가 약간 더 넓습니다.

다음으로 의무의 주체입니다. 원칙적으로 법인·개인사업주와 안전보건관리책임자에 대하여 의무를 부담하도록 한 산업안전보건법에 비하여, 중대재해처벌법은 법인·개인사업주뿐만 아니라 경영책임자에게 의무를 부여합니다. 여기서 중요한 부분은 경영책임자입니다. 중대재해처벌법은 경영책임자를 '사업을 대표하고 사업을 총괄하는 권한과 책임이 있는 사람 또는 이에 준하여 안전보건에 관한 업무를 담당하는 사람'[56]이라고 정의합니다. 실질적으로 사업을 대표하고 총괄하는 책임자가 안전 및 보건 확보 의무 이행에 대하여도 최종적인 의사결정권을 가진다고 보아야 한다는 취지에서 들어간 내용입니다.

경영책임자는 한 명으로 한정되지 않으며, 개별적으로 의사결정권의 행사나 관여 정도를 파악하여 책임이 부과됩니다. 과거 산업안전보건법상 안전보건관리책임자의 의무 조항이 실무적으로

---

56. 그 외에 중앙행정기관장, 지방자치단체장, 지방공기업장 공공기관장도 해당합니다.

현장소장 정도에 대한 형사처벌로 종결되었던 것과 달리, 중대재해처벌법상 경영책임자의 의무는 대기업의 대표이사나 오너 등 실질적 총수에게도 형사책임을 부과할 수 있는 근거가 됩니다.

마지막으로 사망 시 양형에 차이가 중대재해처벌법 쪽이 높으며[57], 중대재해처벌법은 징벌적 손해배상 조항(손해액의 5배까지)도 도입하고 있습니다.

사업주나 경영책임자에게는 실질적으로 지배·운영·관리하는 사업 또는 사업장에서 종사자의 안전·보건상 유해 또는 위험을 방지하기 위한 안전 및 보건 확보 의무가 부과됩니다.

구체적으로 ①재해예방에 필요한 인력 및 예산 등 안전보건관리체계의 구축 및 이행, ②재해 발생 시 재발방지 대책의 수립 및 이행, ③중앙행정기관·지방자치단체가 관계 법령에 따라 개선, 시정 등을 명한 사항의 이행, 및 ④안전·보건 관계 법령에 따른 의무이행에 필요한 조치입니다.

안전보건관리체계는 중대재해를 예방하기 위하여 유해·위험요인을 확인하고, 이러한 원인을 제거하거나 지속적으로 통제하기 위한 수단 및 절차, 현장에서 안전 및 보건조치를 확실히 이행할 수 있는 적정한 조직·인력·예산의 투입과 모니터링 체계를

---

57. 산업안전보건법은 사망 사고 시 개인은 7년 이하 징역 또는 1억 원 이하 벌금, 법인은 10억 원 이하 벌금인 반면, 중대재해처벌법은 개인은 1년 이상 징역 또는 10억 원 이하 벌금, 법인은 50억 원 이하 벌금입니다.

갖출 것을 요구합니다. 그리고 각 개별적인 재해별로 위험 예방을 위한 방안들 역시 제시되어 있습니다.

이러한 의무는 도급관계에서도 마찬가지입니다. 도급인이 실질적으로 지배·운영·관리하는 사업이나 사업장에서 업무가 이루어지는 경우에는 도급인이 그 사업장 내 종사자에 대하여 안전 및 보건 확보의무를 부담합니다. 즉, 사내에 하청업체가 들어와서 일을 하는 경우에는 그 사업장을 전반적으로 지배·운영·관리하는 도급인, 그중에서도 도급인의 경영책임자가 의무와 책임을 부담합니다. 위험의 외주화를 방지하기 위한 규정입니다.

예를 들어 용균이 사건이 중대재해처벌법 적용 이후 발생하였다면, 1명 이상 사망자가 발생하였으므로 중대재해처벌법상 중대산업재해의 구성요건을 갖추고 있습니다. 재해 유형별 예방조치에서 떨어짐(추락)에 대하여는 추락 위험 장소에 안전난간·덮개·추락방호망 등 추락방지 설비를 설치하도록 되어 있으나, 이러한 대비도 부족하였을 것이고요. 법 위반을 통해 사고가 발생한 경우 공장을 실질적으로 운영하는 원청의 경영책임자, 원청의 대표이사 등에 대하여 형사적인 조사를 진행하게 됩니다. 또한 징벌적 손해배상조항을 통해 치료비나 후유장애로 인한 피해를 배상받게 됩니다.

하지만 중대재해처벌법의 목적이 누구를 벌하는 것 자체는 아니겠습니다. 법 역시 제1조에서 '중대재해를 예방하고 시민과 종사자의 생명과 신체를 보호'하는 것이 목적이라고 명시하고 있으니까요. 중대재해처벌법이 도입되면서 원청들이 작업환경 조성을 위한 비용을 일부 부담하거나, 하청업체 선정 시에 안전한 작업환경을 갖추었는지를 고려하거나, 안전조치를 갖출 수 있는 금액으로 계약금액을 책정하는 등 구조적인 변화가 이루어지고 있는 것은 다행입니다.

반면 여러 건설현장과 산업현장에서 불행한 소식들이 계속 들려오고 있었던 것도 사실입니다. 아무쪼록 우리 사회가 인간의 존엄과 경제적 이익 사이의 대립에서 옳은 방향을 찾아나갈 수 있기를 기원합니다.

추가로 한마디

## 중대재해처벌법과 관련한 계속된 논쟁

우여곡절 끝에 2022년 중대재해처벌법이 시행되었습니다만 아직 이 법을 둘러싼 논쟁은 종결되지 않았습니다. 이 법의 강화를 요구하는 쪽에서는 현재 두고 있는 소규모 사업장에 대한 유예기간 규정을 삭제해야 한다는 입장입니다.

2022년 3월 8일 고용노동부 발표에 의하면 중대재해법 시행 이후 한 달 남짓 동안 35건의 산업재해가 발생하여 42명이 숨졌으나, 이 중 중대재해처벌법이 적용되는 사업장은 9건(사망자 15명)에 불과한 반면, 적용되지 않는 사업장은 26건(사망자 27명)입니다.[58] 이 시기가 아니더라도 실제 산업재해 사망 사고의 70% 이상이 상시근로자 50명 미만 또는 공사비용 50억 원 미만입니다. 즉, 영세한 곳일수록 안전보호조치가 부족한 것은 맞습니다.

무엇보다 지금 가장 격렬한 논쟁이 발생하는 부분은 경영책임자의 형사책임입니다. 경영진이 현장에서 벌어지는 안전사고를 최대한 막으려 노력해도 100%는 불가능할 텐데, 관리 범위를 벗어난 일에 대하여까지 그 자리와 위치에 있다는 이유만으로 인과관계 증명도 없이 과도한 형사책임을 부담시키는 것은 '기업가 = 범죄자'를 만든다는 것이지요. 한국 중대재해처벌법의 모델이 된 영국의 기업과실치사법Corporate Manslaughter and Corporate Homicide Act 역시 실제 적용 사례는 많지 않다는 것입니다.

이 부분의 답은 단순하지 않습니다. 영국에서도 기업과실치사법이 도입된 2007년 이후 이 법으로 유죄판결이 난 사례는 많지 않습니다. 하지만 영국은 이미 원청의 책임을 묻는 시스템이 잘 갖추어져 있고, 노동감독관의 권한이 한국보다 강합니다. 기업과실치사법을 통한 처벌이 아니라 그 법이 주는 메시지가 더 중요하다는 의견도 있습니다. 반면 한국은 일부 공직자 범죄 등을 제

---

58. 출처 : 2022. 3. 9. 노컷뉴스 '산재 사망 70%가 사각지대…갈길 먼 중대재해법'
   https://www.nocutnews.co.kr/news/5720255

외하면 여전히 수사기관에게 기소권한이 집중되어 있습니다.

다른 논점은 징벌적 손해배상입니다. 한국은 아직 징벌적 손해배상이 낯선 나라입니다. 중대재해처벌법이 규정하고 있는 5배배상은 이례적이기는 합니다. 크죠? 하지만 곰곰이 뜯어 보면 조금 생각할 부분이 있습니다. 손해배상 중 대부분을 노동능력의 상실입니다. 이는 피해자가 향후 벌 수 있는 이익을 기준으로 매겨집니다. 문제는 중대산업재해를 당하는 근로자들의 급여는 최저임금 수준으로 높지 않다는 것입니다. 손해배상소송 이후 향후 치료비를 완전히 예측할 수 없으므로 그 부분 역시 충분한 보상을 받기는 어렵습니다. 개인적으로는 징벌적 손해배상의 수준을 높이면서 개인 형사처벌을 완화하는 방법도 고려해볼 수 있다고 생각합니다.

그리고 무엇보다 중요한 것은 이 법은 '안전'을 지키기 위한 것이지 누군가를 '처벌'하기 위한 법은 아닐 겁니다. 법이 정착되는 시점까지 영세사업장에 대하여는 국가에서 안전 및 보건조치에 대한 지도와 보조를 함께해야 한다는 지적들이 있으며, 이 역시 충분히 경청해야 하는 의견이라고 생각합니다.

이 법은 아직 도입 초기인 만큼 우리 모두가 법이 운영되는 상황을 관심을 가지고 살펴보면서, 합리적이면서도 목적한 바를 잘 이룰 수 있도록 정착하도록 해야 할 것입니다.

## ⚖️ 03

# 직장 내 괴롭힘

하루에 8시간이
이렇게 힘들 줄은 몰랐습니다

---

**'○○' 웹사이트 게시 글(일부 각색)**

〈직장 내 괴롭힘 상담해줘〉

팀장이 진짜 ○○이야. 밑에 막내가 직장 내 괴롭힘으로 결국
퇴사했어. 보면서 많이 불쌍했는데 결국 퇴사하고 내가 타깃
이 된 거야.

외근 나가서 들어오다가 길 잘못 들어서 10분 늦었는데 외근
금지시킴.
업무 보고 중에 무리한 요구를 해서 허허 웃었더니 '왜 쪼개

---

고 ○○이야'라고 욕설을 함.

다른 사람들 앞에서 소리를 지르거나 너는 왜 이렇게 업무 능력이 부족하냐고 무시하는 경우가 자주 있음.

팀 업무 내용을 공유하지 않고, 점심 먹을 때도 따돌림.

회사 일이 아닌 가족 업무를 시켰는데, 약간 실수를 하니까 '너는 이것 하나도 못하냐?'라고 면박을 줌.

다른 팀 사람들과 식사 한 번 했다고 팀원 모두들 앞에서 '이 XX 어제 술 먹고 놀았잖아'라고 구박함.

뒤에서 내 욕을 수시로 하는 것이 들림.

정당한 이유 없이 연차 반려.

SNS 대화방을 통한 퇴근 후, 휴일 수시 업무 지시.

수시로 주말 야유회, 등산.


이것 말고도 많은데 일단 이 정도만.

녹취한 거랑 사진 찍은 거 전부는 아니지만 꽤 남아 있는 상황임.

퇴사할 마당에 신경 끄고 나가고 싶은데, 괜히 신고했다가 나만 ○ 되는 것 아닌가 몰라서.

'일은 사람이랑 하는 것'이라는 말이 있습니다. 일 자체의 난이도나 강도도 중요하지만 결국 일을 같이 하는 사람이 나의 근무만족도에 가장 큰 영향을 준다는 말입니다. 저도 사회생활을 하기 전에는 무슨 뜻인지 몰랐는데, 이제는 너무나도 잘 알 것 같습니다. 어려운 일도 훌륭한 동료와 파트너를 만나면 더욱 힘을 내서 열심히 할 수 있는가 하면, 간단한 일을 복잡하게 만드는 사람, 불성실하고 남에게 미루는 사람, 앞과 뒤가 달라서 온갖 오해와 불신을 만들어내는 사람도 있습니다. 요즘에는 세대 간 차이에 따른 갈등도 적지 않고요.

## 직장 내 괴롭힘이란 무엇인가

근로기준법에서 직장 내 괴롭힘을 처벌하는 것은 업무상 힘의 차이에서 기인한 갈등을 해결하기 위한 장치입니다.

우선 근로기준법상 직장 내 괴롭힘의 정의를 살펴보면 ①사용자 또는 근로자가, ②직장에서의 지위 또는 관계 등의 우위를 이용하여, ③업무상 적정범위를 넘어 다른 근로자에게 신체적·정신적 고통을 주거나 근무 환경을 악화시키는 행위가 해당합니다. 즉, 꼭 가해자가 높은 임원급일 필요는 없지만, 자신보다는

"우위"에 있을 필요는 있습니다. 물론 가해자가 여럿인 경우에는 그중 일부가 직급이 낮더라도 전체적으로 보아 여러 명의 가해자 측에 우위가 있다고 인정될 수는 있습니다.

신체적·정신적 고통이나 근무환경 악화에는 매우 다양한 행위들이 포함됩니다. 신체적 고통에는 ①폭력, ②의사에 반하는 스킨십이나 음주 강요뿐만 아니라 ③근로계약상 업무가 아님에도 과도한 운전이나 짐 운반 등 체력적으로 힘든 일을 차별적·반복적 지시하는 것도 해당할 수 있습니다.

정신적 고통으로는 ①폭언·욕설·모욕적 발언, ②따돌림, ③지나친 사적·업무 무관 연락, ④명예훼손적 발언이나 글 게재가 있습니다. 근무환경 악화는 ①휴식 휴가 제한·야근 강요, ②업무 평가·성과·보상에 대한 차별, ③업무 배제·차단, ④보복적 인사권 행사, ⑤업무비의 사적 사용 지시·구매 지시 등 회사 내에서의 많은 우월적 지위 남용 행위가 포함됩니다.

직장 상사가 업무를 너무 많이 주거나, 업무 지시를 하면서 폭언을 사용하는 것은 어떨까요? 업무를 너무 많이 주는 것은 주관적인 부분이 없지 않으나, 그 회사 상황에 비추어 보았을 때 차별·보복 등 어떠한 주관적 의도가 보인다면 괴롭힘이 인정될 소지가 있습니다. 업무 지시 과정에서의 폭언은 당연히 문제가 되고요.

스마트폰 발달에 따라 퇴근 후나 휴일에 오는 상사의 업무 연락도 문제가 됩니다. 하급자 입장에서는 잘해야 한다는 책임감이나 부담과 함께, 내 사생활을 침해받지 않을 권리가 공존하는 부분이기도 합니다.

프랑스는 업무시간 외에 근로자가 연락받지 않을 권리right to disconnect를 선택할 수 있고 사업자는 근로자와 시행 방법에 대하여 협의할 의무가 있습니다. 실효성은 아직 논란이 분분하나 상당히 진보적인 규정으로 보입니다. 한국에는 이러한 규정이 없으므로 결국 업무상 적정범위를 어떻게 해석하는가가 문제입니다. 아직 명확한 선례는 없으나 대체로 긴급한 상황에서 양해를 구하고 가끔 물어보는 정도까지는 괜찮으나, 반복적이며 필요성도 낮아 보인다고 하면 문제가 될 수 있습니다.

## 직장 내 괴롭힘을 해결하는 방법

직장 내 괴롭힘을 당하고 있는 경우 해결 방법을 알아보면 1차적으로는 사내에 있는 직장 내 괴롭힘 처리 조직을 통해 진행하게 됩니다.

피해자가 신고서를 접수하면, 상담을 통해 피해자의 의사를 확인합니다. 피해자는 행위자와 분리·사과 등 당사자 간 합의, 정식 조사 중 하나를 선택할 수 있습니다. 행위자와 분리를 요구할 때는 분리 조치만 진행하면 추가 조사 없이 사안이 종결됩니다. 합의나 사과는 상대방에게 피해자 요구사항을 전달하여 상대방이 수용하면 거기서 끝나나, 상대방이 거부할 경우 피해자 재상담을 통해 정식 조사 여부를 결정합니다.

정식 조사를 요구하였을 경우에는 회사에서 조사 위원회를 구성하여 조사 절차를 진행하며, 문제 발견 시 징계 등 조치를 취하게 됩니다. 법은 취업규칙에 직장 내 괴롭힘의 신고, 조사 방법 및 절차, 처리절차를 규정해두도록 하고 있습니다. 통상 외부 인사를 포함한 객관적인 조사위원회를 구성하게 되며, 행정이나 형사조사와 같은 수준의 피해자·참고인·상대방에 대한 진술조사와 심의가 이루어집니다.

직장 내 괴롭힘 신고제도가 유효하게 잘 작동할지에 대한 우려도 있습니다. 우선 신고에 대하여 1차적으로 '회사'가 위원회를 꾸려 조사를 하도록 되어 있습니다. 직장 내 사정을 잘 아는 내부 기관에서 자율적으로 처리를 하는 것이 고용노동부가 과도하게 개입하는 것보다 바람직하다는 취지입니다. 근로감독관을 충원하지 않는 한 처리하기 어려운 현실적인 문제도 있었을 것입니다. 다만 회사 내에서 충분히 조사가 이루어지고 처분이 내려질지, 특히 사장님이나 대표이사 등 높은 분들이 괴롭힌 경우 사용자에게 불리한 조사가 가능할지에 대한 우려도 있습니다.

고용노동부에서는 외부기관을 통해 조사를 시행하고 이사회에 보고할 것을 권고하고 있습니다. 조사 결과에 이견이 있으면 노동청에 진정을 해서 근로감독관이 직권으로 조사를 하는 절차도 두고 있으며, 사용자나 사용자의 친족이 직장 내 괴롭힘을 한 경우에는 과태료를 부과하는 규정도 있습니다.

무엇보다 중요한 조항은 불리한 처우 금지와 비밀유지 의무입니다. 근로기준법 제76조의 3 제6항은 직장 내 괴롭힘 발생 사실을 신고하거나 피해를 입은 근로자에게 해고 등 불리한 처우를 하여서는 아니 된다고 규정하고 있으며, 같은 조 제7항은 조사 과정에 있었던 사람으로 하여금 엄격하게 비밀을 유지할 의무를 부여합니다.

주말 워크샵의 경우, 회사 행사는 근로의 일환으로 보는 것이 맞습니다. 따라서 주말이나 휴일 참석을 강요하는 것은 문제가 됩니다. 직원들의 동의를 받아서 주말에 회사 행사를 하더라도 대체휴가를 부여하는 것이 바람직하고요. 술자리 참석이나 음주 권유에 대하여도 갈수록 사회의 기준이 엄격해지고 있으므로 본인의 의사에 반한다면 직장 내 괴롭힘이 될 수 있습니다. 불합리한 기준으로 근로자를 업무에서 배제하는 것도, 일상적인 따돌림을 상급자가 주도하는 것도 직장 내 괴롭힘에 해당합니다.

그렇다면 동료가 직장 내 괴롭힘으로 힘들어 하면서도 혹시라도 보복을 당할까 두려워서 신고를 못 하고 있다면, 대신 신고를 해줄 수 있을까요?

가능합니다. 법률상으로 직장 내 괴롭힘을 알게 된 사람은 누구든 신고할 수 있도록 하고 있습니다. 하지만 본인이 피해사실을 진술하고 증거를 제출하지 않으면 진행이 어렵기도 하고, 자칫 본인이 불이익을 입을 수도 있는 부분이므로 피해자의 의사에 반해서 신고하는 것이 현실적으로는 쉽지 않아 보입니다. 꼭 필요하다면 해야겠지만 그 전에 본인에게 이러한 절차가 있음을 알리고 신고를 권유하는 것이 낫지 않을까 싶네요.

이 글을 읽는 분께서 직장 내 괴롭힘을 직접 겪고 계신 분이라면 적극적인 신고를 통해 자신의 권리를 지키실 것을 권합니다. 사람은 준거집단에 지배받는 존재입니다. 사회활동을 하시는 연령이 되면 가정만큼 큰 영향을 미치는 것이 회사입니다. 직장에서 업무상 필요 범위를 넘는 가해를 무리해서 감내하다 보면 스스로의 균형을 잃고 넘어질 수도 있습니다. 아무쪼록 이 법이 평온한 직장문화를 만드는 데 기여하기를 바랍니다.

추가로 한마디

## 직장 내 괴롭힘 제도와
## 한계와 우려, 상반된 시선

종래 수면 아래에 있던 직장 내 괴롭힘이 법제화된 것은 근로시간제도와 함께 상당히 큰 진전이기는 합니다. 저도 십 수 년 넘게 일을 하면서 직간접적으로 경험한 바에 의하면 이 두 가지로 인한 변화들이 적지 않고요.

다만 직장 내 괴롭힘 제도에 대하여 약간의 아쉬움을 표하는 경우가 있습니다. 업무를 하면서 다른 회사, 특히 갑의 지위에 있는 상대방 회사 임직원으로부터 괴롭힘을 당하는 사례입니다. 리베이트, 접대 등 금전적 지원뿐만 아니라 심부름, 노무 제공 등 신체적 요구, 욕설이나 폭언 등 정신적 학대도 종종 있습니다. 피해자 입장에서는 직장 내 괴롭힘만큼 해결하고 싶은 사안이겠지만 근로기준법상 보호대상은 아닙니다.

산업안전보건법상 감정노동자 보호조치는 자신의 사용자로부터 보호에 필요한 조치를 받는 것이지, 다른 회사 직원에 대한 어떠한 행위를 규제하는 법령은 아닙니다. 물론 다른 회사 직원으로부터 물리적인 괴롭힘을 받는다면 형법상 폭행, 협박, 강요 등을 적용할 수도 있고, 하도급법상 위탁 관계에 있다면 제12조의 2에서 금지하고 있는 경제적 이익 부당요구 금지 규정을 적용할 수도 있습니다만, 한계가 있는 것은 사실입니다.

반면 직장 내 괴롭힘이 악용될 수 있다는 주장도 있습니다. 특히 불리한 처우 금지 조항과 관련해서입니다. 이 조항에 의하면 직장 내 괴롭힘을 신고한 경우 해고 등의 불리한 처우를 할 수 없습니다. 문제는 근로자의 실력 부족이나 근무 태만으로 정규직 전환이 되지 않고 계약이 종료되려고 하는 경우에 고용을 연장시키기 위해 신고를 할 수도 있다는 것입니다. 조사하기 위해서는 상당한 시간이 필요한데, 그 기간만큼 사용자가 해당 근로자에 대하여 근로조건을 변경하거나 계약을 종료하는 등의 처분을 꺼리게 된다는 것이죠. 일리 있는 주장이고 실무적으로 비슷한 사례를 본 적도 있습니다.

하지만 궁극적으로 더 좋은 취지에서 만든 제도이므로 제도가 정착하는 과정에서 해결해나갈 수 있는 문제라고 생각합니다. 가령 사용자가 직장 내 괴롭힘이라고 주장한 사실과 무관하게 정당한 다른 사유로 근로조건을 변경하거나 계약을 종료하는 선례들이 쌓이게 될 수도 있을 것이고요. 이 제도를 둘러싼 건강한 논의들이 활발한 것은 제도가 자리를 잡고 있다는 방증이라고 생각합니다.

# 04

# 노동조합

근로자들을 위해 싸울 뿐인데,
그 대가는 가혹하네요

---

**'○○○ 노동자 아내 '자살'… 파업 후 사망자 총 4명'**

○○○평택 공장에서 점거 파업 중인 노동자의 아내가 20일

자택에서 목을 매 숨졌다. 정리 해고 철회를 요구하며 노조

가 파업에 들어간 뒤 이로써 모두 4명이 세상을 떠났다. 앞서

2명은 스트레스로 인한 심근경색 등으로 사망했고, 희망퇴직을

신청했던 1명은 차 안에서 번개탄을 피워 스스로 목숨을 끊었다.

(중략)

숨진 박모(30) 씨는 금속노조 ○○○지부 조합원 이모 씨의 부

인이다. 박 씨는 이날 낮 자택인 안성 공도읍 아파트 화장실에서 목을 맸다. 박 씨는 낮 12시 54분께 평택 굿모닝병원으로 옮겨졌으나 끝내 숨졌다.

노조 간부인 박 씨의 남편은 파업을 주도하다 그 과정에서 체포 영장이 발부되는 등 검찰 수사의 타깃이 됐고, 이 문제로 박 씨가 상당히 힘들어했던 것으로 알려졌다. 이 씨의 주변인에 따르면, 최근에는 사측 관리자들이 아내 박 씨를 찾아와 "남편에게 노조의 파업으로 인한 손해배상 소송을 걸겠다"고 말하는 등 심리적 압박감을 줬다.

박 씨와 이 씨 사이에는 4살과 8개월의 아이들이 있다.

(후략)

프레시안, 20○○. ○. ○

• • •

'노동조합'이라는 단어를 들었을 때 여러분들의 머릿속에서는 어떠한 생각이 가장 먼저 떠오를까요? 막연하게 '노동자들을 도와주는 거 아냐?'라고 생각하실 수도 있고, '나랑은 별로 관계가 없는데……' 하실 수도 있을 겁니다. 아니면 정치

욕심이 있는 사람들, 이제는 또 하나의 기득권이 된 사람들. 이렇게 부정적인 시각을 가지는 분들도 있습니다.

이러한 생각들 중에 어느 것이 옳고 그르다고 단정해서 말씀드릴 생각은 없습니다. 흑백논리는 항상 경계해야 하니까요. 엄청난 부자나 재벌이라고 항상 나쁜 것도 아니고(부자가 되고 싶지 않은 사람은 주변에서 거의 찾아보기 힘든데, 그렇다고 우리가 나쁜 사람이 되기 위해서 사는 것은 아닐 겁니다), 힘이 없고 약한 사람이라고 해서 그 사람의 행동이 항상 옳고 사회에서 도움과 지원을 주어야 하는 것은 아닙니다. 노동조합 역시 긍정적·부정적 측면이 모두 있을 것입니다. 다만 이번엔 노동조합의 유래나 법령의 체계, 자주 발생하는 이슈들에 대하여 함께 이야기를 해보려고 합니다.

# 노동조합은
# 어떻게 생겼을까?

노동조합은 언제 생겼을까요? 많은 문헌들이 현대적인 형태의 노동조합이 산업혁명 시기에 발현했다고 설명합니다. 산업혁명은 도시의 생산성을 비약적으로 발전시키면서 도시와 농촌의 사회적 격차를 유발합니다. 농민들이 더 나은 일자리와 보수를 위해 도시로 몰립니다. 비숙련공들의 공급이 늘어나는 상황에서 생산성과 효율을 높이기 위한 장기간 노동, 안전하지 않은 환경에서의 노동, 비자발적 노동이 발생합니다. '사적자치'의 원칙에 따라 근로조건이나 해고 역시 사용자에게 우호적으로 결정됩니다. 수요공급의 불균형, 시장력의 차이가 완연히 존재하니까요.

결국 1:1로는 대항할 수 없다는 것을 깨달은 근로자들은 일에 대한 보상과 안전 등을 요구하기 위해 모이기 시작합니다. 이것이 노동조합의 시초입니다. 몇 차례 총파업과 정부의 통제를 반복한 끝에 1824년 노동조합의 결성과 단체행동을 금지한 영국 집합법the Combination Act이 개정되면서 노동조합이 합법화되었다고 보고 있습니다.

## 높지 않은
## 한국의 노조가입율

200년 가까이 노동조합과 사용자 사이의 교섭과 대화 과정을 거친 유럽이나 미국에서는 노동조합의 비율이 우리나라보다 약간이나마 높습니다. 우선 한국의 노동조합 가입율(전체 임금근로자수 대비 노동조합원수)은 10~11% 수준을 유지하다가 2020년 이후 14%정도로 상승했습니다. 코로나바이러스-19로 인한 임금근로자수 감소가 원인일지, 고용 불안 등에 따른 조합의 필요성 증가일지는 이후 추세를 보아야 할 것으로 보입니다.

OECD 발표 자료에 의하면 OECD 국가들 중에 근로자들의 노조 가입비율이 높은 나라[59]는 주로 북유럽 쪽에 몰려 있습니다 (아이슬란드 91%, 덴마크 67%, 스웨덴 65%, 핀란드 59%, 노르웨이 50%. 2019년 기준으로 소숫점 한 자리 반올림하였고, 이하 동일). 북미와 서유럽의 주요 나라들을 보면 이탈리아 33%, 오스트리아 26%, 캐나다 26%, 영국 24%, 독일 16%입니다. 프랑스와 미국은 한국과 비슷한 10~11% 수준입니다.

미국은 워낙 상업적 가치가 중요한 나라이니 그럴 수 있다고 치더라도 프랑스가 왜지? 하고 궁금해 하실 수 있을 것입니다. 한 가지 아셔야 할 부분은 서구권의 경우 노조가입율과 단체교섭 적용율의 차이가 크다는 것입니다. 네덜란드 · 스페인 · 오스트리아 · 이탈리아 · 프랑스 등은 노조가입율은 10~30% 사이지만 단체협약 적용율은 80~99%일 정도입니다.[60] 반면 한국은 노동조합의 전체 근로자 대표성이 부족한 부분이 없지 않은데, 이에 대하여는 후술하도록 하겠습니다.

노동조합은 근로자들을 대표하여 여러 가지 단체적 권한을 행사할 수 있습니다. 노동 3권이라고도 하는데요, 단결권 · 단체교

---

59. 이하 OECD 통계자료 https://stats.oecd.org/Index.aspx?DataSetCode=TUD
60. 출처, 2016. 1. 27. 프레시안 "경제가 성장할수록 자살은 늘어난다."
   https://www.pressian.com/pages/articles/132857?no=132857&ref=nav_search

섭권 · 단체행동권입니다.

단결권은 근로자들이 연합하여 하나의 단체, 즉 노동조합을 설립할 권리입니다. 단체교섭권은 근로자들이 집합적으로 노동조합을 통해 사용자와 근로조건을 협의할 권리입니다. 마지막으로 단체행동권은 근로조건에 대한 협의가 이루어지지 않을 때 쟁의권을 행사할 수 있는 권리입니다. 헌법 제33조 제1항은 근로자의 노동 3권을 명시적으로 보장하고 있으며, 헌법의 위임을 받은 노동조합 및 노동관계조정법은 권리 행사 방법을 구체화하고 있습니다.

이 중에 단결권과 단체교섭권은 인정에 대한 다툼이 없습니다. 실제로도 많은 회사에서 노동조합과 사용자측이 단체협상이나 임금협상을 합니다. 그런데 단체행동권은 조금 다릅니다. 협상결렬시 사용자의 노무지휘권을 저지시킬 수 있는 집단적 행동을 할 수 있다는 것으로, 파업strike(공동 노무제공 거부) · 태업slowdown(공동 작업능률 저하) · 사보타주sabotage(고의적인 생산설비 파괴) · 보이코트boycott(상품구입, 시설이용 및 근로계약체결 거절) · 피케팅picketing(근로희망자들의 사업장 출입을 저지하면서 파업에 협력 요구) 등이 포함됩니다. 협의가 안 되는 경우이므로 당연히 분위기가 좋을 리 없고, 마찬가지로 사용자들도 맞대응하게 되고요. 결국 단체행동권을 얼마만큼 보장할 것인지가 핵심이 됩니다.

# 정당한 단체행동의
# 기본 조건들

판례는 근로자의 쟁의행위가 형법상 정당행위가 되기 위해서는, ①그 주체가 단체교섭의 주체로 될 수 있는 자이어야 하고, ②그 목적이 근로조건의 향상을 위한 노사 간의 자치적 교섭을 조성하는 데에 있어야 하며, ③사용자가 근로자의 근로조건 개선에 관한 구체적인 요구에 대하여 단체교섭을 거부하였을 때 개시하되 특별한 사정이 없는 한 조합원의 찬성결정 등 법령이 규정한 절차를 거쳐야 하고, ④그 수단과 방법이 사용자의 재산권과 조화를 이루어야 함은 물론 폭력의 행사에 해당되지 아니하여야 한다는 여러 조건을 모두 구비하여야 한다고 판시합니다.

이 가운데 첫 번째 조건은 달성이 어렵지 않습니다. 문제는 나머지입니다. '근로조건 향상'의 범위는 어디까지일까요? 판례는 정리해고, 사업조직 통폐합, 공장이전, 영업양도 등 인사·경영권의 본질적 내용은 원칙적으로 쟁의행위의 대상이 아니라는 입장입니다.

주요 시설의 점거, 폭력이나 파괴 행위, 파업참가 강요행위 역시 모두 위법입니다. 소극적 부작위가 아니라 의도적으로 원자재를 낭비하거나 승차비를 받지 않는 등 적극적 태업을 통해 사용자에게 손해를 가하는 것 역시 허용되지 않습니다.

그렇다면 노동쟁의로 인하여 사용자 측이 생산량 감축 등 손해를 입게 되었을 때 근로자들은 사용자에 대하여 민형사상 책임을 부담하게 될까요?

판례에 의하면 노동조합의 쟁의행위가 노동조합 및 노동관계조정법 제4조에 따라 이루어진 정당한 쟁의인지 여부에 따라 달라집니다. 노동조합이 전개한 정당한 쟁의행위는 합법적 정당행위에 해당하므로 민형사상 책임을 물을 수 없습니다.

그러나 정당성을 인정받지 못한 불법 쟁의행위일 경우 형사상 업무방해죄·손괴죄 등을 적용하여 처벌할 수 있으며, 사용자가 노동조합이나 노동자 개인에 대하여 손해배상을 청구할 수도 있습니다.

언뜻 보면 당연한 이야기입니다. 법률에 따라 행동을 했다면 자신의 권리를 정당하게 행사한 것이므로 수반한 책임을 묻지 못하고, 법률의 범위를 벗어난 경우에만 책임을 부과한다는 것이죠.

하지만 이러한 해석이 노조활동을 위축시키는 효과는 상당합니다. 왜냐하면 노동쟁의를 하는 시점에는 이 행위가 100%정당한 쟁의행위인지 판단하기가 쉽지 않기 때문입니다.

특히 많은 사례에서 사용자측은 노조 활동을 이끈 근로자를 상대로 민·형사 조치를 취합니다. 나중에 설사 무혐의·무죄 판결이 나거나 손해배상책임이 없다는 결론이 나오더라도 말이죠.

왜냐하면 회사와 근로자가 부담할 수 있는 비용과 시간에는 현저한 차이가 있습니다. 회사는 법무를 전담하는 직원이나 자문 변호사가 있기 마련이나 근로자들은 자신들이 직접 발로 뛰면서 변호사를 선임하고 증거를 수집해야 합니다. 높은 법률비용이 부담스러운 것은 말할 것도 없고요.

게다가 쟁의활동을 통해 공장이 며칠만 멈추더라도 그 비용은 근로자가 개인적으로 부담할 수 있는 수준이 결코 아닙니다. 실제로 사용자로부터 손해배상채권을 이유로 한 수십억대 민사소송이나 가압류를 당한 근로자가 이를 감당하지 못하여 극단적인 선택을 하는 경우가 종종 있습니다. 이러한 환경에서 노조활동의 전면에 나선다는 것은 자신뿐만 아니라 가족들의 생계까지도 내놓는 것이나 다를 바 없습니다. 손해배상책임을 제한·감액할 수 있어야 한다는 주장들이 나오는 상황입니다.[61]

정리해고 자체는 쟁의행위를 할 수 없으나 정리해고를 피하기 위한 근로시간 단축·배치전환·교대제 등 고용주지 방안은 교섭의 대상으로 보고 있으므로, 노동조합 입장에서는 이러한 부분을 최대한 잘 입증할 필요가 있습니다.

최근 파업사태에서와 같이 크레인이나 도크 등을 점유하고 있

---

61. 국회는 2023년 11월 노동조합의 쟁의행위 발생 시 노조원 개인에 대한 손해배상책임을 제한하는 노동조합법 개정안(이른바 노란봉투법)을 통과시켰으나, 대통령은 법률안 거부권(재의요구권)을 행사하였습니다.

었다면 주요 업무시설의 점거가 아니며 업무 방해가 없었음도 소명해야 합니다. 만만치는 않습니다. 안타깝지만 현재 법령이나 판례의 태도는 여기까지입니다.

## 노동조합의 미래는 어떻게 될 것인가?

자기가 직접 사업을 운영하는 사람이 아니라면, 대부분의 직업인들은 노동자에 해당합니다. 노동조합은 노동자들의 권익을 대변해주기 위해 만들어진 단체라는 점을 고려하면 근로자들 입장에서는 노동조합을 옹호하는 것이 합리적인 선택일 것입니다. 하지만 실상은 간단하지 않습니다. 특히 우리나라의 경우 노동조합이 근로자들을 충분하게 대변하지 못하고 있다는 지적이 있습니다. 귀족노조라거나, 많은 돈을 받는 대기업 생산직들이 노동조합을 통해 비정규직들을 착취한다는 이야기나, 노조 간부들이 취업청탁을 통해 자녀들을 회사에 입사시킨다는 것들입니다.

저 역시 노동조합의 모든 행위를 옹호하려는 것은 아닙니다. 실제로 모든 노조와 지도부가 아무런 문제도 없지는 않을 것입니다. 노조 지위를 권력으로 활용하여 부당한 행위를 한다면 비난받아야 마땅합니다. 노동조합이 카르텔이 되어서도 안 됩니다. 다만 여기에서는 흑백론이 아니라 구조적인 문제들을 몇 가지 이야기 해보고자 합니다.

먼저 현재의 노동조합이 노동 계층 전체를 대변하지 못한다는 주장은 어떻게 볼 수 있을까요? 가장 큰 이유는 일자리의 총량이 부족하기 때문입니다. 노동자가 될 기회조차 충분히 부여받지 못하는 세대에게 노동조합은 남의 이야기일 뿐입니다. 인턴 · 계약직 · 하청 구조가 늘어나면서 원청의 정규직 노조와의 갈등 역시 단순하게 볼 문제는 아닙니다.

IMF, 자본자유화를 통한 신자유주의 이후 해외 자본뿐만 아니라 국내 자본의 이동 역시 더욱 용이해진 것 역시 문제입니다. 생산 및 판매에서 '한국보다 이익이 되는 시장'이 있다면 움직이고 싶은 것은 어찌 보면 당연합니다. 우리가 더 나은 직장이나 관계를 찾아다니는 것과 마찬가지로 회사 역시 그렇습니다.

한국은 자원이 많은 나라가 아닙니다. 토지사용료나 인건비 등 생산비용 역시 이제는 낮다고 보기 어렵습니다. 인적 자원의 높은 경쟁력을 통해 기술적 발전을 이룩하는 순환을 만들지 못하면 도태될 수밖에 없습니다. 이미 심각한 수준의 청년실업, 결혼 및 출산율의 저하는 이러한 불안에 대한 전조입니다.

노동조합이 이익단체가 아니라 '갈등조정자'로서의 역할을 할 수 있어야 합니다. 권리를 주장하면서도, 밀레니얼 세대 이후의 구조적 실업을 이해하고 제도권으로 들어오지 못한 청년을 품을 수 있어야 합니다. 단체협약의 대세적 효력 확대만큼이나 잡쉐어링이나 임금피크제도와 같은 공생적 장치에도 귀를 기울여야 합니다.

하지만 그렇다고 해서 노동조합이 무용, 더 나아가 유해하다는 식의 색안경을 끼는 것 역시 너무나도 나간 이야기입니다. 사회가 빠르게 발전하면서 점점 자본의 힘은 강해지는 반면 인간 노동력의 가치가 줄어듭니다. 개별적인 힘이 약한 자들이 강자와 대등한 힘을 가지기 위해서는 집단을 이뤄야만 합니다. 노동조합의 존재 가치를 인정할 수밖에 없는 이유입니다.

일자리의 총량이 부족한 상황에서 정규직과 비정규직, 노조를 바라보는 세대 간의 갈등은 정말 복잡한 문제입니다. 산업구조의 전환과 사회의 역동성이라는 궁극적 목표를 잃지 않으면서 근로자들이 연대를 유지할 수 있는 슬기로운 해법을 찾아야 할 때입니다.

어쩌면 이 고민은, 노동자나 노동조합만의 것이 아니라 우리 사회가 전체적으로 많은 대화와 타협, 나와 다른 사람에 대한 이해를 통해 풀어나가야 할 가장 큰 숙제라고 생각합니다.

5장

# 소상공인을 위한 법

# 🏛 01

# 가맹사업

처음에 말한 것과
너무 많이 달라요

정도를 평가하여 점포 환경 개선을 조직적으로 독려하였으며, 가맹점주들에게 점포 환경 개선을 해야만 재계약이 될 수 있다는 점을 설명하고 점포 환경 개선 추진에 동의해 줄 것을 요구하고 동의서를 작성하도록 함.

한편 ○○는 자신이 선정한 시공업체에 공사를 개시하도록 하고 가맹점주에 대해 공사비용을 자신에게 직접 지급하도록 함.

(2) 2○○○. ○○. ○○. 공정거래위원회 보도자료

○○ 가맹본부 "○○"의 가맹사업법 위반 행위 제재

인알선 수수료 제공 업체들의 물품을 구입하도록 강제한 행위 등에 시정명령, 과징금 −

법 위반 내용

○○는 가맹점주에게 가격 인상 요청을 승인하는 조건으로 가맹점 운영에 필요한 식자재, 소모품 등을 자신에게 알선 수수료를 제공하는 업체들로부터 구입할 것을 강제함.

위반시 재계약 및 영업의 제한, 종전 가격으로 가격을 인하한다는 확약서를 작성하도록 하여 이행을 강요한 결과, ○○(가맹본부)는 알선 수수료 수입이 대폭 증가.

또한 ○○는 알선 수수료 수취사실을 은폐하고 직영점을 운영한 사실이 있는 것처럼 허위로 기재한 정보공개서를 제공하여 가맹사업법을 위반.

직장인들에게 점심시간은 낙입니다. 특히 식사를 한 후 삼삼오오 커피나 차를 들고 짧은 산책을 하는 여유가 기다려지기도 하죠. 지금이야 프리랜서로 살고 있지만 저 역시도 예전에는 그랬습니다. 커피가 맛있는 집, 인테리어가 예쁜 집, 외모가 훈훈한 서버가 있는 집 등 카페를 고르는 기준도 각양각색입니다. 그러다 새로운 프랜차이즈 하나가 들어왔습니다. 초반에 굉장히 인기를 끌었었죠. 메뉴도 다양하고 여러 가지 마케팅을 해서 가보는 재미가 있었습니다.

그러던 어느 날이었습니다. 사무실 또래 변호사 여럿이 급한 건에 들어갔는데 너무 힘들다고 하면서 그 프랜차이즈를 지목했습니다. 가맹점주들과의 분쟁 및 관련된 조사 건들이었지요. 더이상 그 카페에서 커피를 마시는 마음이 편하지 않았습니다. 점주님 잘못은 없었지만, 저희 모두 발길을 끊었습니다.

# 프랜차이즈를
# 정의한다면?

이제는 길에서 특정 브랜드의 음식점, 카페, 제과점, 편의점 등을 만나는 것이 특별한 일이 아닙니다. 오히려 고유한 브랜드를 가진 커피숍, 빵집, 구멍가게를 찾는 것이 어려울 정도니까요.

단일한 상호하에 영업하는 것을 프랜차이즈Franchise, 우리말로는 가맹사업이라고 합니다. 가맹사업법에서는 '가맹본부가 가맹점사업자로 하여금 자기의 상표·서비스표·상호·간판 등 영업표지를 사용하여 일정한 품질기준이나 영업방식에 따라 상품 또는 용역을 판매하도록 함과 아울러 이에 따른 경영 및 영업활동 등에 대한 지원·교육과 통제를 하며, 가맹점사업자는 그 대가로 가맹본부에 가맹금을 지급하는 계속적인 거래관계'를 의미합니다.

유명 프랜차이즈야 어느 나라를 가더라도 다들 있습니다만, 한국의 경우 최근 가맹점의 숫자가 증가하는 추세가 매우 높습니다. 가장 큰 이유는 평생직장 개념이 사라지고 명예퇴직·구조조정 등 정년 이전에 (비)자발적으로 퇴직을 하는 직장인이 늘어났기 때문입니다. 혼인 및 출산연령이 점점 늦어지고, 근로자로서의 가용 연한은 짧아지면서 아직 상당 기간 동안 일을 해서 생계를 유지해야 하는 시점에 사회로 나오는 인력들이 많아진 것입니다.

이들은 이미 젊었을 때부터 자영업을 하였던 사람들에 비하여 모아놓은 자금은 약간 있을지 몰라도, 자영업에 필요한 기술·네트워크·노하우 등은 부족합니다. 자신이 브랜드를 만들어서 사업을 시작하게 되면 사람들이 아무도 관심을 갖지 않을 것이라는 두려움도 있습니다. 반면 프랜차이즈는 가게 인테리어도 해주고, 조리도구도 설치해주고, 영업방법도 알려주는 등 초반에 여러 기술적 지원과 지도를 아끼지 않습니다. 그러다 보니 이들에게 프랜차이즈는 (성공적인) 창업으로 가는 쉬운 길로 인식됩니다.

그러나 안타깝게도 프랜차이즈 분쟁은 오히려 더 늘고 있습니다. 당연한 것이지만 세상에 공짜는 없습니다. 가맹본부의 지원과 지도는 일종의 '투자'이며 투자는 수익을 바라보고 하는 것입니다. 손해를 볼 것을 알고 투자를 하는 바보는 없으니까요. 가맹본부는 각종 비용들을 수취할 수밖에 없습니다.

## 가맹사업법상
## 정보 공개는 필수!

가맹사업법은 가맹사업에 뛰어드려는 분들이 최소한의 정보를 확인할 수 있도록 가맹계약서와 정보공개서에 영업표지의 사용권 부여·영업활동 조건·가맹금 지급·영업지역의 설정·계약기간·가맹사업 현황·가맹점 사업자의 부담 등에 관하여 비교적 상세한 사항을 기재하여 교부하거나 고지하도록 하고 있습니다(가맹사업법 제7조, 제11조). 그럼에도 가맹사업 관련 분쟁은 끊이지 않습니다.

가장 큰 이유는 불확실성입니다. 특히 예상수익률은 항상 문제의 불씨를 가지고 있습니다. 물론 '예상' 수익률이므로 그걸 믿는 사람이 더 문제가 아니냐고 말할 수도 있을 것입니다. 하지만 유동인구와 인근 매출액을 그럴 듯하게 붙여서 상권분석을 한 자료가 가맹사업 진행에 가장 큰 고려요소가 아니라고 보기도 어렵습니다. 다들 돈을 벌고 싶어서 사업을 시작하는 것일 테니까요. 그렇지만 예상은 예상일 뿐, 실제 그만큼 매출이 발생하지 않는 경우가 적지 않기 때문에 항상 분쟁거리가 됩니다.

공정거래위원회는 나름 가맹사업에 참여하려는 분들이 충분한 정보를 가지고 사업 시작 여부를 결정할 수 있도록 가맹사업 정보제공시스템(franchise.ftc.go.kr)을 운영하고 있으며 한국공정거래조정원(kofair.or.kr)에서도 가맹사업 분쟁 예방 체크리스트를 배포하여 가맹계약을 체결하고 사업을 운영하는 전 과정에서 유의해야 할 점들을 상세하게 설명하고 있습니다만, 그래도 분쟁은 끊이지 않습니다.

예상매출액 자체나 그 산출근거에 허위나 과장이 있었다면 가맹사업법 제9조 위반이 됩니다. 그리고 가맹사업법은 예상매출액에 대한 자료를 서면으로 교부하도록 하고 있으며, 그 산출근거 역시 가맹본부에 비치해두고 가맹점사업자가 요구할 경우 언제든지 연람할 수 있게 하고 있습니다(일정 규모 이상의 가맹사업에서는 산출근거를 의무적으로 교부해야 합니다). 즉, 가맹점주 입장에서는 최대한 자료들을 꼼꼼하고 객관적으로 분석하고, 위와 같은 자료들을 보관하고 있어야 실제 상황과 다를 때를 대비할 수 있게 됩니다.

## 사업을 시작하기란 쉽지가 않다

이러한 부분들이 잘 갖추어져 있다면 가맹사업법 위반과 함께 손해배상을 받을 수 있습니다. 하지만 사후적인 구제책보다 더 중요한 것은 가맹사업에 들어가기 전에 이러한 부분을 꼼꼼히 챙기는 것이 아닐까요?

누군가 그렇게 말을 하더라고요. 사업을 시작하는 것은 사람을 사귀는 것과 같다고요. 처음에는 좋은 면만 보여서 가볍게 시작하지만, 관계를 끊는 것은 그렇게 내 마음대로 되지 않는다고. 자신의 인생을 걸고 하는 만큼, 진지하게 많은 고민 후에 진행하시기를 기원합니다.

# 분쟁 해결 방법:
## 공정위 신고와 공정거래조정

업계에서 일하는 법률가들에 비하여 일반인들에게 공정거래법이나 공정위는 낯선 법률과 기관입니다. 그러다 보니 선뜻 어떠한 문제가 생겼을 때 공정위를 잘 떠올리지도 못하고, 공정위에 사건을 가지고 가야 한다는 생각을 하기도 어렵죠.

공정거래법령에 따른 문제가 있을 때 해결하는 방법은 크게 두 가지가 있습니다. 공정위에 신고를 하는 방법, 그리고 공정거래조정원에 조정신청을 하는 방법. 이 둘은 사건에 대한 접근 방식이나 결론이 상이하므로, 차이를 알아두시면 좋을 것 같습니다.

우선 공정위는 어떠한 사업자가 공정거래법령을 위반하였는지 여부를 조사합니다. 위반이 인정될 경우 시정명령(금지명령), 과징금 등의 처분을 내리게 됩니다. 과징금은 일종의 행정상 형벌을 금전적으로 내리는 것으로, 벌금과 비슷하다고 생각하시면 됩니다. 행위가 매우 위법하다고 할 경우 형사고발을 하는 수도 있으며, 이 경우 수사기관(주로 검찰)에서 사건을 이첩받아 처리하게 됩니다.

하지만 공정위는 배상이나 지급명령을 직접 내리는 경우는 거의 없습니다. 우선 피해자에 대한 금전적 배상 판단은 공정위의 역할이 아니고, 법 위반이 인정된다고 하더라도 실제 손해를 계산하기가 만만치 않기 때문이죠. 하도급법상 일부 조항에 대해서만 배상명령이 내려지는 것이 현실입니다.

그러다 보니 공정위 신고가 실익이 없다고 생각하는 사업자들이 적지 않습니다. 자신들이 부당하게 손해 본 것을 해결해달라는 것인데 공정위 판단이 끝나고 돈을 못 받는다니요. 물론 공정거래법령은 거의 대부분 손해배상 근거조항을 가지고 있기 때문에 공정위 결정 이후 민사소송을 통해 돈을 받을 수는 있습니다만, 이 경우 시간이나 비용이 적지 않게 소요될 수 있습니다.

이런 단점을 해결하기 위한 것이 조정원입니다. 조정원의 일차적 기능은 공정거래법령 위반 가능성이 있는 사건에 대한 '조정'입니다. 즉, 당사자들의 의견을 들어 배상이나 보상 조치를 취하기 위한 곳이죠. 공정거래법 위반에 대한 엄밀한 판단 대신, 1차적인 조정신청과 서면 제출만으로 공정거래법령 위반 가능성이 있다고 하면 조정기일을 통해 보상 조치를 논의합니다. 사업자들로서는 자신들이 원하는 결과를 신속하게 얻을 수 있다고 하여 최근에 사건이 많이 늘어나고 있습니다.

하지만 이 절차 역시 단점이 없지는 않죠. 가장 큰 부분은 구속력이 약하다는 것입니다. 신고를 받은 상대방 사업자가 조정에 응하지 않겠다고 하면 강제로 협상 테이블로 끌어올 수 있는 방법이 없습니다. 이 경우에는 사건이 공정위로 가야 합니다. 물론 사업자 입장에서는 공정거래법 위반이 최종적으로 선언되는 것에 대한 부담으로 인해 조정에 응하는 경우도 있습니다만, 다소 불확실한 영역이 없지는 않습니다.

피해를 본 사업자 입장에서는 두 가지의 강점과 약점을 잘 인지하고 자신의 상황과 필요에 맞게 접근을 하는 것이 좋겠습니다.

# 🏛 02

# 전자상거래/플랫폼

재주는 내가 넘고
돈은 플랫폼이 벌어요

---

**'1조 원 넘는 웹툰 시장 작가들은 쓰러진다.'**

지난 7월 23일 유명 웹툰 작가가 사망했다. 판타지 장르 웹툰
〈나 혼자만 레벨업〉(나혼렙)의 작화를 담당한 장성락 작가다.
향년 37세. 고인이 설립한 제작 스튜디오 '레드아이스 스튜디
오'는 7월 25일 "고인께서는 평소 지병이 있었고, 이로 인해
생긴 뇌출혈로 타계하셨다"라고 밝혔다.

젊은 작가의 비보에 웹툰 업계는 충격에 빠졌다. 특히 〈나혼
렙〉은 연재 종료 당시 글로벌 조회수 142억 회를 기록할 정
도로 인기를 끈 작품이다. 동명의 웹소설을 장성락 작가가 웹

툰으로 제작했다. 2021년 11월 미국 만화책 판매량 7위에 오르며 '카카오페이지 최고 흥행작'이라 불렸다. 인기 웹소설을 웹툰화하는 시도는 많이 있었지만, 〈나혼렙〉의 세계적 성공은 주목할 만한 것이었다. 〈시사IN〉이 만난 웹툰 작가들은 고인과 그의 작품에 대해 "판타지 장르 웹툰에서 기념비적인 작품" "업계에서 성공가도를 달리던 젊은 작가"라며 안타까워했다.

웹툰 작가 사망 이후 그들의 고강도 노동이 수면 위로 떠올랐다. 8월8일 현업 웹툰 작가들로 구성된 웹툰협회는 성명서를 냈다. "업계가 형성해온 살인적인 고강도 업무 환경은 엄연한 현실이다. 과도한 작업량을 멈추지 않는 한 이 순간에도 웹툰 작가는 죽어가고 있다." 한국콘텐츠진흥원이 710명을 대상으로 한 '2021 웹툰 작가 실태조사'를 보면 웹툰 작가들은 평균적으로 하루 10.5시간, 일주일에 5.9일 일한다. 12시간 이상 일하거나(40.9%), 주 7일 일하는 경우(36.6%)도 적지 않았다. 현행 근로기준법이 규정하는 법정 근로시간은 1일 최대 8시간, 1주 최대 52시간이다. 대다수 웹툰 작가는 근로기준법이 적용되지 않는 특수고용직 노동자다.

웹툰 작가들은 왜 쉬지 못할까? 웹툰 작가들은 현재 웹툰 시장을 '풀컬러 70컷 시대'라 표현했다. 회차당 채색까지 완료된 만화 70컷이 업계 표준이 되었다는 의미다. 10년 전만 해도 평균 50컷 정도였다. 그사이 플랫폼이 늘어나고 콘텐츠 경쟁이 치열해지면서 70컷이 관행으로 자리 잡았다. 독자의 시선을 오래, 많이 붙잡아둘 수 있기 때문이다. 하신아 사무국장은 "65컷 이상을 채우지 않으면 애초에 팔리지 않는 상황이다. 흑백이거나 적은 분량은 발붙일 데가 없다"라고 말했다. 격주 마감을 할 수도 있지만 대부분 주간 마감을 선택하는 이유도 경쟁력 혹은 수입과 연관되기 때문이다.

아무도 강요하지 않았지만, 작가들의 노동 시간과 강도도 '상향평준화'되었다. 〈나혼렙〉의 경우 회차마다 100컷을 넘기며 팬들 사이에선 '괴물 분량'으로 불렸다. 2018년 3월 4일부터 2021년 12월 29일까지 총 179화로 완결되었는데, 2019년 8월에는 한 달을 쉬었다. 작가의 건강 문제 때문이었다. 익명을 요구한 한 30대 웹툰 작가는 회차당 70컷이 "일주일에 하루 휴가 내기도 힘든 분량"이라고 말했다. 1인 창작자가 아니라, 여러 웹툰 어시스턴트를 둔 스튜디오의 상황도 다르지 않았다. "디지털 기계로 하는 가내수공업이라 보면 된다. 규칙적으로 생활하려 해도 주간 연재를 하면, 먹고 자는 시간을 제외하고 '올인'

해야 시간을 맞출 수 있다. 밤샘은 기본이고 끼니를 놓칠 때도 많다." 그는 갑상선에 혹이 생겨 예후를 지켜보고 있다고 했다. 하지만 웹툰 작가들은 아프거나 급한 일이 생겨도 선뜻 휴재를 원치 않았다. 작품 흐름이 끊기면 독자들의 연독률이 낮아지는 데다, 수입과 직결되기 때문이다. 하신아 작가(콘티 담당)의 경우 작품당 매주 고료 20만원을 받는다. "작품 세 개를 동시에 해야 한 달 생활이 가능하다. 갑자기 일이 중단될 수도 있기 때문에 평소 무리해서라도 작업해둬야 한다." 예술가들이 실업급여를 수급할 수 있도록 2020년 말부터 예술인 고용보험이 시행되었지만, 웹툰 작가의 가입률은 11.4% 수준이다(2021 웹툰 작가 실태조사).

웹툰 작가의 수입은 편차가 크다. 2020년 8월 한국노동사회연구소가 조사한 디지털콘텐츠 창작 노동자 노동실태에 따르면(만 15~39세 285명 대상), 웹툰·웹소설 등 디지털콘텐츠 창작자의 1년 수입 중간값은 1,700만 원에 불과했다. '억대 연봉'을 받는다고 알려진 작가는 극소수에 불과한 셈이다. 여러 웹툰 작가는 이를 '압정 구조'라고 비판한다. 압정 구조란, 다수의 무명작가와 소수 스타 작가로 이루어진 비대칭적 웹툰 시장을 빗댄 표현이다. 서울여성노조 산하 디지털콘텐츠창작

노동자지회 이수경 지회장은 "원청(웹툰 플랫폼)이 하청(스튜디오나 에이전시)을 주고, 또 하청(어시스턴트)을 주는 방식으로 굴러가고 있다. 정보와 수익의 비대칭적 구조에서 젊은 디지털콘텐츠 창작자들은 몸과 마음이 갈리고 있다"라고 말했다.

시사인, 2022. 9. 8.

● ● ●

　　제가 어릴 때는 플랫폼이라는 단어는 기차역에서 열차를 기다리는 곳을 말했습니다. 하지만 요즘 플랫폼이라고 하면 이를 먼저 떠올리는 사람은 없을 것입니다. 우리가 온라인에서 사람을 만나고, 의견을 교환하고, 주요 뉴스를 검색하고, 쇼핑을 하는 모든 창구가 플랫폼이죠. 온라인과 스마트폰을 통해 태어나 코로나 시대를 거치면서 이제는 우리의 삶에서 떼려야 뗄 수 없는 존재가 바로 플랫폼입니다. 이제는 단순히 현실의 삶을 돕는 정도가 아니라 메타버스를 통해 또 하나의 자아를 만들어 현실을 구현하는 데까지 왔죠. 실로 놀라운 발전이 아닐 수 없습니다.

　이러한 플랫폼에서 가장 큰 기능은 상거래의 기능을 보완, 아니 대체하는 것이라고 할 수 있습니다. 종래에는 오프라인 매장에서 매수인과 매도인이 만나 상품의 정보와 거래 조건을 교환한 후 물건을 구입하였습니다. 그 외에도 텔레마케팅이라고 하는 이른바 통신 판매나 방문 판매가 있었으나 대면 판매에 비하여 한정적이었습니다. 처음 홈쇼핑이 나왔을 때 많은 사람들이 혁신적이라고 하였습니다. TV 프로그램으로 물건을 팔다뇨? 요즘 분들이 보기에는 '무슨 늙은이 같은 소리야'라고 할지 모르겠지만, TV를 보면서 주문을 할 수 있다는 것이 매우 신기한 일이었습니다.

하지만 이것 역시 옛날이야기입니다. 지금은 정적인 쇼핑, 즉 소비자가 잘 알고 있는 상품을 인터넷에서 검색하여 가격이나 배송조건 비교를 통해 구매하는 쇼핑뿐만 아니라 동적인 쇼핑, 이른바 라이브커머스나 SNS 인플루언서를 통한 판매 역시 유례없이 커졌으니까요. 단순히 물건을 구매하는 일뿐만 아니라 일상 스트레스를 풀고 즐거움을 느끼기까지 하는 유희 장소입니다. 물론 저같이 물건에 관심이 없는 사람에게도 상당한 편리함을 가져다주고 있고요.

플랫폼이 단순히 이용자에게만 편리한 것은 아닙니다. 입지가 불리한 상인들, 심지어 오프라인에 장소나 설비를 갖추지 않아도 창업을 하고 사업에 참여할 수 있죠. 이는 파트타임이나, 프리랜서 등 소자본 소상공인들에게 새로운 시장을 열어줍니다. 특히 한국처럼 사람들이 가지고 있는 소비재 생산능력과 IT 기술력이 좋지만, 내수를 확장하는 데에 한계가 있는 경우에는 공간의 제약을 넘어 전 세계에 있는 생산자와 소비자를 온라인으로 연결할 수 있는 플랫폼을 이용하지 않을 수 없습니다.

## 플랫폼의 네트워크 효과와 승자 독식

물론 어떠한 사회 현상도 순기능만 있을 수는 없는 법. 플랫폼의 시장에서도 경쟁이 치열해지다 보니 여러 문제들이 발생하게 되었습니다. 우선 부익부 빈익빈, 승자독식 winner takes all 현상이 플랫폼에서도 발생하게 되었습니다. 플랫폼은 전형적으로 네트워크 효과를 가집니다. 네트워크 효과란 이용자의 숫자가 늘어날수록 그 이용자들이 얻는 후생이 비례 이상으로 급등하는 것을 의미합니다.

온라인 쇼핑몰의 사이에는 판매자와 이용자가 있습니다. 그런데 판매자 숫자가 적다면 이용자들이 충분한 쇼핑을 즐길 수 없습니다. 이용자가 없다면 판매자들이 시간과 비용을 투입할 유인이 발생하지 않습니다.

하지만 이용자가 늘어날수록 판매자들은 그 이상 찾아오고, 반대로 이 플랫폼에서 여러 가지 다양한 상품의 판매가 이루어질수록 이용자들은 하나의 플랫폼에 묶이게 됩니다. 특정 플랫폼에 대한 쏠림이 시작되는 것이지요. 십 수 년 전까지 젊은 층의 추억을 모두 간직하고 있었던 싸이월드가 사라지고 페이스북, 인스타그램 등 보다 글로벌한 SNS로 이동하게 된 데에도 플랫폼이 가지고 있는 네트워크 효과가 없었다고 보기 어렵습니다.

경쟁은 플랫폼 간에만 있는 것이 아닙니다. 플랫폼 내에서도 있습니다. 오프라인은 입지나 상권이라는 개념이 있습니다. 보증금·임대료·권리금 등은 해당 점포의 가치를 반영합니다. 하지만 온라인은 고정적인 장소가 없습니다. 어제 첫 번째 페이지에 나오던 내 가게 소개를 오늘 마지막 페이지로 보내는 것은 오프라인 세계보다 훨씬 쉽습니다.

그러다 보니 왜곡이 생기기 시작합니다. 거기다 플랫폼의 세계는 전형적으로 비용회수recoupment의 원리가 작용합니다. 직역하면 보복이나 복수로 많이 번역이 되는 recoupment라는 단어는 경제적으로 보았을 때는 일종의 투자금 회수에 가깝습니다. 즉, 초반에는 시장에서 인지도와 점유율을 올리기 위하여 광고비를 쓰고 물건도 다른 곳보다 싸게 팝니다. 적자를 감수하죠. 지금 국내 유명한 온라인 플랫폼들 중에 일 년에 수천억씩 적자를 보는 기업들이 있다는 것은 잘 알려진 사실이죠.

하지만 플랫폼의 시장지배력과 점유율이 생긴 다음에는 이를 회수해야 합니다. 결국 사람이 모이면 수수료·배달비 등 각종 비용을 올리고, 회원의 등급을 나누어 가입비에 따라 서비스를 차등 제공하고, 입점업체들로부터 광고비를 받습니다. 야박하기는 해도 기업에게 평생 손해 보는 장사를 하라는 것은 현실적이지 않으니까요.

　다만 플랫폼의 소비자 후생효과를 넘어서 소비자들의 선택권에 왜곡을 가져오고, 생산자 사이에 자본력에 따른 차별을 야기하는 시점이 된다면 긍정적 효과를 넘어서는 부정적 효과가 발생할 상황으로 보입니다. 그러다 보니 각 경쟁당국은 법과 판례 등을 통해 플랫폼의 행태를 규율하기 위한 여러 가지 경계를 만들고 있습니다.


## 플랫폼을 규제하는
## 여러 법령과 입법안들

　　　　　　　국내에서 가장 대표적인 것은 전자상거래법입니다. 소비자에게 판매자의 신원과 상품 정보를 공개하도록 하고[62] 일정기간 동안 청약을 철회(반품 및 환불)할 권리를 보장합니다.

---

62. 다만 플랫폼 사업자의 정보 공개와는 별개로 모든 상품에 대하여 똑같은 수준으로 십여 가지의 정보 공개를 의무화한 것이 옳은지에 대한 비판은 있습니다. 특히 라이브커머스로 신발이나 브랜드 의류를 판매하는 경우 소비자 입장에서는 그 제품의 정확한 상품명과 사진이 있으면 구매에 필요한 정보를 거의 다 알게 됨에도 불구하고, 모든 정보를 하나하나 방송을 하면서 읊는 것이 가능하냐는 것이지요. 실제로 저희가 OO마켓 등 중고거래를 할 때도 공정위 고시-'전자상거래 등에서의 상품 등의 정보제공에 관한 고시'에서 요구하는 모든 사항을 기재하는 경우는 매우 드뭅니다. 사기나 과장 광고로 인한 판매를 방지하기 위한 취지는 충분히 이해하나, 브랜드가 명확하거나 아니면 아예 보세 제품임을 명확하게 고지하는 경우(가령 동대문 시장에서 떼어온 물건의 리세일) 등 소비자가 그 사실을 명확하게 인지하는 경우에 대하여는 예외를 줄 필요도 있겠다는 생각이 듭니다.

실제로 광고료 지급여부에 따라 사업자의 노출 정도를 차등화하면서 프리미엄이나 기획·추천·이벤트 등 객관적이지 못한 용어를 사용하는 경우, 소비자가 구매를 선택할 때 중요한 영향을 미칠 수 있는 사실을 알리지 않은 것이므로 일종의 기만적 광고 행위가 되어 전자상거래법 제21조 제1항 제1호 위반이 됩니다.

하지만 전자상거래법은 직접 자신이 제조하거나 유통하는 물건을 판매하는 행위를 염두에 둔 것이어서 플랫폼의 활동을 점검하기에 부족하다는 지적이 많습니다. 특히 플랫폼은 직판보다는 오픈마켓 형태, 즉 판매자가 스스로 입점하여 판매행위를 하는 경우가 많기 때문에 종래 민법상 하자담보나 계약 해제·해지 이론을 적용하기도 어렵습니다. 돈은 플랫폼이 벌고 책임은 판매자가 지거나 아무도 부담하지 않는 일들이 벌어지기 시작한 것이죠. 그러다 보니 공정위는 최근 플랫폼 공정화에 관한 법률[63]에 대한 입법예고를 하게 됩니다.

이 법률안은 플랫폼과 이용자 사이에 서면 계약서 작성 의무, 내용 변경 시 사전 통지 의무 및 강제 구매, 이익제공 요구, 손해 전가, 불이익 제공, 경영 간섭, 보복행위 등 여러 불공정행위를 하지 못하도록 규정하는 것을 주요 내용으로 삼고 있습니다. 충

---

63. 정식 명칭은 '온라인 플랫폼 중개거래의 공정화에 관한 법률'입니다. 현재 공정위뿐만 아니라 여러 의원 입법도 상정되어 있습니다. 2024년 회기 종료되는 21대 국회에서 입법안이 처리될 것이라고 보는 입장이 다수입니다.

분히 의미가 있는 내용들이지만 아직도 플랫폼 규제의 경우 '법률을 통한 규제'와 '자율 규제'의 입장이 팽팽한 상황이어서, 입법이 될지 여부는 불투명 합니다.

우리가 더 이상 스마트폰과 인터넷이 없는 세상으로 돌아가기 어렵듯이 플랫폼 역시 하나의 새로운 사업유형임을 받아들이고 조화를 모색해야 할 것으로 보입니다. 산업도, 규제도 이제 첫걸음을 내딛는 만큼 모두의 지혜를 모아 합리적으로 공존하는 길을 찾을 수 있기를 바랍니다.

추가로 한마디

# 플랫폼과 스타트업 지원

몇몇 대학교 창업지원단에서 스타트업 멘토링을 하고 있습니다. 또한 저 역시 지인들의 도움(?)을 얻어 일종의 플랫폼 창업을 해보았습니다. 아직 성과는 나오기 전입니다만, 사업을 하나하나 만들어가는 과정에서 다른 분들께 많은 것들을 배우고 있는 매우 유익한 경험입니다.

최근 창업 상담을 해보면 플랫폼이 압도적으로 많습니다. 내용도 다양합니다. 연애·쇼핑·운동·언어 교환·친환경 제조·교육 등, 아무래도 학생들이 준비하는 사업이다 보니 가장 익숙하고 쉽게 접할 수 있는 플랫폼에서 시작하고 있는 것이 아닐까 하는 생각도 듭니다. 실제로 최근 20년 사이에 가장 크게 성장한 기업들이 인터넷 검색 포털이나 SNS 채널, 게임이기도 하고요. 최근 각광받고 있는 가상화폐 · 블록체인 · NFT$^{Non-Fungible Token}$ 역시 IT 쪽이죠.

멘토링을 하면서 고민이 되는 부분도 없지 않았습니다. 얼마 전에 중국 다큐멘터리를 본 적이 있는데, 20대 학생들이 무인배달 · 로봇 · 드론 · 생체 스캔 등의 영역에서 창업을 하고 있더라고요. 호기심을 넘어 섬뜩하기까지 한 내용이었습니다. 우리에게 있는 중국의 이미지가 대국부터 인권이나 문화 측면에서의 여러 이슈까지 다양합니다만, 우리는 젊은 창업가들을 이쪽으로 유인할 수 없을까 하는 고민과 아쉬움이 교차했습니다.

고학력과 IT에 친숙한 젊은 인력들이 다수 존재하는 한편 영토와 자원 등 다른 리소스는 전반적으로 낮을 뿐만 아니라 기존산업이 가지고 있는 출구는 매우 적은 상황, 우주과학 · 바이오 · 신소재 · 신에너지 같은 자본집약적 산업은 국가 · 대기업 · 펀드 등 자본의 도움이 필요한 현실에서, 기술집약적인 산업, 특히 IT 바탕의 플랫폼 산업을 키우지 않기란 어렵습니다. 그러다 보니 정부정책이나 입법안 등에서 플랫폼이 주축이 된 스타트업 스케일링과 플랫폼 규제가 동시에 나오고 어느 한쪽 손을 쉽게 들 수 없는 상황이기도 하죠.

이 부분은 '플랫폼이 들어오면 일자리가 줄어든다' 같은 단편

논리로 접근하기도 어려운 영역이라고 생각합니다. 일자리가 많아지는 것은 중요하지만 더 중요한 것은 '양질'의 일자리입니다. 양질의 일자리는 산업 구조의 고도화가 함께 가야 합니다.

예를 들면, 방글라데시나 인도 벵골 지역에는 아직도 사람이 끄는 인력거가 있습니다. 저도 한번 타보았는데, 사람이 끄는 차를 탄다는 것이 심정적으로 매우 불편했습니다. 가격도 그렇게 싸지 않고 빠르지도 않습니다. 하지만 이 지역에 있는 인력거꾼들은 오토 릭샤나 택시의 숫자가 늘어나는 것을 엄청나게 반대한다고 합니다. 인력거가 사라지면 자신들의 일거리가 없어지니까요. 하지만 그들에 대한 인간적인 미안함과 인력거 일자리를 위해 대중교통을 도입하지 않는 것은 완전히 다른 문제입니다.

결국 국가가 플랫폼 등 소프트파워에 대하여 향후 규제나 수익 공유를 염두에 두더라도, 일단은 신사업과 세계로 뻗어나가는 것을 장려할 수밖에 없는 것이 우리의 현실이라고 생각합니다. 국경이 사라진 온라인의 세계에서 우리나라 내부 통제를 통해 국내 플랫폼을 없앤다고 해서 막아지지도 않습니다. 그러면 다른 나라 플랫폼이 우리나라로 넘어올 뿐입니다.

어찌 보면 신자유주의, 자본자유화에 이은 넷$^{net}$ 자유화의 비극입니다만, 거부할지 말지를 고민할 시간적 여유가 없는 것도 사실입니다. 이미 많은 사람들이 인스타그램 · 유튜브 · 넷플릭스 · 트립어드바이저 · 에어비앤비를 자유롭게 이용하고 앞으로 수년 이

내에 이런 플랫폼이 몇 개나 더 나올지 모르는 촌각의 상황에서는, 이러한 고민조차 사치일지도 모릅니다.

제가 스타트업이나 학생 창업자들 상대로 강연 나갈 일이 종종 있는데, 여기서 하는 말을 마지막으로 마치겠습니다. 우리나라 청소년들이 유튜버를 꿈꾸는데, 유튜버가 되는 게 아니라 아니라 유튜브를 만드는 세상이 왔으면 좋겠다고요.

# 🏛 03

# 상가임대차

월세를 감당할 수 없어요

---

**'음식점 임대료 4배 폭등…… 갈등 끝에 건물주 폭행'**

서울의 한 유명 음식점 주인이 자신의 건물주를 둔기로 폭행해 긴급 체포됐습니다. 임대료 폭등으로 인한 갈등이 빚은 사건이었습니다.

주택가에서 두 남성이 승강이를 벌입니다. 잠시 뒤 망치를 든 남성이 또 다른 남성을 쫓아가는 추격전이 벌어지고, 놀란 행인들도 따라서 도망칩니다. 강남의 한 주택가에서 ○○업주 김 모 씨가 건물주인 이 모 씨를 찾아가 둔기를 휘둘렀습니다. 이들의 갈등은 2년 전 강남의 재력가인 이 씨가 종로 서촌 마

---

을의 건물을 사들이며 시작됐습니다. 맛집이 많다고 소문이 나면서 서촌 주변 월세가 급격히 오르고 있을 때였습니다.

이 씨는 10년째 족발집을 하던 김 씨에게 보증금을 3천만 원에서 1억 원으로, 월세는 300만 원에서 1,200만 원으로 4배 올릴 것을 요구했습니다.

법적 분쟁까지 번졌지만 법원은 건물주의 손을 들어줬습니다. 김 씨는 석 달가량 1인 시위를 하며 버텼지만 지난 4일, 12번째 강제 집행 끝에 결국 건물에서 쫓겨났습니다.

김 씨는 1인 시위를 하러 건물주인을 찾아갔다가 말싸움이 벌어졌고 결국 폭행까지 이어졌습니다.

이 씨는 병원에 입원했지만 생명에는 지장이 없는 상태입니다. 경찰은 살인미수와 특수폭행 등의 혐의로 김 씨를 긴급체포했습니다.

* * *

플랫폼이 온라인 소상공인을 다루고 있다면 이번에는 오프라인 소상공인에 관해 이야기해보고자 합니다.

우리나라 성인 중에 주거, 상업 또는 농·공업 등 목적을 불문하고 부동산과 관련된 이야기가 없는 사람이 존재하지 않을 정도로 부동산은 사람들의 삶에 엄청나게 큰 영향을 끼치고 있죠. 부동산 가격을 잡지 못하는 정부는 실패한 정부가 되고, 실제로 부동산 가격의 등락이나 과도한 주거비용은 결혼율·출산율에도 악영향을 미치는 주범이기도 하고요. 그만큼 심각한 사회 문제가 되고 있을 뿐만 아니라 저를 포함한 대부분의 분들은 부동산 가격이 안정화되어야 한다는 점에 동의하실 것입니다.

## 전세? 월세?
## 임대차?

오프라인 소상공인에 관해 이야기를 하기 위해선 한국의 전세 또는 월세, 법률적으로는 '임대차'라고 하는 이 제도에 대하여 알아볼 필요가 있습니다.

지금은 많은 특별법이 누더기처럼 붙어 있지만 임대차는 민법상 제도입니다. 당사자 일방이 상대방에게 목적물을 사용·수익하게 할 것을 약정하고 상대방이 이에 대하여 비용(차임)을 지급할 것을 약정하면 임대차가 됩니다. 문장에서 나오다시피 부동산에 한정된 제도도 아니고 무엇보다 전세 보증금은 임대차계약을 형성하는 필수 요소도 아닙니다.

그런데 산업화와 도시 팽창에 따라 많은 인구가 서울로 몰려들면서 이야기가 복잡해집니다. 1970년대는 지금과는 비교가 되지 않을 정도로 금리가 높은 반면, 주택 금융이라는 개념 자체가 거의 없었죠. 따라서 은행권 대출을 통해서 집을 구입하기가 쉽지 않았습니다. 반면 수도권을 포함한 권역별 대도시를 중심으로 많은 아파트의 공급과 그보다 더 많은 사람들의 수요가 생겨납니다.

이 과정에서 매달 지급해야 하는 월세 대신 목돈인 보증금을 주는 전세라는 제도는 주거 공급자(집주인)와 수요자(임차인) 모두의 필요를 만족합니다. 주거를 구입한 후 은행 대출로 집을 살 수 없으니, 목돈인 전세금으로 주거비용을 지불합니다. 은행 이자와 월세의 차이도 지금보다는 훨씬 적었으니 매달 들어올지를 걱정해야 하는 월세보다는 전세 보증금을 은행에 예금하고 안전한 고이율의 은행 이자를 받는다는 장점도 있었고요. 임차인 입장에게 가장 큰 장점은 안정성입니다. 주거 구입 직전의 목돈을 안전하게 맡겨둔다는 점도 있거니와, 무엇보다 임대인도 그 보증금 전액을 돌려주기 전까지는 임차인을 내보낼 수가 없으니까요.

그렇게 우리는 당연하게 생각하는 전세라는 제도는 대한민국의 특유한 성장과정에서 형성된 제도입니다. 심지어 위키피디아 Wikipedia도 'Jeonse'라는 표현을 '한국 부동산 시장에서 월세 대신 집 가격의 50~80% 수준의 보증금을 지급하는 임대차 제도'라고 따로 설명할 정도지요.

# 상가임차인을
# 보호하는 장치

그럼에도 불구하고 극심하게 한정된 자원인 부동산의 속성상 임대인과 임차인 사이에서 힘의 균형을 유지시키는 것은 쉽지 않은 일이라 정부는 주택에 대하여는 주택임대차보호법, 상가에 대하여는 상가임대차보호법을 제정합니다. 그러면서 대항력(임대차기간 동안 부동산의 주인이 바뀌더라도 새로운 주인에게 임차권을 주장할 수 있는 권리), 우선변제권(임차권 설정 이후 발생한 은행의 근저당권부채권 등 다른 권리에 우선하여 변제를 받을 수 있는 권리), 최우선변제권(일부 소액에 대하여는 우선변제권을 설정하지 못한 경우에도 가장 우선적으로 변제를 받을 수 있는 권리) 등을 두게 됩니다.

현행 상가임대차보호법[64]은 임차인으로 하여금 임대인에게 계약갱신을 요구할 수 있도록 하고(제10조), 계약의 갱신 과정에서 차임이 일정 비율 이상 증액되지 않도록 하는 증감청구권을 가집니다(제11조). 그 외에도 임차 건물이 경매 등으로 소유권 변동이 발생할 경우 대항력(제3조)이나 우선변제적 효력(제5조)을 가지는 것은 주택임대차보호법과 동일합니다.

---

64. 상가건물 임대차보호법

흥미로운 것은 권리금에 대한 회수기회를 준다는 것인데요, 상가임대차보호법은 신규 임차인이 임차인에게 권리금을 지급할 경우 원칙적으로 다음 신규 임차인으로부터 권리금을 지급받는 것을 방해할 수 없다고 하면서도, 임차인에게 차임 연체 등의 귀책사유가 있는 경우 예외로 하고 있습니다.

권리금은 기존 임차인과 신규 임차인 사이에 관행적으로 지급되던 것이므로 엄밀히 말하면 상가임대차보호법상 임대인과 임차인의 관계에서 벌어지는 일은 아니지만, 한국에서는 거의 대부분의 거래에서 신규 임차인이 기존 임차인에게 권리금을 지급하고 들어가고, 신규 임차인이 자신이 키운 상권을 회수할 수 있는 방안도 마땅치 않다 보니 권리금 회수를 법적으로 보장하게 된 것이지요.

즉, 임대차기간이 만료되기 6개월부터 1개월 전 사이이고, 아직 임대차기간이 10년에 이르지 않았다면(법 제10조 제2항) 임차인이 갱신요구권을 행사할 수 있습니다. 그리고 그때 보증금과 차임의 증액은 5%로 제한됩니다(법 제11조, 시행령 제4조).

과거 5년이었던 상가임대차 갱신청구 상한기간을 10년으로 늘린 것은 임차인 보호에 기여했다고 보는 의견이 지배적입니다. 하지만 여전히 임차인 보호 측면에서 지적되는 것들도 존재합니다. 예를 들어, 상가임대차보호법은 보증금과 차임[65]이 일정한 범위 안에 있는 경우만 적용됩니다. 정부가 시행령 개정을 통해 상가임대차법이 적용되는 범위를 계속 넓히고는 있습니다만, 실제 문제가 되는 곳들의 임대료나 차임 상승률을 법이 따라가지 못한다는 지적이 있습니다.

뿐만 아니라 법 제10조에 의하면 갱신청구의 예외 사유가 있는데 3기 이상의 차임 연체나 임차인이 목적물 사용과정에서 어떠한 과실을 범하였을 경우는 그럴 수 있다 치더라도, 재건축이나 철거로 인한 경우에도 갱신요구나 권리금 회수가 제한될 수 있습니다.

물론 재건축이나 철거는 집단적 개발, 안전 등 필요한 사유에 당면한 경우가 많으므로 임차권을 보장하기 위해서 하지 않기는 어렵습니다. 하지만 상가 소유자는 재건축으로 인한 이익을 다시 향유하는 반면 임차인은 다른 물건에 비하여 권리를 적게 보상받는, 임대인과 임차인의 이해갈등conflict of interest이 있는 부분이므로 인테리어 비용 회수나 재건축 이후 잔존기간에 대한 임차권 행사 등 임차권의 기대이익을 보호할 수 있는 장치들을 두어야 한다는 의견 역시 적지 않습니다.

반면 상가임대차보호법이 과도하게 임차인만을 보호한다는 주장 역시 존재합니다. 특히 이 갈등이 촉발된 것은 2020년 신종 코로나 바이러스 감염증(코로나-19)에 대응하여 법률을 개정했을 때 일어났습니다. 구체적으로 2020년 상가임대차보호법은 코로

---

65. 월차임은 100을 곱해서 보증금에 합산하게 되며, 이를 이른바 "환산보증금"이라고 합니다.

나-19 같은 1급 감염병 발생 시 임차인에게 임대료 감액청구권을 부여하고, 임대차계약 해지를 위한 임대료 연체 유예기간도 현행 3개월에서 6개월로 연장했습니다. 후자도 후자지만 전자는 국가가 과도하게 사유재산권의 행사에, 그것도 소급적으로 관여한다는 비판이 존재합니다.

각자 나름의 주장과 근거에 일리가 있는 상황이어서 어느 쪽이 옳고 그른지를 단정적으로 말하기는 어렵습니다. 다만 본질적 가치의 충돌이 무엇인지를 다시 생각하는 것으로 마무리하려고 합니다.

대한민국헌법 제119조 제1항은 대한민국의 경제질서는 개인과 기업의 경제상의 자유와 창의를 존중함을 기본으로 한다고 규정합니다. 국민이 재산을 취득하고 활용하는 것은 원칙적으로 시장과 개인의 판단에 맡기는 자본주의 시장경제의 체제를 갖추고 있죠.

하지만 헌법은 이 선언적 조항 이하에서는 국토, 자원, 농어업, 지방, 중소기업, 소비자, 대외무역, 국방 등 다양한 이유를 근거로 하여 시장경제에 제한을 가할 수 있도록 하고 있습니다. 그중에도 가장 자주 언급되는 것이, 헌법 제120조 제2항 '국토와 자원은 국가의 보호를 받으며, 국가는 그 균형 있는 개발과 이용을 위하여 필요한 계획을 수립한다'는 내용이죠. 이른바 부동산 공개념이라는 말은 위 조항에서 나오는 것입니다.

# 땅도 좁은데
# 몰리기까지

마지막 헌법 개정이 있었던 1987년이나, 36년여가 지난 지금이나, 부동산에 대한 우려와 관리 필요성이 동일하게 대두되는 가장 큰 이유는 인구에 비해서 주거용·상업용으로 개발할 수 있는 땅이 현저하게 적기 때문입니다. 변호사 생활을 하면서 국내 출장이 적지 않은데 비행기를 타고 내려다본 대한민국은 정말 산이 많습니다. 통계적으로도 산지로 분류되는 비율이 70%에 달하죠. 게다가 한국은 서울, 경기, 인천 지역이 차지하는 인구가 전체의 50%에 해당할 정도로 수도권 집중이 심각하죠.

궁극적인 문제의 해결책은 국토를 균형 있게 개발하는 것입니다. 물론 현실은 만만치 않습니다. 주거·교육·문화·산업·경제·정치 모든 것이 수도권에 집중되어 있습니다. 과밀화에 대한 단기적인 해결책을 동원하다 보니 상당한 양의 자원이 수도권에 재투자됩니다. GTX 등 교통수단의 발달에 따라 스프롤 현상은 더욱 심해지고 있습니다. 그러다 보니 제 발로 나가는 사람보다는 진입하려는 사람의 숫자가 훨씬 더 많습니다.

국토 균형 개발을 위해 누구를 먼저 내보낼 것인가에 대한 논의도 분분합니다. 행정도시로 출발한 세종시 역시 누군가는 해야 하는 커다란 실험이었고 이제는 어느 정도 자리가 잡힌 상황임에도 불구하고 잘했다는 의견과 비용 낭비라는 지적이 대립하고 있죠.

결국 권역별 특성화 도시와 함께 인프라에 대한 투자를 통해 인구가 일방적으로 수도권으로 몰리지 않고 적절한 수준으로 순환이 될 수 있도록 균형개발을 해야 할 것으로 보입니다.

꼬여버린 실타래같이 풀기 어렵겠지만 과도한 수도권 집중은 지방 소멸과 함께 혼인이나 출산 등 사회의 재생산에도 큰 악영향을 미치므로, 반드시 해결할 수 있으면 좋겠습니다.

---

추가로 한마디

# 임대차 3법

이 책에서는 상가임대차를 중심으로 다루고 있지만, 최근 임대인과 임차인 사이 갈등이 극에 달한 것은 주거 쪽이기는 합니다. 특히 2020년 임대차 3법 시행이 그것인데요. 기존 2년간 보장되던 주택 임차기간에 계약갱신청구권을 부여하여 최대 4년까지 있을 수 있도록 하고, 임대료 상승폭을 연 5%로 제한하는 전월세상한제를 도입하고, 법령 준수를 위해 계약사항을 신고하도록 하는 전월세 신고제입니다.

계약갱신청구권과 상승폭 상한은 상가에서 이미 시행을 해 본 제도이므로 입법기관에서는 이 제도가 효과적일 것이라고 생각을 하였을 것으로 판단되며, 장기적 효과에 대하여는 아직 판단하기 이른 부분이 있습니다만, 시장에 미친 단기적 혼란은 적지 않았던 것으로 보입니다. 비판의 가장 큰 부분은 전세물량이 줄면서 전세 가격이 오르고, 월세로 전환되면서 서민들이 목돈을 모으기에 더 어려워졌다는 것이죠.

당시 집권여당의 주도로 개정된 이 법률안이 서민의 삶을 궁핍하게 하려는 의도로 시작된 것은 전혀 아니었으리라 생각합니다. 다만 주거용 부동산과 상가용 부동산의 차이, 그리고 더 나아가 인간의 욕망에 대한 이해는 한번 짚어야 하지 않을까 싶습니다.

먼저 사람에게 상가용 부동산은 대체재라면 주거용 부동산은 필수재입니다. 주거난이 심각한 영국에서는 하우스보트house boat에서 사는 사람도 있다지만, 외부와 분리되어 생명과 안전을 지킬 수 있는 집이라는 것은 삶의 질에 엄청난 영향을 미칩니다. 수요 탄력성이 매우 낮죠.

두 번째는 필수재이면서 동시에 사치재luxury goods의 성격도 있습니다. 인정해야 할 부분은 인간은 남들보다 좋은 것을 가지고 싶다는 욕망이 있다는 것입니다. 교육·취업·문화 등 인프라의 차이는 단순한 집을 넘어 내구성·위치·크기 등의 측면에서 '좋은 집'에 대한 선호로 연결됩니다. 단순히 현재 사는 것뿐만 아니라 나중에 되팔 때도 인간의 선호가 이어진다면 감가상각이 적게 되거나 심지어 오를 수도 있다는 기대 역시 이러한 부분을 부추기는 측면이 있죠.

이 두 가지로 인해 주거 정책은 단선적이기 어렵습니다. 실수요자가 아닌 투자 또는 수익 목적으로 주거에 투자하는 것이 자제되어야 한다는 큰 방향에서는 동일하지만 정책이 원하는 결론을 내지 못하는 경우를 종종 보게 됩니다.

이러한 일이 현재에만 있었던 일은 아닌 것이, 1990년 정부는 전세가격 안정을 위하여 임대용 다가구주택을 대거 건축하고 임대차계약 최소보장 기간을 1년에서 2년으로 연장합니다. 그랬더니 임대물건의 공급이 확 줄어들면서 전세가격이 60% 가까이 상승합니다. 사람들의 불안심리를 자극하여 주거 구매 심리로 옮겨지게 되고 주택의 구입 가격 역시 폭등하게 되고요. 몇 년 후 분당, 일산 등 신도시 입주가 어느 정도 시작되고 나서야 안정이 되었던 1990년 주거 대란은, 최근 몇 년간 우리가 겪었던 일과 유사한 부분이 없지 않습니다.

즉, 지역 사회에 대한 장기적인 인프라 투자로 인한 특정 지역 선호를 완화하고, 충분한 물량 확보를 통해 실질수요를 대응할 뿐만 아니라 불안심리를 자극하지 않는 것 역시 주거 정책의 큰 부분일 것입니다. 정부의 정책도, 사람들의 심리도 이해는 되지만 애꿎은 서민들이 피해를 보는 결론이 반복되는 것은 너무나도 안타깝습니다. 많은 사람들의 슬기로움이 필요한 시점입니다.

# 🏛 04
# 블랙 컨슈머

### 손님이 왕이라지만,
### 왕도 잘못하면 혼나는 겁니다

사회생활을 하다 보니 단골 가게들이 늘어납니다. 사장님과 친해지면 예약도 쉽고, 서비스도 좀 더 낫죠. 무엇보다 제 기호나 손님들의 성향을 잘 알고 음식이나 주류를 추천해 주기 때문에 신경 쓸 일이 줄어든다는 점이 큰 장점입니다.

그러던 어느 날이었습니다. 조금 일찍 파한 날 혼자만의 시간을 보내고 싶어 단골 가게 중 한 곳을 찾았습니다. 마침 사장님도 마감을 하려던 참이었지요. 30분만 먹고 가도 되냐고 하니 오늘은 서비스라고 하면서 매장 문을 닫고 조촐한 안주와 술 한 병을 가지고 옆으로 옵니다. 안부와 함께 술잔을 주거니 받거니 하던 중 사장님이 불쑥 이렇게 말씀하시더군요.

"요즘 너무 진상들이 많아서 못해먹겠어요."

사장님을 괴롭히는 손님은 주로 배달을 시키는 분이었습니다.

너무나도 요구사항이 많고 까다로운데 바쁜 시간에 맞춰주기가 어려움에도 조금만 마음에 안 들면 온갖 악플을 달고 글을 올리겠다고 협박을 한다고 합니다. 처음에는 서비스 음식을 보내주거나 주문을 취소해 환불해주었다고 합니다. 손님이랑 싸울 수는 없으니까요.

그런데 점점 도가 지나쳐갔습니다. 어느 날에는 음식에서 벌레가 나와서 배탈이 나서 입원까지 했다고 하면서 막대한 치료비와 위자료를 요구했습니다. 사진도 보고 벌레도 회수했는데, 자신이 수십 년간 장사하면서 단 한 번도 본 적이 없는 유형이라서 너무 이상했다고 합니다. 당연히 위생 관리도 철저히 하고, 특히 이 손님에게 나가는 음식은 하도 말이 많으니 매번 봤다고요. 하지만 전화로 조심스럽게 의문을 제기했더니 돌아오는 건 욕설과 폭언.

사장님도 도저히 참을 수가 없어서 도대체 어떤 X인지 알고 싶어서, SNS를 추적해보았습니다. 그런데 같은 시기에 배탈과 입원은커녕, 버젓이 친구들과 클럽에서 놀고 있는 사진이 올라와 있는 것이었습니다.

"나 이 X 어떻게 할 수 없어요?"

아이고, 오늘 먹은 술과 안주는 공짜가 아니었네요.

. . .

'손님이 왕이다'라는 말이 있죠. 점주 입장에서는 손님이 매출을 올려주는 고객일 뿐만 아니라 손님들의 평판에 따라 사업의 성패가 달라지니 최선을 다해서 모시는 것은 어찌 보면 당연합니다.

특히 최근에는 온라인 플랫폼들이 발달하면서 이용자 한 명 한 명이 올리는 평가 하나에 따라서 매출이 급상승했다가 확 떨어지기도 하는 등 소비자의 영향력이 점점 강화되고 있습니다. 손님의 지위를 남용해서 말도 안 되는 '갑질'을 하거나, 심지어 거짓말로 사건을 만드는 사람들이 있습니다. 이른바 '블랙컨슈머' 문제입니다.

## 갑질의 유형과
## 그 대응법

우선 소상공인이 자주 맞이하게 되는 갑질 유형과 대응방안을 살펴보도록 하겠습니다.

첫 번째는 식사나 서비스를 다 이용한 다음에 음식이나 서비스가 마음에 들지 않는다면서 대가를 지급하지 않는 경우입니다. 사항에 따라 달라질 수는 있습니다만, 물건이나 용역의 '명칭'과 다른 것이 제공된 것이 아닌 한, 원칙적으로 환불을 해주어야 하는 상황은 아닙니다. 예를 들어 된장찌개 1인분을 시켰다고 해볼게요. 우리가 생각하는 큰 개념에서 된장찌개가 나왔다면 결과물은 제공이 된 것입니다.

그 안에 두부나 감자, 채소가 많거나 적을 수도 있고, 양념이 내 입맛에는 짜거나 싱거울 수도 있습니다. 그러나 이러한 맛이나 서비스의 관점은 주관적인 것으로, 다소 내가 원하는 수준의 식사가 아니었다고 하더라도 제공된 결과물이 미완성되었다거나 하자로 판단되기는 어렵습니다.

물론 요즘에는 배달앱 등을 통해서 주문을 하면서 '무슨 재료를 넣고, 소스는 어떻게 해서 달'고 구체적으로 요구사항을 말하는 경우도 있습니다. 까다로운 손님이라고 느껴질 수는 있지만 소비자가 주문 내용을 말했고 그것에 사업자가 승낙을 하면 계약이 체결된 것은 맞습니다. 주문을 받을 때부터 준수할 수 있는 내용인지 확인한 후 명확하게 답을 해야 합니다. 배달 시간도 마찬가지죠. 특히 이렇게 까다로운 분들일수록 나중에 클레임이 발생할 가능성이 높으니 녹음을 하고, 문 밖에 놓고 갈 때도 문자와 사진 등 증거를 꼭 남겨두는 것이 좋습니다.

간혹 식당의 규정 위반을 문제 삼아 과도하게 협박을 하는 경우가 있습니다. 특히 코로나로 인한 상황에서는 방역수칙 위반을 이유로 식당에 신고하지 않는 것을 조건으로 금전적 대가를 요구하기도 합니다. 방역수칙은 위반 시 집합금지명령, 과태료 및 형사처벌을 받을 수 있는 중대한 위반은 맞습니다. 그렇지만 방역수칙 위반을 했다고 해서 밥을 안 먹은 건 아닙니다. 신고하지 않을 테니 환불해달라 또는 금전으로 보상해달라는 대가관계 없고 정당한 요구도 아닙니다. 이러한 요구는 형법상 공갈이나 강요, 협박에 해당할 수 있습니다.

물론 식당 입장에서는 신고를 대응하느니 밥값을 환불해주는 게 더 낫다고 판단할 수도 있습니다. 어떻게 보면 나쁜 소비자들이 그러한 사업주의 심리상태를 이용해서 밥값 떼어먹으려는 것이죠. 당연히 방역수칙을 잘 준수하시는 것이 최선이기는 한데, 과도한 요구가 있을 경우에는 이러한 상황에서 형사 고소를 할 수 있다는 점은 알아두시면 좋겠습니다.

## 손님이 갑질 잘못하면 손놈 되는 법

또 자주 발생하는 유형은 음식에서 이물질이 발견되는 경우입니다. 이물질이 들어간 음식은 하자이므로 음식값 환불은 합리적 범위 안에 있습니다. 그것에 더해서 실제 먹고 탈이 난 경우 치료비도 배상할 의무가 있습니다.

다만 먹지도 않았음에도 단순히 환불 정도가 아니라 엄청나게 큰 합의금을 요구하는 사례도 종종 있습니다. 실제 발생한 손해를 현저히 넘는 과도한 보상을 요구할 경우에는 공갈, 강요, 협박 등이 성립합니다.

더 나쁜 사례는 자기가 직접 이물질을 넣고 허위 신고를 하는 경우입니다. 실제 분쟁이 되는 경우에는 식당 내부 CCTV를 확인해보거나, 이물질의 성분분석을 전문기관에 맡겨서 해당 물질이 음식의 제조 과정에서 나올 수 있는지 감정을 하는 경우도 있습니다. 물론 이물질이 어디서 들어갔는지 밝혀지지 않는 경우도 많습니다. 식당에서 정말 결백하고 억울하다면 사기나 손괴 등 형사 고소를 할 수도 있습니다.

매장에 찾아와서 직접 행패를 부리는 경우도 있습니다. 이럴 때는 우선 퇴거를 시키는 것이 좋습니다. 매장의 소유 또는 점유자의 의사에 반하여 침입하거나, 관리자가 정당하게 퇴거 요청을 하였음에도 퇴거에 불응할 경우에는 주거침입죄 또는 퇴거불응죄(형법 제319조)가 성립합니다. 거기에 폭언을 하거나 난동을 부리면서 영업을 방해하였다면 업무방해죄(형법 제314조), 기물이나 음식을 훼손하였다면 손괴죄(형법 제366조), 직원에게 물리적인 가해나 폭언을 하였을 경우 폭행(형법 제260조)이나 협박죄(형법 제283조) 등이 추가로 성립할 수 있습니다.

고객이 갑질 한 번 했을 때 이렇게나 많은 죄가 성립할 수 있다고요? 손님도 잘못하면 손놈이 되는 법입니다.

# 때로는 리뷰가
# 명예훼손이 된다고?

　　명예훼손에 관한 사례들도 적지 않습니다. 특히 인터넷과 SNS가 발달하면서 평점을 매기고 리뷰를 작성하는 일이 매우 빈번합니다. 저 역시 어느 지역에 가서 식당을 고를 때 한 번쯤은 점수와 댓글 개수를 확인하니까요.

　문제는 별점이나 댓글이 사업자 간 품질과 서비스 경쟁을 촉진시키는 순기능도 있지만, 왜곡이나 피해가 발생하는 것도 사실입니다. 댓글 알바나 뒷광고 경쟁은 기본이고, 블로거지(블로거 + 거지)라고 하는, 품평글 작성을 댓가로 해서 협찬이나 후원을 요구하거나, 반대로 사업자들이 협조하지 않을 경우 부정적인 여론을 조장하는 사람들을 뜻하는 신조어도 생겨났습니다.

　소비자가 별점을 나쁘게 주는 정도는 개인의 주관적인 평가라 막기 어렵습니다. 소상공인 입장에서 억울한 부분도 있지만 소비자가 누리는 표현의 자유 역시 헌법상 보장된 기본권이니까요.

　하지만 사실을 왜곡하거나 악의적으로 명예를 훼손하는 글을 작성하면 허위사실에 의한 명예훼손죄(형법 제307조 제2항, 정보통신망을 통해 작성할 경우 정보통신망법 제70조 제2항 위반)가 성립할 수 있습니다. 인터넷을 통해 많은 의사소통이 이루어지는 시대이다 보니 SNS나 각종 웹 포럼, 인터넷 카페 등을 통한 명예훼손 사례들이 엄청나게 늘어나고 있고, 법에서도 꽤 강하게 다루는 편입니다.

물론 단순히 '맛이 없다' '비싸다' '별로 마음에 들지 않는다'는 정도의 가치 평가는 소비자의 권리로 볼 여지가 있습니다만, 국산을 사용하는데 수입산을 쓴다고 말하는 등 허위 사실이 포함되어 있다면 명예훼손이 될 가능성도 높아집니다. 실제 처벌 사례도 꽤 있고, 합의나 민사소송을 통해 손해배상을 받는 것도 다른 사안들에 비해서는 상대적으로 잘되는 편이므로 증거를 확보하고 고소를 진행하는 것을 충분히 고려해볼 수 있습니다.

다만 사업자 입장에서는 이렇게 법률적인 권리가 있다고 하더라도 막상 실행하기가 쉽지 않습니다. 소비자가 처벌받는다고 해서 실질적인 이익은 별로 없으면서 시간이나 비용은 많이 들고, 또 자칫 동네에서 소비자랑 싸우는 가게라고 소문이 날까 봐 무섭기도 하기 때문입니다.

그러다 보니 억울한 마음에 손님의 행동이 담긴 CCTV이나 녹취를 SNS에 터트리는 식으로 싸우는 경우도 보았습니다만, 조심해야 합니다. 사업자가 반대로 명예훼손 고소를 당할 수도 있으니까요. 물론 우리 법령은 사실 적시에 의한 명예훼손이 공익을 위해서 이루어졌다면 처벌하지 않습니다만, '공익성' 판단은 사안마다 차이가 있으며 개인이 쉽게 생각해서도 안 됩니다. CCTV는 개인정보보호법상 설치 목적에 부합하는 경우에만 활용이 가능하므로 더욱 조심해야 하고요.

여러모로 소상공인들이 답답한 시절입니다. 이러한 권리들을 행사해야 하는 일이 오지 않기를 바라겠습니다만, 도저히 안 돼서 한번 싸워야 한다면, 잘 알고 싸우면 좋겠습니다. 저도 잘은 모르지만, 막상 장사 오래 하신 분들게 여쭤보면 그렇게 말씀하시더라고요. 블랙컨슈머 한 명 내쫓는다고 사업 망하지는 않더라고요.

---

**추가로 한마디**

## 사업자가 고객을 평가할 권리

이렇게 소비자들의 갑질 이슈가 문제가 되고, 한번 거래 관계가 시작하면 소상공인 입장에서 끌려 다닐 수도 있다 보니, 애초에 '이런 손님한테는 안 팔아!' 하고 손님을 거부하는 식당들이 생겼습니다. 가끔 'ㅇㅇㅇ님'은 들어오지 마세요라고 적극적으로 언급하거나, 아니면 특정한 집단, 나이대나 동반자(아동, 애완동물 등) 자체를 거부하는 것이지요.

차별인지에 대한 논란이 있고, 얼마 전 인권위에서 아동이 좋아하는 음식을 팔면서 아이를 동반한 가족의 출입을 거부하는 것은 차별에 해당할 수 있다는 권고 결정이 내려지기도 했습니다만,

의사나 소방관처럼 어려운 사람의 도움 요청을 법으로 거부할 수 없도록 한 경우가 아니라면 일반적인 서비스업에서는 반드시 모든 고객을 다 받아야만 하는 것은 아닙니다.

뿐만 아니라 더 나아가 포털이나 앱에서 가게만 평가의 대상이 되는 것이 아니라 소비자도 평가를 하도록 해서 문제가 심한 사람은 사용하지 못하게 해야 의견도 있습니다. 소비자라도 하더라도 권한을 남용한다면 온라인 전체를 위해 권리를 제한해야겠죠. 충분히 일리가 있는 말이라고 생각합니다.

편리해진 문명만큼 건전한 인터넷 환경을 만드는 것은 우리 모두의 몫입니다. 더 빨라진 세계가 악의와 혐오와 공격으로 오염되지 않기를 바랍니다.

6장

# 중소기업을 위한 법

01

# 불공정거래

열심히 키워놓은 사업을
본사에서 가져간다면?

> 종료유형 : 성립(당사자 합의)
>
> 〈종료요청 내용〉 B는 A와 20○○. ○○. ○○. 합의서를 체결
> 하고 USD ○○○,○○○를 A에게 지급해주기로 하여 종료를
> 요청함

● ● ●

40대인 젊은 사장님이었습니다. 대기업에서 IT 관련 업무를 하다가 본인 사업을 위해 대리점을 열었습니다. 해외에 직접 찾아가 한국 시장 상황 및 자신의 영업 전략을 설명하면서 몇몇 소프트웨어 회사로부터 판권을 받아왔습니다. 이후 국내 굴지의 업체들을 상대로 기술 영업을 했습니다. 성실하게 노력한 결과, 고객과 매출이 점점 늘어갔습니다. 조금만 더 있으면 집을 담보로 받은 대출금을 회수하고 수익을 낼 수 있을 것만 같았습니다.

바로 그때였습니다. 갑자기 외국계 본사가 계약 해지 통보를 하였습니다. 아무런 이유도 없었습니다. 그냥 자신들이 하겠다는 말이 전부였습니다. 아무리 항의를 해보아도 소용이 없었습니다. 회사의 기존 직원을 빼가서 별도 법인을 만들더니 엄청나

게 지원했습니다. 사장님이 몇 년 동안 열심히 발굴한 고객들도 그대로 가져가 버렸습니다. 점점 대출 만기는 다가왔고, 외국계 본사의 횡포에 분통이 터지기 직전, 저를 찾아오게 되었습니다.

## 불공정거래행위의 유형 및 내용

본사로부터 판매권을 얻어 시장을 개척했더니 장사가 잘될 시점에 이르러 제품의 판매권을 빼앗아 가는 일은 전형적이라 느낄 정도로 많이 있습니다. 본사에서는 '계약에서 정한 기간에 따라서 종료했는데 무엇이 문제인가? 그러면 애초에 계약 기간을 길게 했으면 되는 것 아니냐?'라고 반문할 것입니다. 물론 현실적으로는 계약 기간을 길게 달라고 했더라도 본사에서 계약 기간을 길게 줄 가능성은 없었을 것입니다. 대리점이 이 제품을 잘 팔 수 있을지 없을지도 모르는데 기간만 길게 주었다가 시장 주도권을 경쟁사에게 빼앗길 수도 있으니까요.

다만 애초부터 당사자의 협상력 차이에 따라 딱 시장이 무르익을 때까지만 기간을 준 다음에 매출이 커지고 수익이 향상될 시점에 판매권을 직접 가져가거나 자회사나 다른 계열사에 주는 경우가 상당히 자주 있습니다. 그리고 공정거래법은 이러한 행위에 대해 손을 놓고 있지는 않습니다.

공정거래법 제45조 제1항 제1호는 부당하게 거래를 거절함으로써 공정한 거래를 저해할 위험이 있는 행위를 불공정거래행위라고 하여 금지하고 있습니다. 그리고 여기에서 거래의 거절은 계약 기간 여부를 불문하고 '거래의 개시' '거래의 중단' '거래의 종료'를 포함합니다. 즉, 본사가 계약 기간이 만료되었다는 이유만으로 계약을 당연히 종료시킬 수 있는 것은 아닙니다.

그렇지만 한편으론 이러한 행위들이 다 위법이 되는 것도 아닙니다. 법률에서도 '부당하게 거래를 거절하여' '공정한 거래를 저해할 우려가 되는 행위'를 금지한다고 되어 있습니다. 즉, 이러한 거래의 거절이 '부당한' 행위이어야 하고, 그 결과로 '불공정성'이 발생해야 합니다. 법률 용어로는 부당성, 경쟁제한성이라고 하고 영미법계에서는 합리성 심사rule of reason test[66]라고도 합니다. 이 합리성 심사를 거쳐야 한다는 것이 공정거래법이 매우 까다롭고 어렵게 느껴지는 이유이기는 합니다.

## 다양한
## 불공정거래행위

한편 '판매 목표량을 맞추도록 강제하는 것' 역시 불공정거래행위 중 하나(판매 목표 강제)가 됩니다. 특히 공정위에서 제정한 내부준칙(불공정거래행위 심사지침)은 판매 목표를 지키지 못하였다는 이유만으로 계약을 해지하는 것을 부당한 거래 거절의 예시로 삼고 있습니다.

총판 거래의 경우 대리점이 본사로부터 물건을 못 받으면 동일한 물품이나 이 물품과 경쟁이 될 만한 다른 회사의 물건을 단시간 내에 받기가 사실상 불가능합니다. 따라서 총판이 시장에서 경쟁을 하지 못하고 퇴출되는 것은 명백하므로 경쟁제한성 역시 인정될 수 있을 것입니다.

즉, 이러한 경우에는 공정거래법상 불공정거래행위 중 하나인 부당한 거래 거절이라고 주장하면서 공정위에 신고를 하거나, 한국공정거래조정원에 조정신청을 할 수 있을 것입니다. 물론 민사소송도 가능하나, 통상 공정거래법 및 공정위가 소관하는 법령의 경우 공정위나 조정원 절차를 거치는 것이 간이한 부분이 있습니다(무엇보다 인지대나 송달료를 내지 않습니다).

마지막으로 계약 기간이 경과함에 따라 종료하였을 뿐 다른 사유가 개입되지 않았을 경우에는 어떻게 되는지도 간략히 살펴보겠습니다. 이 경우만을 100% 다루고 있는 선례가 명확하지는 않

---

66. 공정거래법은 행위가 존재하는 것만으로도 경쟁제한적 성격을 가지게 되는 것과 부당성과 불공정성을 따져봐야 하는 것들로 나뉩니다. 전자가 당연위법(per se illegal)심사, 후자가 합리성 원칙(rule of reason)심사입니다. 미국에서는 중간적 지위로서 위법성이 어느 정도 추정되나 반증이 가능한 Quick Look Test라는 기준을 별도로 언급하기도 합니다. 종래적인 관점에서는 수평적 담합은 당연위법이 적용된다고 보는 입장이나 최근에는 대부분의 관할(jurisdiction)에서 당연위법보다는 합리성 심사를 통해 부당한 것으로 보이는 행위에 합리적인 사유가 있는지, 반대로 불공정한 결과를 초래하는지를 살펴보는 것이 일반적입니다.

으나 다른 불공정하거나 부당한 사유가 없다면 계약 기간 만료를 이유로 거래를 종료하였을 때 무조건 부당한 거래 거절이라고 판단하기는 쉽지 않을 겁니다. 그렇게 된다면 모든 계약 종료의 건이 공정거래법상 분쟁의 대상이 된다는 것이니까요.

다만 총판 입장에서는 계약은 어쩔 수 없이 끝낸다고 하더라도 매출 증대 및 시장 확보에 따른 보상을 받고는 싶을 것입니다. 관련하여 상법은 제92조의 2에서 대리상이 거래 종료시 영업 증가분에 대한 보상을 청구할 수 있는 규정(이른바 "대리상의 보상청구권")을 두고 있으나, 상법상 보상청구권은 '대리상' 즉, 위험을 부담하지 않는 위탁매매의 경우에 인정하고 있는 것이어서, 위험이 이전되는 거래(이른바 buy and sell 거래)에서도 이러한 보상청구권이 인정되는지는 여러 견해가 있고, 판례 역시 상황에 따라 달리 판단하는 듯합니다. 상가임대차거래와 마찬가지로, 이러한 대리점의 시장 확충의 경우에도 상법이나 공정거래법 등에서 합리적인 보상의 기준을 마련해주는 입법에 대하여 진지한 고려가 필요한 상황입니다.

# 이런 문제를
# 막기 위해선

그리고 공정거래법 · 상법적 관점이 아니라 보

다 궁극적인 이야기를 해보려고 합니다. 대한민국이 세계 10위권 경제대국이 되었다고 하지만 대한민국의 수출품들은 기계·화학·전자 등 다소 B2B적인 것이 많습니다. 아직 식품·주류·의류 등 기호품 성격의 소비재는 '외국의 것이 더 멋지고 좋다'라는 인식이 있습니다.

그러다 보니 해외 명품들이 그 나라에서보다 한국에서 훨씬 더 비쌈에도 물건이 들어오기가 무섭게 동이 나는 일들이 벌어지고는 합니다. 장기적으로는 소비재나 소프트파워적인 측면에서 한국의 브랜드 가치를 높이는 일들이 해외 본사와 국내 총판, 대리점 사이의 본질적 갈등을 줄이는 계기가 되지 않을까 싶습니다.

---

추가로 한마디

## 전직금지약정과
## 영업비밀침해금지

본사와 자회사, 총판과 대리점 등 사이에서 자주 나오는 쟁점 중 하나가 외국 본사가 한국에 자회사를 설립하면서 총판의 직원을 빼가는 것입니다. 외국 본사 입장에서는 자신의 제품과 한국 시장에 대하여 잘 아는 사람을 데려갈 수 있고, 총판의 직원 역시 한국 총판의 직원에서 외국계 회사의 자회사 임원급으로 신분상승(?)을 할 수 있는 계기이니 마다할 이유가 없겠죠. 대부분 이직 후 연봉이 높기도 하고요.

물론 헌법상 회사는 영업의 자유를, 개인은 직업선택의 자유를 가지고 있으므로 이러한 행위가 절대로 안 되는 것은 아닙니다. 하지만 무조건적으로 허용하게 될 경우 기존 사업자는 여러 피해에 노출될 수가 있습니다. 그래서 기존 사업자를 보호해주기 위한 장치들이 전직금지약정과 영업비밀침해금지입니다.

우선 전직금지약정은 회사(한국 총판)가 직원과 근로계약을 체결할 때 '우리 회사에 있는 동안 또는 퇴사 후 몇 년간(보통 1년 정도) 경쟁사의 일을 하면 안 된다'라는 조항입니다. 우리 회사에서 일을 하면서 노하우·기술·영업정보 등을 많이 알게 될 텐데 경쟁사로 가게 되면 우리 회사의 이익이 침해된다는 것이지요.

물론 이 전직금지약정은 항상 유효하지는 않고 과도할 경우 법원이 무효를 인정하는 경우도 있습니다만, 사업자 입장에서는 예방 및 경고의 차원에서라도 주요 직원과는 체결하는 것을 생각해 볼 수 있습니다. 반면 근로자는 자신이 서명하고 있는 서류들 중에 전직금지약정이 있는지 잘 살펴봐야 할 것이고요.

전직금지약정에 당사자들이 합의하기만 하면 계약이 성립하는 것과 달리 영업비밀침해금지는 구체적인 영업비밀의 침해가 필요합니다. 다시 말하면, 머리에만 있는 것을 그대로 가서 풀었다고 해서 영업비밀침해가 되는 것은 아니고 회사에서 '영업비밀'이라고 표시하고 관리한 것들(대체로 '대외비' 'confidentiality' 등의 표시가 붙거나 암호화, 잠금을 해둔 것들입니다)을 외부로 반출하거나 사용해야 합니다.

그러나 퇴사를 하자마자 경쟁사로 이직을 하거나 경쟁사를 세웠을 때는 전 직장의 영업비밀을 가지고 나갔을 확률이 매우 높으므로, 포렌식 검사 등을 통해 영업비밀침해가 발생하였는지를 면밀하게 살펴볼 필요가 있습니다.

02

# 단가인하

제발 좀
그만 깎아달라고 하세요

**2○○○. ○○. ○○. 공정거래위원회 결정**

**제2○○○-○○○호**

사건명 : ○○○의 불공정하도급거래행위에 대한 건

주문 : 1. 피심인은 ○○에 대한 ○○ 작업의 제조위탁과 관련
하여 정당한 사유 없이 일률적인 비율로 단가를 인하하여 하
도급대금을 결정한 것과 같이 부당하게 하도급대금을 결정하
는 행위를 다시 하여서는 아니된다.

2. 피심인은 (전항과 동일) 일률적인 비율로 단가를 인하하여
결정하여 발생된 종전 단가 기준과의 차액인 ○○○,○○○,○

○○원을 ○○에게 지체 없이 지급해야 한다.

3. 피심인은 다음 각 호에 따라 과징금을 국고에 납부하여야 한다.

　가. 과징금액 : ○○○,○○○,○○○원

　나. 납부기한 : 과징금 납부고지서에 명시된 납부기한(60일)

　이내

　다. 납부장소 : 한국은행 국고수납대리점 또는 우체국

이유(요약) : 피심인은 ○○에 대하여 ○○ 작업을 제조 위탁하는 과정에서 경기 불황, 제품가 하락, 물량의 감소, 원자재 가격 상승 등 경영상 어려움을 이유로 해서 정당한 사유 없이 종전 계약 단가에 대하여 ○○%씩 일률적인 비율로 인하하여 하도급대금을 결정하였다.

이에 대하여 피심인은 경영상 어려움으로 수급사업자와의 합의가 있었다고 주장하나, 이 사건 단가인하와 관련한 당사자 간 진정한 의사에 따른 합의가 있었다고 보기 어렵다. 경영상 어려움이나 원자재가격 변동은 인건비가 대부분을 차지하는 이 사건 하도급 관계없이 독립적으로 대응해야 하는 사안이다. 피심인이 꾸준히 영업이익을 시현하고 있는 점을 볼 때

> 심각한 경영위기에 직면하였다고 보기도 어렵다. ······이 사
> 건 공사의 경우 단가 인하의 부당성이 현저한 점을 볼 때 피
> 심인의 주장을 받아들이지 아니한다.

• • •

여러분들은 하도급, 일본식 표현으로는 하청이라는 표현을 적지 않게 들어보셨을 것입니다. 하청, 아래로 부탁을 내린다는 뜻이죠. 일단 '아래'라는 의미가 들어간 것부터 사실 그렇게 긍정적인 뉘앙스는 아닙니다. 제가 처음 하도급 사건을 맡게 되었을 때도 아주 달갑지는 않았습니다. 대형 로펌에 있을 때라 원청, 하도급법상으로는 '원사업자'의 업무를 맡기는 했었죠. 그때는 제가 이렇게 하도급과 기나긴 인연을 맺게 될 줄은 몰랐습니다.

## 마음대로 가격을 깎을 수 없다?

부품을 주문한 회사("원사업자")가 부품을 제조하는 회사(하도급법에서는 "수급사업자"라고 합니다)에게 부품 가격을 수시로 깎아달라고 요청을 하면서 난감한 상황이 벌어지는

경우가 많습니다. 사실 가격이야 회사, 개인 할 것 없이 모두에게 가장 중요한 거래조건이고 물건을 사려는 자는 최대한 싸게, 팔려는 자는 최대한 비싸게 팔고 싶은 것이 인지상정입니다. 그러다 보니 가격을 흥정·협상하는 것은 너무나 자연스럽게 벌어지는 현상이고 이에 국가가 일일이 개입한다는 것은 바람직하지도 않고 현실적이지도 않습니다.

그러나 하도급법의 경우 원사업자가 수급사업자에게 물품의 제조 등을 위탁하는 '지위'를 가지고 있다는 점을 고려하여 이러한 가격 결정 방식에 대하여 몇 가지 제한을 두게 됩니다. 하도급법은 제4조에서는 부당한 하도급대금의 결정 금지, 제11조에서는 감액 금지 조항을 두고 있습니다.

구체적으로 들어가면 먼저 하도급법 제4조는 원사업자가 수급사업자에게 위탁 시 부당하게 일반적으로 지급되는 대가보다 낮은 수준으로 하도급대금을 결정해서는 안 된다고 하면서 그 예시로 ①정당한 사유 없이 일률적인 비율로 단가를 인하, ②일방적으로 일정 금액 할당 후 감액, ③정당한 사유 없이 특정 수급사업자를 차별 취급, ④거래조건 착오, 다른 사업자의 견적 또는 거짓 견적을 내보이는 등의 방법 이용, ⑤일방적으로 낮은 단가, ⑥수의계약[67] 체결 시 정당한 사유 없이 직접공사비보다 낮은 금

---

67. 발주처에서 계약 상대자를 선정할 때 입찰을 실시하지 않고 특정한 사업자로 미리 결정한 후 거래조건 등을 협의하는 방식

액, ⑦경쟁입찰 시 정당한 사유 없이 최저가 입찰 금액보다 낮은 금액, ⑧계속적 거래 시 원사업자의 경영적자, 판매가격 인하 등 수급사업자의 책임 없는 사유로 하도급대금을 결정하는 행위를 금지합니다.

또한 하도급법 제11조는 하도급대금을 결정한 이유 정당한 사유 없이 감액을 해서는 안 된다고 하면서 ①위탁할 때 명시하지 않은 협조요청, 거래 상대방의 발주취소, 경제상황 변동 등 불합리한 이유, ②단가 인하 합의 전 위탁 부분에 대한 소급 적용, ③현금 지급 또는 지급기일 전, ④원사업자에게 손해가 실질적으로 발생하지 않는 수급사업자의 과오, ⑤원사업자의 장비나 물품 사용시 적정한 대가 이상을 공제, ⑥물가나 자재가격 인하, ⑦(원사업자의) 경영적자나 판매가격 인하, ⑧원사업자가 부담해야 하는 고용보험료·산업안전보건관리비 등의 전가를 이유로 하도급대금을 감액하는 행위를 금지합니다.

## 그러나 단가는
## 후려쳐지고

이 가운데서 자주 발생하는 사유들은, 제4조 제2항 제1호의 일률적 단가 인하 - 예를 들어, 신년 단가 협의를 하면서 모든 부품에 대하여 2%씩 감액하는 경우, 제2호의 일정 금액 할당을 통한 단가 인하 - , 인하 총액을 1,000만 원으로 맞춰 놓고 개별적 부품의 가격을 맞추는 경우, 제5호의 일방적 단가 인하 - 어떠한 협의과정도 없이 일방적으로 단가 인하를 통보하 거나 강제하는 경우, 제7호의 경쟁입찰 이후 단가 인하 - 입찰을 통해 사업자가 선정된 후에 가격협상을 통해 추가적으로 단가를 인하하는 경우, 제11조 제2항 제2호의 소급적 단가 인하 - 단가 협상이 완료된 시점 이전(주로 그해의 1월 1일)부터 인하된 단가를 일방적으로 적용하는 경우들입니다.

예를 들어 '신년계획으로 몇 %의 단가를 일률적으로 내리겠다' 라고 하면 하도급법 제4조 제2항 제1호의 일률적 단가 인하에 해 당하므로 부당한 하도급대금의 결정으로 인정될 가능성이 매우 높습니다. 물론 법률상 '부당하게' '일반적으로 지급되는 대가보다 낮은 수준' 등 추가 요건이 부기되어 있으나, 원사업자가 이러한 단가 인하가 정당함을 입증하기란 거의 불가능에 가깝습니다.

이처럼 하도급법은 단가를 결정하거나 변경하는 과정에서 원 사업자와 수급사업자가 충분한 협의 없이 일방적이거나 소급적 으로 단가를 인하하거나, 수급사업자에게 착오를 일으켜 단가를 인하하거나, 원가에도 못 미치는 수준으로 단가를 인하하는 것 을 방지하는 등 어느 정도의 보호장치로서의 역할을 수행하고 있습니다.

# 약정 할인이라는
# 함정

하지만 실무에서는 이렇게 법 위반이 명확한 문제만 있는 것은 아닙니다. 가령 형식적으로는 단가 인하를 협의하는 서류나 회의록이 존재하기는 하나, 원사업자가 '갑'이고 수급사업자가 '을'이 명확한 하도급 거래에서 진정한 협의가 맞는지에 대한 의문은 항상 있습니다.

무엇보다 아직 의견이 분분한 것은 이른바 업계에서는 '약정 CR'Cost Reduction이라는 표현으로 더 많이 사용되는 약정 할인입니다. 이 제도는 계약을 체결하면서 미리 향후 몇 년 치 할인율을 결정해두는 것입니다. 예를 들어 어떠한 부품의 단가를 10,000원으로 결정하면서 3년간 매년 2%의 할인율을 적용한다면 첫 해는 10,000원, 둘째 해는 9,800원, 셋째 해는 자동적으로 9,604원이 되는 것입니다.

이러한 약정CR에 대하여 원사업자는 '3년간의 단가 인하를 고려하여 첫 해 단가를 높게 잡은 것이고, 이미 원사업자와 수급사업자가 모두 합의한 것인데 무엇이 문제냐?'라는 입장입니다. 생산이 거듭될수록 수급사업자의 효율이 올라가고 하자율이 떨어질 테니 그러한 이익을 단가에도 반영하겠다는 시각도 투영되어 있고요.

반면 수급사업자 입장에서는 생산성 향상으로 인한 이익은 수급사업자가 취해야 하는 것인데 원사업자가 힘으로 가져간다고 억울하게 생각할 수도 있을 것입니다. 많은 사업자뿐만 아니라 정치권, 학계에서도 관심을 가지고 있는 이러한 약정CR 문제는 많은 고민과 검토가 필요한 문제입니다.

만약 원사업자가 하도급법에 위반하여 부당하게 하도급 대금을 결정하거나 단가를 인하한 것이 인정되는 경우에는 하도급법에 따라 과징금을 부담하고 형사처벌을 받게 될 수 있을 뿐만 아니라 수급사업자에 대하여 손해배상책임도 부담합니다.

그러나 단순히 손해배상책임을 부담하게 해서는 수급사업자의 피해 회복이 완전하기 어렵고, 원사업자에 대하여도 예방적 효과가 크지 않을 수 있습니다. 손해배상청구권은 원고인 수급사업자가 그 손해를 입증해야 하는데, 단가가 인하된 부분 중 정당한 부분과 부당한 부분을 완전하게 구분하기 어려울 뿐만 아니라 소송에 걸리는 기간, 소송비용을 고려하면 어떠한 권리를 행사하기 어렵다는 것이죠(심지어 공정위 신고를 하였을 때 하도급 관계에서 짤릴 수 있을까라는 우려도 있는데, 이 부분은 '추가로 한마디' 부분에서 다루도록 하겠습니다).

# 갑질을 막기 위한
# 징벌적 손해배상

　　　　　이러한 부분을 고려하여 우리 법률은 징벌적 손해배상이라는 제도를 운영하고 있습니다. 구체적으로 하도급법은 원사업자가 제4조의 부당한 하도급대금 결정, 제11조의 대금 감액뿐만 아니라 제8조(부당한 위탁취소의 금지), 제10조(부당반품의 금지), 제12조(물품구매대금 등의 부당결제 청구의 금지), 제19조(보복조치의 금지) 등을 위반한 경우에도 손해액의 3배를 상한으로 하여 손해배상책임을 부담할 수 있도록 하고 있습니다.

　물론 아직 한국에서는 손해배상을 '손해의 형평적 분담'으로 보는 관점으로 인하여 징벌적 손해배상제도가 도입된 경우에도 활성화가 되고 있지 못하다는 비판적 견해가 있습니다만, 손해를 보전하는 것 뿐만 아니라 법 위반을 예방하고, 더 나아가 과도한 형사벌 적용을 줄이는 측면에서라도 징벌적 손해배상은 앞으로 더욱 적용 사례가 늘어날 것으로 예상합니다.

　마지막으로 이러한 단가 인하와 관련한 궁극적인 문제를 짚어보고자 합니다. 이러한 단가 인하 문제 뒤에는 한국의 산업 구조 문제가 얽혀 있습니다. 부품회사들이 모여 완성물품 업체를 설립하거나 부품회사들이 원천기술을 가지고 다양한 산업군에 물품을 공급하는 서구의 모델과 달리, 한국은 대기업이 먼저 성장하면서 그중 일부를 분사하거나 아웃소싱하는 방법으로 부품업체들이 탄생한 역사를 가지고 있습니다.

따라서 부품사들이 특정업계·특정고객으로 판매처가 한정된 경우가 많고 원천기술 역시 별로 없습니다. 충분한 연구개발을 할 여력조차 없으니 원사업자에 대한 경제적·기술적 의존도가 매우 높습니다. 이런 상황을 해결하지 않은 채 단가 인하를 제재하는 것이 근본적인 해결책이 될지에 대하여는 회의적인 의견이 상당히 많습니다. 궁극적으로는 중소기업을 한 축으로, 국가·학계·대기업을 다른 한 축으로 하여 중소기업의 판매처 다양화 및 원천기술 확보를 추진하면서 자생력을 갖출 수 있도록 하는 것이 필요하지 않을까라는 생각입니다.

---

**추가로 한마디**

## 하도급법 개정에 대한 여러 의견들

하도급법은 앞서 언급한 하도급대금의 결정이나 단가인하 외에도 서면 교부, 발주 취소, 기술 탈취 금지 등 많은 수급사업자 보호장치를 두고 있습니다. 그러나 현행 하도급법에 대한 보완이나 한계를 지적하는 의견들 역시 상당합니다.

수급사업자 보호 관점에서 나오는 가장 큰 의견은 하도급법이 보호하는 위탁이 '제조·용역·건설·수리' 위탁 등 네 가지 위탁으로 한정되어 있다는 것입니다.

개별 위탁으로 들어가더라도 이러한 행위가 제조 위탁에 해당하는지 안 하는지 판단하기가 매우 세부적이면서 까다로운 편입니다. 예를 들어, 물품의 생산에 사용되는 중간재·부품·반제품의 제조를 위탁할 경우 하도급법 적용 대상에 해당하나, 물품의 생산을 위한 기계 설비는 제조를 위탁하더라도 하도급법이 적용되지 않습니다. 물론 하도급법이 적용되지 않을 경우 공정거래법이나 상생협력법을 적용하면 되지 않냐는 주장도 있습니다만, 하도급법이 공정거래법이나 상생협력법보다는 적극적인 보호조항이 많은 편이고, 상생협력법의 경우 중기부와의 교통정리 역시 필요한 부분입니다.

반대로 원사업자 관점에서 하도급법을 재검토해야 한다는 주장도 있습니다. '아니 원사업자면 생산도 시키고 규모도 큰 업체일 텐데 뭘 또 보호해달라는 말인가?'라고 의아하게 생각하시는 분도 있을 것입니다. 그러나 단순하게 무시할 수 있는 주장은 아닙니다. 산업계의 공급망supply chain이 원사업자와 수급사업자의 1단계로 이루어진 것이 아니기 때문입니다. 많은 산업계에서 완성물품업체(고객사)—1차 수급사업자(1차 협력사, 1차 벤더, 1st Teer Vendor 등의 표현으로도 사용됨)—2차 수급사업자—3차 수급사업자…… 이러한 식으로 이루어져 있기 때문입니다.

그런데 1차 수급사업자는 이미 자본금이나 매출액의 규모가 상당하여 완성물품업체와 1차 수급사업자 사이에서는 하도급법이 적용되지 않는 경우가 많습니다(하도급법이 적용되기 위해서는 원사업자/수급사업자 모두 일정한 규모 요건을 충족해야 합니다). 즉, 1차 수급사업자는 완성물품업체로부터 단가 인하를 당해도 보호를 못 받는데, 1차 수급사업자가 2차 수급사업자에게 단가를 인하하면 하도급법이 제지하니, 이러한 가격 쇼크price shock를 1차 수급사업자가 모두 부담해야 하는 것이 현실인데 이게 과연 타당하냐는 것이죠.

하도급법을 통해 궁극적으로 열위에 있는 사업자를 보호하려는 취지는 마땅하고 충분히 존중되어야 하나, 공급망에서의 최강자를 그대로 둔 채 상대적 약자들의 싸움을 붙이는 결과를 원하지는 않았을 것입니다. 하도급법상 수급사업자의 범위를 확대해야 해서 1차 수급사업자 역시 보호받도록 하거나, 최소한 대규모기업집단에 해당하는 그룹들에 대하여도 전반적인 공급망 관리 책임을 부여하도록 하는 등의 대안을 고려해보는 것 역시 필요하겠습니다.

## 기술탈취/영업비밀

내 기술을 돌려주세요

너지고, 중소기업이라고 해봐야 한 이삼십 명 직원들이 있는 경우가 많은데 그 직원들은 다 일자리 잃고 이런 피해가, 아주 정말 끔찍한 이런 사례가 지금도 많더라고요.

(중략)

중소기업이 이것 문제 삼았다가 제대로 구제받는 경우보다는 오히려 피해 보는 경우가 더 많으니까 피해를 겪고도 대기업한테 설설 기고 제대로 밖에 드러내지도 못하고 있는 실정인 것 같더라고요. 그래서 이 문제의 심각성에 대해서 국회에 오래 계시면서, 산자위 활동 오래 하시면서 많이 경험하셨을 테니까 좀 더 심각하게 고민해보시고, 좀 더 실효성 있는 대책을 조금 더 고민해보셔야 될 것 같습니다.

△△△장관 : 최근 관련해서 변화된 것 하나만 말씀을 좀 드려도 되겠습니까?

○○○의원 : 예.

△△△장관 : 상생법이 얼마 전에 개정이 됐지 않습니까. 말씀
하신 대로 기술 탈취 문제의 제일 큰 게 첫째가
비밀유지계약서를 안 씁니다. 못 쓰게 합니다.
그러니까 못 쓰게 한다기보다는 관계 때문에, 관
계나 관례 때문에 없는 상태고, 그러니까 법적으
로 사인 간의 계약으로조차도 못 받는 거고, 그
다음에 입증을 하기가 굉장히 어렵지 않습니까?

○○○의원 : 그렇지요.

△△△장관 : 입증을 하기가 엄청 어렵고 그다음에 입증을 하
더라도 손해배상이 얼마 안 됩니다.

○○○의원 : 그렇지요.

△△△장관 : 그러니까 아무런 실익이 없는 것이지요, 실제로
해 봐도.

○○○의원 : 그러니까요.

△△△장관 : 그래서 이 부분에 대해서 이번에 손을 본 게 비
밀유지계약서를 무조건 쓰도록 의무화하고요. 그
다음에 입증책임을 상당히 완화했습니다. 자기가
하지 않았다라는 것을 구체적인 행위태양을 제
시하도록 하는 그런 게 있고 그다음에 징벌적 손

해배상, 3배 이내에서 징벌적 손해배상 할 수 있
도록…….

○○○의원 : 그렇지요.

△△△장관 : 이런 내용들 해서, 조금 부족한 면이 있다고도
볼 수 있지만 그래도 완전히 큰, 차원이 다른 법
제를 도입했다고 생각합니다.

(후략)

• • •

변호사로 사건을 맡다 보면 일종의 흐름이 있습
니다. 하도급의 경우 처음에는 업무를 시켜놓고 계약서를 주지
않는다거나, 대금을 60일 이내에 주지 않거나 만기가 한참 남은
어음으로 줘서 중소기업을 어렵게 하는 일들이 많았습니다. 그
다음으로는 앞에서 살펴본 단가 인하 문제였지요.

물론 단가 인하는 지금도 하도급법과 관련해서 가장 문제가 되
는 부분입니다. 그러다 어느 순간부터 기술탈취에 대한 사건들
이 확 늘어나기 시작했습니다. 개인적으로는 기술탈취 사건 조
사에 참여했다가 돌아오는 길에 교통사고를 당했던…… 제게는

여러모로 잊지 못할 기억이기도 합니다.

## 기술탈취를 막는
## 법 조항들

작은 회사가 어렵사리 개발한 기술을 큰 회사가 도와주는 척하다가 빼앗아간다? 굉장히 분노를 자아낼 만한 이야기죠. 음모와 속임수가 난무하는 영화의 소재로 사용될 수도 있을 것 같고요. 하도급법은 이런 기술탈취를 막는 조항을 두고 있습니다.

하도급법 제12조의 3은 크게 두 가지로 나뉩니다. 수급사업자에게 기술자료를 받을 때는 요구목적·권리귀속 관계·대가 등과 더불어 비밀유지계약을 체결하여 서면으로 교부하도록 하고(이른바 서면 교부 의무. 참고로 이들 중 비밀유지계약에 대한 의무는 2021년 8월 17일자로 입법되었습니다), 그렇게 받은 기술자료의 경우에도 수급사업자와의 개발 외에 자신이나 제3자를 위해서 사용한다거나 제3자에게 제공하는 것(이른바 기술자료 유용)을 금지합니다.

참고로 2022년 1월 11일에 개정된 법률은 명시적인 하도급계약이 체결되기 전 개발 단계에서의 기술자료 취득 및 유용에 대하여도 하도급법이 적용될 수 있도록 하고 있으니, 실제 제품이 생산되기 전의 사안도 보호를 받을 수 있을 것입니다.

그러면 얼른 공정위에 신고를 하면 되겠네요? 네. 당연히 그 정도로 의심스럽다고 한다면 공정위 신고를 통해서 조사를 받도록 하는 방법을 고려해볼 수 있을 것입니다. 하지만 신고하면 당연히 법 위반이 인정되고 기술탈취로 인한 모든 손해를 다 보상받을 수 있을까요? 그렇게 단순하지 않습니다.

## 하도급법 적용에
## 따르는 난관

실무로 들어가면 몇 가지 지적할 점이 있습니다. 우선 가장 큰 이유는 기술인지 판단이 쉽지 않다는 점입니다. '기술'이라고 전제하고 시작했지만, 실제 사례에 들어가면 이게 기술인지 아닌지 판단이 쉽지 않습니다. 특히 지금은 하늘에서 뚝 떨어지듯이 구분되는 기술이라는 것은 많지 않고 이미 만들어진 제품을 약간 개량하는 식으로 신기술이나 신제품이 발전하는 것이 일반적입니다.

그런데 기존 제품을 약간 바꾸었다고 이게 진짜 유효한 기술인지 알기 어렵습니다. 이미 시중에 공개가 된 기술이 아닌지도 확인하기 어렵습니다. 가끔은 그 기술의 원천이 하청이 아니라 원청인 경우도 있습니다.

기술탈취 사건에서 보다 신속하면서도 공정한 결과가 나오고, 또한 더 많은 수급사업자를 구제하기 위해서는 이러한 기술 개발 과정이나 부가가치에 대한 이해가 높은 전문성이 있는 조사관들이 많이 갖추어져야 한다는 지적들이 나오는 이유입니다.

두 번째는 '진짜' 기술을 탈취당한 것이 맞더라도 실제 손해를 보전받는 데까지는 난관이 따른다는 점입니다. 앞서 말씀드린 기술을 탈취당했음을 인정받는 난관뿐만 아니라, 소수 원청에 다수 하청이 매달려 있는 구조에서 원청을 상대로 적극적인 조치를 하기는 매우 어렵습니다.

게다가 설사 기술탈취가 있다고 하더라도 손해배상을 인정하기란 더욱 쉽지 않습니다. 민사상으로 상당인과관계에 따른 손해배상을 구할 수 있는데, 기술탈취에 따른 손해가 어디까지인지를 산정하기가 매우 어렵기 때문입니다. 앞서 말씀드렸듯 현대 사회에서의 신기술이 완전한 무에서 유를 창조하는 것이 아닐 뿐만 아니라 기술탈취를 통해 개발한 완제품에서 탈취된 기술이 차지하는 비율을 밝히기도 쉽지 않습니다. 게다가 얼마나 부가가치가 늘었고 판매가 늘었는지 등도 '가정적 상황'에 대한 것이므로 손해배상을 더 어렵게 만듭니다.

물론 하도급법은 기술탈취가 있는 경우 3배까지 징벌적 손해배상 조항을 두고 있는데, 손해가 있음을 전제하므로 손해 입증을 전혀 하기 어려운 상황에서는 큰 도움이 되기 어렵습니다.

# 실무적으로는
# 영업비밀침해로

　　　　　그러다 보니 실무적으로는 부정경쟁방지법상 영업비밀침해 신고를 활용하는 경우가 더 많습니다. 왜냐하면 영업비밀침해를 인정받는다면 보다 강력하게 형사처벌을 시킬 수 있기 때문이죠. 뿐만 아니라 영업비밀침해와 기술탈취의 가장 큰 차이는 손해배상의 추정입니다. 부정경쟁방지법은 영업비밀침해가 인정될 경우 침해한 자가 판매 또는 생산할 수 있는 수량에 따른 이익만큼 손해가 추정된다는 조항을 두고 있습니다(부정경쟁방지법 제14조의 2). 손해배상의 추정은 입증이 어려운 사안에서 매우 강력한 위력을 발휘합니다. 상대가 손해배상의 추정을 번복해야 하는데 입증이 어려운 만큼 번복도 상당히 어렵고, 이 금액이 합의의 기준선이 되기도 합니다.

　다만 영업비밀로 인정받기 위해서는 비밀로서 가치가 있어야 하고, 사회에 기존에 공지된 것이 아니어야 하며, 비밀로서 관리를 하고 있어야 하는 등 별도 요건이 있습니다. 그런데 초기 기술의 경우 영업비밀에 해당하는지 약간 의문이 있을 수 있습니다. 그리고 공정위 조사의 경우 원칙적으로 신고서만 접수되면 공정위에서 진행하는 반면, 영업비밀침해는 사건을 진행할 때까지 침해를 당한 신고인 측에서 더 많은 시간과 비용을 들여야 하는 부분이 있습니다.

하도급법 기술자료 제공 시 서면 미교부는 인정될 가능성이 높습니다. 그럼에도 불구하고 민사적인 손해배상은 별도로 구해야 하고요. 영업비밀침해가 될지 여부에 대하여는 단정하기 어려운데, 형사 고소를 하더라도 수사기관이 아무런 정황증거 없이 고소사실만으로 압수수색을 하지는 않기 때문에(고소인의 억울함과 별개로 압수수색은 엄격한 적법절차의 영역이고, 판사의 영장이 필요합니다) 피해를 당한 사람이 일차적으로 충분히 증거를 수집할 필요가 있습니다.

결국 하도급법상 기술탈취와 부정경쟁방지법, 상생법 등 관련 법령을 어떻게 조화롭게 조율할 것인지, 규제는 많은데 보호는 충분하지 못하다는 지적을 어떻게 해결할지에 대하여 귀추가 주목되는 바입니다.

---

**추가로 한마디**

## 하도급법 내 기술탈취 조항의 한계와 개선점

하도급법은 제25조에서 지급명령을 두고 있습니다. 하지만 실무적으로 이 모든 조항에 대하여 지급명령이 내려진다고 보기는 어렵습니다. 판례에 따르면 하도급법상 지급명령은 손해배상의 지급을 간편하게 명하는 것이어서 당사자 사이의 사적 자치에 따라 정해졌을 대금액 등이 결정되지 않는다면 지급명령이 원칙적으로 허용되지 않는다는 입장(대법원 2018. 3. 13. 선고 2016두59430 판결 등)이기 때문입니다.

특히 위 사례는 비교적 손해배상을 산정하기 쉬운 단가인하에 대한 것이었음에도 불구하고 지급명령에 대하여 보수적으로 판결을 내린 것이어서, 기술탈취같이 손해산정이 어려운 사안에서는 적용이 쉽지 않습니다. 그러다 보니 기술탈취에 대하여도 영업비밀침해와 같은 손해배상추정 조항을 두어야 한다는 이야기들이 많이 나옵니다.

두 번째는 기술탈취 조항 자체에 대한 것입니다. 기술탈취와 관련된 분쟁이 적지 않은 이유는 많은 경우 개발과정에서 원청이나 발주처와 교류, 더 나아가 원청의 인풋(경제적, 기술적 가치가 있는지 여부는 별론으로 하고)이 있기 때문입니다. 벤더 업체가 제작하는 부품은 발주처나 원청에 판매되는 것을 목적으로 하기 때문에 애초에 원청이 원하는 스펙에 맞추어 제작되고, 원청의 완제품 안에서 잘 돌아가는지 여러 번 시험해야 합니다. 심지어는 당초부터 원청이 이러이러한 니즈가 있으니 이러한 것들을 개발해달라고 요청을 하는 경우가 더 많아 보입니다. 문제는 그 과정에서 원청은 원청 나름대로 기술, 인력, 비용 등 지원을 하였다고 생각하였으니 자신도 기술에 대한 권리가 있다고 주장을 하는 상황이지요.

현행법상 기술탈취 위반 가능성이 높고, 어떠한 경우에도 중소기업이 투자한 노력에 대한 보상을 받아야 한다는 입장이지만, 지금의 법 체계에 대하여는 원청과 하청 모두 만족하지 못하고 있는 것 같습니다. 원청은 행정처리 소요가 너무 많다고 생각하고, 하청은 자신들이 입은 피해 구제가 잘 안 된다는 것이죠.

이 부분에 대해서는 산업계에서도 다양한 주장이 나오고 있는 만큼 이 책에서 결론이나 입장을 밝히기에는 쉽지 않으나, 궁극적으로는 공동개발을 제도화하여 성공적인 상생을 하고 있는 원청에 대한 인센티브와 함께, 개발 실패나 예상한 수량만큼의 수익이 발생하지 못할 경우 하청에 대한 보상·지원책을 함께 만들어나가야 할 것으로 보입니다.

04

# 대규모유통

많이 팔아도 남기기가 쉽지 않아요

---

**2020. 6. 3. 공정거래위원회 보도자료**

'공정위, 유통–납품 업계와 손잡고 소비 촉진에 나선다.'

4. 유통–납품업계 간 상생 협약의 체결

한편, 대규모 유통업계는 자신보다 더 어려움에 처해 있는 납품업자의 코로나19 위기로 인한 경제적 어려움 극복을 지원하기 위해 상생 방안을 적극 추진하기로 했다. 특히, 이번 상생협약에는 사상 최초로 AAA, BBB, CCC 등 온라인 유통업체까지 참여했다.

대규모 유통업계가 이번 상생 협력을 통해 납품업계에 지원하고자 하는 주요 내용은 ▲판매 촉진 행사에 적용되는 판매 수수료 등을 평상시보다 인하하고 ▲그 세일 기간 중 최저 보장 수수료를 면제하며 ▲납품대금을 조기 지급하고 ▲경영 자금을 무이자·저금리로 지원하고 ▲온라인 납품업자를 위해 쿠폰·광고비를 지원하는 것이다.

| 업태 | 지원 내용 | 상세 내역 |
|---|---|---|
| 백화점 | 판매수수료 인하 | 할인율 10%당 1%p 인하, 중소협력사 추가 인하(183억원) |
| | 최저보장 수수료 | 세일행사 기간 동안 면제 |
| | 대금 조기지급 | 기존보다 최대 30일 단축 지급 (2,210억 원) |
| | 자금 지원 | 무이자·저금리 대출 확대, 기존 무이자 대출 2년 연장 |
| 대형 마트 | 판매수수료 인하 | 최초로 세일행사에 대해 판매수수료 최대 5%p 인하 |
| | 최저보장 수수료 | 세일행사 기간 동안 면제 |
| | 대금 조기지급 | 월 마감 다음날 지급(AAA) / 신청일까지의 판매 대금을 정산 후 바로 지급(BBB) 등 |

| | | |
|---|---|---|
| 온라인 | 판매수수료 인하 | 신규 입점자 판매수수료<br>최대 60% 인하(CCC, 50억 원) |
| | 대금 조기지급 | 납품 6개월 전 생산대금 선 입금<br>(DDD, 연 500억 원) |
| | 할인 쿠폰 | 「동행쿠폰」 명칭의 더블쿠폰을 지원<br>(EEE, 28억 원) |
| | 광고비 지원 | 메인페이지 · 배너 광고비 지원,<br>이벤트 페이지 신설 등 |

● ● ●

대형마트나 복합쇼핑몰이 처음 생겼을 때를 생각해봅니다. 쾌적한 공간에서 원하는 모든 물건을 한 번에 살 수 있었죠. 가격은 백화점보다 저렴한 데다가 각종 할인경쟁이나 쿠폰, 포인트 점수도 쏠쏠했습니다. 푸드코트에서 끼니를 해결할 수도 있었습니다. 키즈카페에서 아이를 봐주기도 하고요. 백화점에 가격 부담을 느끼던 소비자들에게, 이는 쇼핑계의 혁신이었습니다.

시간이 갈수록 대형마트와 쇼핑몰들은 진화하고 있습니다. 요즘에는 쇼퍼테인먼트(쇼핑과 오락의 통합을 뜻하는 신조어)가 탄생하였습니다. 복합 문화 공간을 만드는 것이죠. 실내 오락실 · 사격장 · 수영장 · 볼링장 · 찜질방 · 영화관 등 각종 문화 편의시설이 들어옵니다. 한 유통전문업체는 아예 대형 쇼핑몰과 프로야구 돔구장의 결합 계획까지 발표하고 있습니다. 단순히 가격이 저렴하고 쇼핑이 편리한 것을 넘어 아예 가족들의 하루를 책임지겠다는 것이죠. 이처럼 대규모유통의 세계는 진화하고 있습니다.

하지만 대형마트가 준 편의와 풍요가 있다면 당연히 문제를 제기하는 사람들도 있겠죠. 어떠한 이슈들이 있는지를 알아보기 위해서는 먼저 어떠한 구조로 대형마트에 물건이 납품되고 소비자에게까지 전달되는지를 살펴보아야 합니다.

대부분의 경우 대형마트는 제조·수입·유통업체로부터 물건을 받아서 소비자에게 판매합니다. 대형마트에 물건을 공급하는 업체들을 '납품업체'라고 합니다. 물론 세부적으로 들어가면 납품의 유형에 따라 직매입, 특약매입, 위수탁거래 등으로 나뉘고요.

최근에는 대형마트들이 직접 자신의 브랜드로 제품을 만들어서 판매하기도 합니다. 이른바 PB상품이죠. PB상품의 경우에도 대형마트들이 시설이나 설비를 가지고 직접 제조를 하지는 않고, 전문적인 제조업체들에게 생산을 위탁합니다. OEM 형태의 위탁생산이라고 볼 수 있는데, 이때는 수탁업체들과의 관계에서 법률적 이슈가 발생합니다. 생각보다 복잡하다고요? 여러분들이 대형마트에서 구입하시는 많은 물건들이 그렇게 오는 것입니다.

# 납품업체를 보호하는
# 대규모유통업법

하도급법이 일차적으로 적용되는 PB 수탁업체와의 거래를 제외하면, 대부분의 납품업체와 대규모유통업체 사이의 관계는 대규모유통업법으로 규제를 하고 있습니다. 대규모유통업법은 계약 체결부터 납품·반품까지 굉장히 다양한 부분을 관리합니다.

몇몇 주요 규제들을 알아보면, 계약 체결 즉시 거래의 주요 사항이 기재된 서면을 교부해야 합니다(제6조). 한번 주문한 상품의 대금은 하자가 있거나 잘못 배송되는 등의 사정이 없는 한 감액하거나, 상품의 수령을 거부할 수 없습니다(제7조, 제9조). 다만 계속적 주문의 경우 향후 주문분에 대하여 가격을 조정하는 것은 가능합니다. 판매대금을 일정기한(직매입 60일, 특약/임차거래 40일) 안에 지급하지 않으면 지연이자가 발생합니다(제8조). 경쟁업체 납품을 막거나(제13조), 경쟁업체 공급가격들을 알아내서 사실상 경쟁업체 납품을 방해하는 것 역시 금지됩니다(제14조).

이런 여러 규제 중에 가장 자주 발생하는 쟁점은 비용에 대한 분담과 관련된 것입니다. 대규모유통업법은 크게 세 가지 조항을 통해 납품업자에 대한 과도한 비용 전가를 제한합니다. 첫 번째는 판매촉진비용에 대한 분담과 관련된 규정입니다.

대형마트가 가지는 가장 큰 경쟁력 중 하나는 '가격'입니다. 마트를 한 번이라도 이용해보신 분들은 각종 할인행사들을 어렵지 않게 경험해보셨을 것입니다. 전단지에 붙어 있는 쿠폰들을 모아서 한꺼번에 사용하는 알뜰 쇼핑족들도 있죠.

하지만 이 판촉비용을 누가 어떻게 분담하는지에 대해서는 깊게 생각하지 않습니다. 대규모유통업법은 자발적 행사인지, 각자의 경제적 이익을 산정할 수 있는지 등에 따라 판촉비용의 분담비율을 나눕니다. 다만 통상은 납품업체와 대규모유통업체가 50:50으로 분담하도록 합니다. 너무 기계적이라는 지적도 있지만, 판촉행사에 따른 수익과 비용의 편익을 완전히 계산하기는 불가능하니까요.

두 번째는 납품업자의 종업원 사용 금지 조항입니다. 시식 코너를 떠올리면 쉽게 이해가 되실 겁니다. 판촉활동을 하는 분들의 비용을 누가 부담할까요? 종래에는 거의 제한 없이 납품업체에게 부담을 시키는 관행이 있었습니다. 그들에게 관련 제품의 판촉업무뿐만 아니라 진열장이나 재고 정리와 같은 다른 급한 업무도 수시로 부탁하다 문제가 되기도 했습니다.

현재는 대규모유통업자가 비용을 부담하거나, 납품업체가 이익과 비용을 객관적으로 산출한 후 자발적으로 파견을 요청하거나, 특수한 판매기법이나 능력을 지닌 숙련된 종업원인 경우 외에는 잘 허용이 되지 않습니다. 공동판촉의 경우에는 모든 납품업체와 서면 계약으로 이러한 부분이 명확해질 필요가 있고요.

마지막으로는 경제적 이익 제공 요구 금지입니다. 종래 납품업체가 대규모유통업체에 지급하는 각종 장려금이 있었습니다. 입점장려금, 진열장려금, 성과장려금, 기본장려금, 특별장려금 등. 말이 좋아 장려금이지 납품업체의 판관비를 늘려서 대규모유통업체의 수익을 보충하는 규정이죠.

현재는 판매 목표 달성이나 신제품 판촉 목적과 관련성이 떨어지는 장려금은 위법성이 인정될 수 있습니다. 실제 사용하지 않거나 과도한 물류비, 전산사용료 등을 부담시키는 것 역시 문제가 될 수 있습니다.

대규모유통업자와 납품업자 사이의 힘의 균형을 맞추기 위한 대규모유통업법상 여러 조항들은 실제로 과도한 판촉사원이나 판촉비용 요구를 방지하는 데 나름대로 기여한 것으로 보입니다. 업무를 하면서 보더라도 종래와 같이 무리한 사건들은 잘 보이지 않기도 하고요.

## 끊임없이 변화하는
## 환경 속에서

다만 유의할 부분은, 이러한 조항들이 있다고 해서 종래의 오프라인 대형마트와 납품업체의 관계를 선악으로 이

분해서 판단하기는 쉽지 않다는 부분입니다. 종래 대규모유통에 대한 통제는 지역·골목 상권과의 균형을 맞추기 위한 측면이 많았습니다. 사람들이 값싼 물건을 편리하게 원스톱 쇼핑할 수 있게 되면서 재래시장들이 소멸하게 된 것이죠. 격주 일요일마다 대형마트를 쉬게 한다거나, 지역화폐를 도입하여 재래시장의 소비를 촉진시킨다는 등의 정책이 바로 여기서 나오는 것입니다.

물론 재래시장 자체가 경쟁력을 키워야지 국가가 지원을 해서 살리는 것은 시장경제에 반한다는 반론이 있습니다만, 지역 경제 활성화 측면에서 일정한 수준으로 지방의 상권을 유지하고 대규모 유통업체들과 조화를 이루는 것은 중요한 문제였습니다.

하지만 대규모유통업체들에게는 더 큰 문제가 생겼습니다. 바로 온라인과의 대결이죠. 텔레마케팅, TV홈쇼핑을 넘어 인터넷을 통한 쇼핑 시장이 엄청나게 성장한 것입니다. 인터넷 전문 쇼핑몰, 오픈마켓, 중고마켓뿐만 아니라 종합 포털사이트 역시 정보 검색과 쇼핑을 연결시켜두었습니다. 컨텐츠와 쇼핑을 결합시킨 라이브커머스 시장은 젊은 층들을 사로잡고 있고요.

정식 유통업체로 등록을 하지는 않았지만 유튜브, 인스타그램, 틱톡 등 주요 SNS를 통해 구매 또는 구매대행이 이루어지는 시장 역시 상당할 것으로 예상합니다. 특히 코로나-19로 인한 비대면화·온라인화·분산화가 온라인 네트워크 효과의 극대화를 가져온 상황입니다.

서두에 쇼핑과 오락의 결합을 말씀드렸는데, 이는 대규모유통업체들의 시장력 남용이나 확산이 아니라 '생존'을 위한 것일지도 모릅니다. 대형 마트보다 온라인에서 더 많은 시간을 보내는 사람들에게 '오프라인에서 최대한 많이 즐거운 시간을 보내게 할 수 있어야 살아남으니까요. 결국 미래의 유통은 온라인과 오프라인, 쇼핑과 여가, 광고와 주문과 배송 이러한 모든 것들이 얼마나 더 효율적으로 결합 또는 분산될 수 있는지에 따라 성패가 갈릴 것입니다.

한때는 편리함의, 누군가에게는 시기와 질투의 대상이었던 대규모유통. 향후에는 어떻게 될까요? 새로운 싸움이 시작되었다고 안타까워할 필요는 없을 것 같습니다. 어차피 세상은 투쟁과 경쟁의 연속이고, 그 속에서 발전이 이루어지는 것일 수도 있으니까요. 그리고 어쩌면 '상생'이라는 뜻은, 단지 듣기 좋은 수사가 아니라, 대립과 협력이 교차되는 관계 속에서 거래 상대방과 함께 성장하기 위한 차악일지도 모르니까요.

추가로 한마디

# 국가는 가격(pricing)에 어디까지 관여할 수 있을까?

전통적인 경제학에서는 가격은 시장에서 수요와 공급에 따라 결정된다고 합니다. 공급이 많을수록 가격은 낮아지고, 반대로 수요가 늘어난다면 가격도 상승하죠.

하지만 수요자와 공급자의 시장력market power은 일치하지 않습니다. 사회정책적 고려에 따라 한쪽을 보호해야 할 필요가 생기죠. 물론 대부분의 경우 인허가·품질보증·보험·담보 등 여러 가지 제도적 장치를 통해 시장력의 불균형을 조정하지만, 국가가 가격을 통제하는 대표적인 자원resource이 있습니다. 바로 '노동력'의 가격 하한선인 최저임금입니다.

고대 함무라비 법전에서도 근로자에게 얼마 이상을 줘야 한다는 조항이 있을 정도로 최저임금에 대한 기원은 생각보다 오래되었습니다.

그렇다면 노동력에 기반한 상품의 공급에 대해서도 가격을 통제하는 것이 가능할까요? 조금 이상한 주장이라고 생각할 수도 있을 것 같습니다. 상품의 가격을 통제한다면 자본주의 시장경제에 반하는 것이 아닌가?라고 말이죠.

하지만 반대로 생각해보면 앞에서 언급한 판촉비·판매장려금·판촉사원비용 규제는 모두 가격에 영향을 미칩니다. 예를 들어 납품가격이 3,000원, 판매가격이 5,000원인 제품에 있습니다. 납품업자의 비용은 2,000원, 대규모유통업자의 비용은 1,000원입니다. 각각의 마진은 1,000원입니다. 800원짜리 쿠폰을 발행하면 어떻게 될까요? 50:50으로 비용을 나눈다면 납품가격은 3,000원,

판매가격은 4,200원이 되고 각각의 이익은 600원이 됩니다. 사실상 납품가격을 2,600원, 판매가격을 4,000원으로 하였을 때와 경제적 실질이 같습니다.

한편 800원짜리 쿠폰을 발행하는 것이 아니라 소비자 판매가격을 4,200원으로 조정하면서 대신 납품가격도 2,500원으로 조정해달라고 하면 어떻게 될까요? 이때 납품업자의 마진은 500원(2,500-2,000), 대규모유통업자의 마진은 700원입니다. 즉, 소비자의 구매가격을 800원 할인해줄 때 가격 조정은 자유롭게 할 수 있으나, 판촉비용을 조정한다면 각각에게 400원씩 부담시킬 수밖에 없습니다. 소비자 입장에서는 4,200원에 구매할 수 있으니 같은 경제적 실질인데도 말이죠.

즉, 납품가격의 조정은 당사자들의 자유이나, 판촉비는 50:50으로 분담해야 한다는 결론은 왜곡을 낳을 우려가 있습니다. 예를 들어 판촉 목적의 행사임이 명백하지만 외견상 납품·판매가격을 조정하는 것은 괜찮을까요? 아직 명확한 결론은 없고 궁극적으로는 국가의 가격통제권에 대한 문제입니다. 이 흥미로운 주제가 어떻게 정리가 될지 많은 귀추가 주목됩니다.

이 책을 쓰는 일은 쉽지 않았습니다. 어떠한 내용을 어떻게 이야기해야 잘 전달이 될까? 내가 경험하지 않은 것을 법이나 언론 보도만을 보고 쉽사리 판단해도 되는 것일까? 해당 분야의 많은 내용을 확인하고 전문가들을 만났지만 완벽하지는 않을 것 같습니다. 약자의 범위를 정하는 것 역시 만만치 않은 고민이 필요했습니다. 어느 누구라도 나를 약자라고 칭한다면 화가 날 수 있습니다. 사회의 가장자리에서 도움이 필요한 사람들의 집합이 분명히 존재하는 것 역시 사실입니다. 그럼에도 불구하고 다루지 못한 사람들이 있습니다. 주제 선정, 내용이나 흐름상 부족함이 있다면 전적으로 제 탓입니다.

누군가는 말합니다. 약자를 왜 도와줘야 해? 이 담론에서 중요한 명제가 하나 있습니다. 약자라고 선하지는 않습니다. 약자가 일으킨 범죄가 언론에 보도 되는 것을 종종 볼 수 있습니다. 외국인 노동자가 시민을 공격합니다. 노동자나 장애인 단체에서 금전적 문제가 터집니다. 학교나 가정폭력이 대물림됩니다. 약자가 착하니까 도와줘야 한다는 식의 주장은 사회를 설득하기 어렵습니다.

오히려 약자라고 딱히 도와줄 필요가 없다는 주장이 나오기도 하죠. 예를 들어 최근 발달장애인 자녀를 둔 웹툰 작가가 선생님이 자녀를 학대하였다고 하면서 고소를 한 사건이 있었습니다. 다소 지나친 감이 없지 않았는지 굉장히 많은 반대 여론에 부딪쳤고 그 작가는 사과문을 올렸습니다. 여기까지는 그럴 수 있습니다. 하지만 이후 여러 인터넷 포털에서는 성년 발달장애인들이 통제 불능 상태에서 사고를 쳤다는 식의 글들이 계속 올라옵니다. 도저히 구제할 수 없다, 영원히 격리시켜야 한다는 식의 혐오와 분리의 담론까지 말이죠.

인터넷의 영향력이 강해지면서 온라인과 오프라인이 따로 노는 현상이 보입니다. 주요 포털 사이트는 전쟁터입니다. 세대, 지역, 성별, 경제력, 종교, 성적·정치적 성향에 따라 공격이 난무합니다. 바깥은요? 제가 만나 본 사람들은 모두 나름의 이유가 있었고 각자 방식으로 살아가고 있었습니다. 분명 저랑 다른 점이 있었지만 저랑 다르다고 해서 같이 살아가는 데 문제가 되지는 않을 것 같았고요.

처음에는 약자에게 필요한 것은 시선과 관심이라고 생각했습니다. 그들의 주제를 환기해주는 것만으로 도움이 될 것이라고요. 하지만 조금 생각이 바뀌었습니다. 지금 약자에게, 아니 우리 사회에 필요한 것은 이해와 포용입니다. 나와 다른 사람도 사회 구성원으로 받아들이고 함께 살아가기 위한 노력. 그렇기 위해서는 타인의 입장에서 조금 더 생각해보아야 합니다. 다른 집단, 지역, 종교, 세대, 성별의 이야기도 들어야 하고, 때로는 자신의 권리를 조금 양보해야 하죠. 모두가 자신의 권리를 주장만 하고, 목소리를 더 크게 내서 상대방을 꺾어버려야겠다는 마음으로는 지금의 상황을 바꿀 수 없습니다.

우리가 살아가는 오늘은 인류의 지능을 추월한 인공지능과 전쟁·기후변화·양극화로 인해 고생하는 사람이 공존합니다. 점점 인간이 작아집니다. 자본·기술에 대한 접근성에 따라 사람들 사이의 격차는 더욱 벌어질 것입니다. 그런 상황에서 이 책이 무슨 의미가 있나 자괴감이 들기도 합니다. 그렇지만 책을 읽으시고 난 후에 개별적 약자에 대한 환기뿐 아니라 '사회 전체적인 취약계층을 위한 정책이나 통합을 위한 철학은 무엇이 있을까?'라는 곳까지 생각이 미치게 했다면 나름의 가치를 했다고 생각합니다.

이 책을 처음 기획해서 나오는 데까지 거의 2년이 걸렸습니다. 그 사이에 개인적으로도 정말로 많은 일이 있었습니다. 삶을 바라보는 시야도 조금 달라졌습니다. 그러다 보니 군데군데 시점에 따라 톤의 차이가 보입니다. 그것 역시 스스로에 대한 이해와 포용이라고 생각해서 손대지 않았습니다. 앞으로 여러분이나 제 삶이 어떻게 흘러갈지는 하늘의 뜻이겠습니다만 점점 멀어져가고 있는 사회 속에서 연대하고 공존할 수 있기를 기원하겠습니다. 마지막으로 제게 많은 지혜와 영감을 주신 가족, 지인, 그리고 책의 기획부터 많은 고견을 주신 북스토리 주정관 대표님께 다시 한 번 감사의 인사를 올리며 이 책을 마칩니다.

인간보다 더 인간적인 법 이야기

**약자를 지키는 법**

**1판 1쇄** 2023년 12월 25일

**지 은 이** 배태준

**발 행 인** 주정관
**발 행 처** 더좋은책
**주　　　소** 서울특별시 마포구 양화로 7길 6-16
　　　　　　서교제일빌딩 201호
**대표전화** 02-332-5281
**팩시밀리** 02-332-5283
**출판등록** 2011년 11월 25일(제2020-000287호)
**홈페이지** www.ebookstory.co.kr
**이 메 일** bookstory@naver.com

ISBN 978-89-98015-53-4 03360